汉语语法理论研究

杨成凯 著

中 华 书 局

图书在版编目(CIP)数据

汉语语法理论研究/杨成凯著. —北京:中华书局,2018.12
ISBN 978-7-101-13251-9

Ⅰ.汉… Ⅱ.杨… Ⅲ.汉语-语法-研究 Ⅳ.H14

中国版本图书馆 CIP 数据核字(2018)第 109827 号

书　　名	汉语语法理论研究
著　　者	杨成凯
责任编辑	刘彦捷
出版发行	中华书局
	(北京市丰台区太平桥西里 38 号　100073)
	http://www.zhbc.com.cn
	E-mail:zhbc@zhbc.com.cn
印　　刷	北京瑞古冠中印刷厂
版　　次	2018 年 12 月北京第 1 版
	2018 年 12 月北京第 1 次印刷
规　　格	开本/710×1000 毫米　1/16
	印张 21¼　插页 2　字数 336 千字
印　　数	1-1500 册
国际书号	ISBN 978-7-101-13251-9
定　　价	78.00 元

目　录

弁言 ……………………………………………………………………… 1

1　语法和语法理论 …………………………………………………… 1
　1.1　"语法"的观念 ………………………………………………… 1
　1.2　语法研究的对象：语言(Langue)和言语(Parole) ………… 3
　1.3　语言能力(Competence)和语言运用(Performance) ……… 5
　1.4　语言材料 ……………………………………………………… 11
　　1.4.1　语料来源 ………………………………………………… 11
　　1.4.2　语料的合语法度 ………………………………………… 12
　　1.4.3　语料的鉴定：心态 ……………………………………… 21
　1.5　语法描写 ……………………………………………………… 26
　1.6　描写(Description)和解释(Explanation) ………………… 27

2　语法模型的方法论 ………………………………………………… 37
　2.1　语法定义和语法规律 ………………………………………… 37
　2.2　语法规律的性质 ……………………………………………… 38
　　2.2.1　语法规律的形式 ………………………………………… 38
　　2.2.2　语法规律的效能 ………………………………………… 39
　　2.2.3　语法规律的具体性 ……………………………………… 40
　　2.2.4　语法规律的概括性 ……………………………………… 41
　2.3　语法模型的性质 ……………………………………………… 44

  2.3.1 语法模型的层次性 ············· 44

  2.3.2 语法模型的系统性 ············· 45

 2.4 语法模型的逻辑结构 ················· 50

  2.4.1 形式系统和形式语言 ············· 50

  2.4.2 形式系统的性质：一致性、完全性、独立性 ······ 52

3 语言单位的符号性：形式和意义 ·············· 58

 3.1 语言和符号 ····················· 58

 3.2 语言符号的形式 ··················· 59

  3.2.1 分解的观点和组合的观点 ········· 59

  3.2.2 内部形式和外部形式 ············· 60

  3.2.3 语言符号的广义形式观 ··········· 61

 3.3 语言符号的所指 ··················· 66

  3.3.1 话语意义的推演 ··············· 66

  3.3.2 话语的意义单位 ··············· 67

  3.3.3 意义单位和形式单位的关系 ········ 68

  3.3.4 一符一指原则 ················ 70

  3.3.5 语言符号的所指的确定 ··········· 76

4 语言单位的结构性：分解与合成 ·············· 78

 4.1 语言符号的分解与合成 ··············· 78

 4.2 语言单位的意义：用法 ··············· 83

 4.3 语言单位用法的递推原则 ············· 84

 4.4 意义,信息,用法 ·················· 87

 4.5 语言单位的信息量 ················· 89

  4:5.1 语言单位的场合信息量 ··········· 90

  4.5.2 语言单位的最小信息量 ··········· 92

 4.6 语言单位的递归推演 ··············· 94

  4.6.1 句子的意义和单词的意义 ········· 94

  4.6.2 语义分解原则 ················ 96

　　4.6.3　语义分解的形式描述 ·················· 97

　　4.6.4　信息量的算法 ······················· 98

　4.7　弗雷格(Frege)原理 ····················· 100

5　语言单位的同一性 ······················· 106

　5.1　同一性概念和莱布尼茨(Leibniz)定律 ········ 106

　5.2　从同一律看语言单位的同一性 ············· 107

　5.3　关于同一定律的方法论思考 ··············· 109

　5.4　语言单位的狭义同一和广义同一 ··········· 111

　5.5　语言学中的同一概念 ···················· 113

　5.6　语言单位的同一性和语言单位的定性 ········ 116

　5.7　语言单位的同一性跟汉语的词类和句子成分 ··· 121

6　语法的最小单位：词 ····················· 125

　6.1　语法和语法单位 ······················· 125

　6.2　语法对象的最大单位和最小单位 ··········· 129

　6.3　语法研究和词汇研究的关系 ··············· 130

　6.4　语法规则和语法单位 ···················· 132

　6.5　词、句子和语法规则的推演关系 ··········· 134

　　6.5.1　用词定义句子？ ····················· 135

　　6.5.2　词跟句子无关？ ····················· 136

　　6.5.3　用句子和语法规则定义词 ·············· 137

　6.6　关于词的鉴定 ························· 140

　　6.6.1　词和构词成分 ······················ 140

　　6.6.2　词和短语 ························· 142

　　6.6.3　理论和实用 ······················· 143

　6.7　词典、构词和语法的关系 ················· 145

　6.8　从构词到造句 ························· 145

7 语法规则的基本结构单位:词类 ················ 150

  7.1 语法规则和语法关系 ···················· 150

  7.2 语法关系之间的蕴涵和层次 ················ 151

  7.3 语法规则的范畴性 ······················ 152

  7.4 词类的概念 ·························· 154

  7.5 语法关系和句子成分 ···················· 157

  7.6 语法关系和词类 ······················ 159

  7.7 句子成分确定词类 ······················ 160

  7.8 词例和词位 ·························· 163

  7.9 "入句辨品"之说 ······················ 166

  7.10 "汉语实词不能区分词类"之说 ············ 168

  7.11 所谓"兼类" ························ 172

  7.12 两个词类的关系 ···················· 179

  附:汉语语法论著中的词类系统比较 ············ 182

8 句子的结构成分:主语和宾语 ·············· 185

  8.1 语法关系和句子结构 ···················· 185

  8.2 主语和宾语的功能观 ···················· 188

  8.3 主动句和被动句:形式和意义 ·············· 189

  8.4 "可能世界"和"事件"的概念 ·············· 190

    8.4.1 可能世界和事件的结构 ··············· 190

    8.4.2 可能世界和事件的表述 ··············· 191

  8.5 事件结构和语言表述 ···················· 192

    8.5.1 语言和事件的表述 ················· 192

    8.5.2 事件参与者和角色 ················· 193

    8.5.3 句子表述事件 ··················· 194

  8.6 事件表述模式和主宾语概念 ················ 195

    8.6.1 事件表述模式 ··················· 195

    8.6.2 事件角色分类和形式标志 ············· 197

    8.6.3 事件角色类型概念:事件和句子的中介 ······ 200

　　8.6.4　事件角色类型和角色身分 …………………… 203
8.7　汉语句子的主宾语检讨 …………………………… 206
　　8.7.1　对于话题概念的评价 …………………………… 206
　　8.7.2　关于施受关系 ………………………… 210
8.8　形式和意义的关系 ……………………………… 212
　　8.8.1　概括和分化 ………………………… 212
　　8.8.2　"一锅饭吃十个人" ……………………… 213
　　8.8.3　"台上坐着主席团" ……………………… 215
　　8.8.4　"水流"和"流水" …………………… 217
8.9　一元谓词和二元谓词 …………………………… 220
　　8.9.1　AV，VA，FVA …………………………… 221
　　8.9.2　"张三折了胳膊" ……………………… 223
　　8.9.3　"张三在断钢丝" ……………………… 225
　　8.9.4　"开门"和"门开" ……………………… 225
　　8.9.5　AV→FVA→AVB ……………………… 226

9　语法的最大单位：句子 ……………………………… 229
9.1　句子和交际功能 ……………………………… 229
　　9.1.1　句子的交际功能 …………………………… 229
　　9.1.2　交际功能和表层形式 ……………………… 230
9.2　句子和语法关系 ……………………………… 233
9.3　句子的信息量 ……………………………… 234
9.4　事件的模式信息 ……………………………… 235
　　9.4.1　事件模式 …………………………… 235
　　9.4.2　名词谓语句 …………………………… 238
　　9.4.3　独词句 …………………………… 239
　　9.4.4　谓词的论元 …………………………… 240
　　9.4.5　事件和谓词的表述模式 ……………… 241
　　9.4.6　动词的及物和不及物 ……………… 243
9.5　事件的时空信息 ……………………………… 244

　　　9.5.1　事件的空间信息 ……………………………………… 244

　　　9.5.2　事件的时间信息 ……………………………………… 245

　　　9.5.3　汉语动词的时体 ……………………………………… 246

　9.6　话语的功能信息 …………………………………………… 248

　9.7　句子的结构和功能：完整句和非完整句 …………………… 251

　9.8　句子和有关的概念 ………………………………………… 252

　　　9.8.1　短语和句子概念的内涵 ……………………………… 252

　　　9.8.2　结构单位和功能单位 ………………………………… 255

　　　9.8.3　确定标准的句子模式 ………………………………… 257

　　　9.8.4　汉语的短语、小句和句子 …………………………… 260

10　总结 …………………………………………………………… 263

　10.1　语法模式 ………………………………………………… 263

　10.2　符号原理 ………………………………………………… 263

　10.3　形式和意义同构原理 …………………………………… 264

　10.4　形式语言和词的概念 …………………………………… 267

　10.5　语法关系和词类 ………………………………………… 268

　10.6　事件表述模式和句子成分 ……………………………… 270

　10.7　交际功能和句子 ………………………………………… 271

　10.8　再论"语法" ……………………………………………… 273

附录Ⅰ　从汉语语法研究看中国语言学理论四十年 …………… 274

附录Ⅱ　现代汉语语法研究的发展方向 ………………………… 299

参考文献 …………………………………………………………… 308

主题索引 …………………………………………………………… 316

弁　言

　　本书是我的第一本汉语语法著作，包含着我在汉语语法理论基础探索方面的一些主要结论。在这里首先检点我在汉语语法学习和研究中的经历和感受，也许对读者理解我写这本书的意图和书中阐述的观点不无小补。话要从40年前说起。

　　我上小学时，大概是1954年前后，看过一本书，书名已经忘记了，只记得书中讲解怎样学习汉语语法，最后还按内容和体系介绍各家语法著述。我根据书中的介绍，选择了《语法修辞讲话》。从那时算起，到1993年完成汉语语法元理论分析为止，整整40年。在这40年中，无论是我个人对汉语语法的认识，还是汉语语法学界的学术思想，都有一番不平凡的经历。尽管已经过去了40年，但是当年怎样反复地看那本书后面的语法书目提要，试图找一本自己中意的语法书，最后怎样去书店买回一册合订本《语法修辞讲话》，这些情景至今还历历在目。

　　我上小学时，《中国语文》期刊正在进行汉语有没有词类的学术辩论，当时截然不同的两种观点之间的论争是那样激烈，在我幼小的心灵中留下了强烈的印象。本书所以能自如地引证当年的一些论点，显然得力于幼年的记忆。当时我谈不上有什么观点，只是莫名其妙地站在汉语有词类这一边，就像球迷支持自己喜欢的球队或球员一样。——或许崇拜和信仰是人的一种天性，就像吃饭一样，也是生活中不可或缺的一部分。但是大家可以看到，在本书中，我对汉语实词不能分类的讲法表示了一定的理解，并没有简单地否定。

　　上中学时，《语文学习》期刊讨论怎样确定汉语句子的主宾语，以施受关系为准和以语序为准两种观点相互论争,不知怎么感情上偏向施受关系这一边。也许这是因为我的汉语语法启蒙读物是吕叔湘先生的《语法学习》,习惯于主语后出现的讲法。大家可以看到,在本书中,我对两种观点都表示理解。但是我主张首先考虑主宾语的事件角色身分,显然倾向注重句子所表述的事实和情景,尽管我没有漠视句子开头成分可能具有的话题作用。

在 50 年代,关于词的结构的讨论和研究,围绕着汉语拼音化和词儿连写问题展开;关于句子概念的研究,蕴含在对单句和复句划界问题的讨论之中。在这两个问题上,观点的对立不像上面两个问题那么明显。尽管本质上还是词和句子的概念在作怪,但是,或者论文不那么集中,或者视角有所不同,给一般人留下的印象就不像词类和主宾语的讨论那么深刻,那么直接点题。

50 年代初期我国大规模开展扫盲活动,加强语言文字教学工作一时成为大家关心的问题。当时汉语语法学者各有著述,体系不一。汉语教师各宗一家,没有共同的语言,教师和学生都感到不便。教学界强烈呼吁汉语语法学者放弃个人的偏好,合作编写一部可以用作课本的汉语语法书,1955 年《语文学习》上有读者和几位语法学者关于这件事的通讯,当时我也有同感。上中学时,综合各家之长、供教学使用的《暂拟汉语教学语法系统》终于在教学需要的敦促下出台。大家翘首已久,一时洛阳纸贵,才半年多的时间,介绍这个体系的参考书《语法和语法教学》就重版再印。我买到的已经是第二版第二次印本,印数已达 14 万册,可见当时语法书多么受欢迎。

《暂拟汉语教学语法体系》出现以后,汉语教学界终于有所据依,在相当一段时间内教与学双方相安无事。尽管此后由于结构主义思想正式进入汉语语法研究之中,汉语语法研究进入一个崭新的时期,但是汉语教学界一直在使用《暂拟体系》的语法格局。不久,我自己也因病离开了学校。

我学什么东西,都是从硬啃最厚、最详尽的书籍入手。从上面说到的那语法书目提要中知道吕叔湘先生的《中国文法要略》是到 50 年代初期为止,篇幅最大的一部汉语语法书,当时就盼望一读。可惜市面缺货,到 1957 年合订本出版,急忙购买阅读,以慰饥渴。还记得当时写下一些读书笔记,例如汉语主谓句前面往往可以再加上一个名词性的成分,《语法修辞讲话》管它叫"游离成分",我看它很像是给句子戴上一顶帽子,说它可以叫作"冠语"。一直到今天,老朋友见面,有时候还忘不了拿这件事打趣。

　　说起少年时期这些事情,可能给人一种印象,以为我后来走上语法研究之路是顺理成章的。事实上,完全不是这样。我因病离开学校以后,多年闲居养病。在这期间当然没有完全放弃读书学习,但是除了在学英语时读英语语法书以外,大部分时间投入数学之中,没有下功夫搞汉语语法。这是因为我从小时候就喜欢数学,病中考虑自己的前途,决定以华罗庚先生为榜样,献身数学。直到今天,我仍然对数学家有特殊的敬意,为自己中道而废未能从事数学工作而抱憾。因为我认为数学是人类智慧的顶峰,数学家中有阿基米德、牛顿、高斯那样伟大的天才人物,他们的业绩永远激励着后人在智慧的跑道上一试身手。

　　然而在我立志于数学后,仅仅过了五年,还在我埋头苦练基本功的时候,发生了众所周知的翻天覆地之变。生活突然陷入颠簸之中,惶惶然不可终日,个人的身世和自己与他人的悲欢离合摧毁了我的宁静的索居生活。时局的变化,使我感到学数学没有出路,决心拿起笔来,抒发内心的苦闷和个人的追求。

　　1974 年偶然得到机会进中学任教,在教英语之余,重读汉语语法论著。这时候才下功夫细读 H. A. Gleason, Jr. 的《An Introduction to Descriptive Linguistics》和《中国语文》刊载的几篇颇有结构主义之风的著名论文;特别是朱德熙先生的《说"的"》一文,论证严谨,步骤井然,给我留下深刻的印象,这显然是因为结构主义的语法分析操作很有数学论证的风范,更接近我的逻辑思维习惯。

　　1978 年高等学府开始招收研究生,黄金年龄已过,重理数学旧业已不可能。差可自信者,只有汉语语法和中国古代音乐史。语法专业招生在前,抱着试试看的想法,竟然步入中国社会科学院研究生院。就学于吕叔湘和范继淹二位先生,欣喜之情不难想见。现在还记得,在我决定报考语法专业研究生时,曾兴致勃勃地跟中学同事谈起,怎样把语法搞成像数学演算一样的操作系统。——因为我当时已经看到美国学者 N. Chomsky 的转换语法理论,这自然比美国描写语言学派的方法更接近数学模型。

　　在中国社会科学院研究生院读书时期,主要是读国外语言学著作。开始当然是看转换生成学派的论著,看过几本之后,渐渐也看其他学者的著述。尽管转换生成学派的语法模型很有数学味道，但是我从来没有设想用这种方法构拟汉语语法模型。因为它技术性太强，小范围使用也许无妨，若用它写一部完整的语法书，在英语中也没有成功的先例，在汉语中更不敢贸然尝试。

在转换生成语法模式之后，我最初倾心于 C. J. Fillmore 的格语法理论。格语法模式比转换生成模式要平实，技术性弱，弹性大，特别适用于形式标志不那么明显的语言。Fillmore(1968)、(1971)、(1977)和其他几篇论文我都仔细看过，1971 一文当时国内还不多见，多谢廖秋忠先生以印本相假，得以获见其全文。1977 年国际语言学家大会有一个小组专门讨论配价和语义格，会后由 W. Abraham 编成论文集《Valence, Semantic Case and Grammatical Relations》，我也一篇一篇做了详细的笔记。当时也曾试用格语法方法分析汉语语法问题，写下不少笔记，确实有意用它写一部汉语语法。不过到底需要确立多少语义格才合适，这个问题不好解决，搞了一段时间不得不停手。

在学习格语法期间，看 Fillmore(1977)一文时，顺便把 Cole 和 Sadock(1977)那本论文集通读一过。这个集子中的几篇论文集中讨论主语(S)、直接宾语(DO)、间接宾语(IO)和旁格宾语(OO)等语法关系对句法过程的控制作用。以语法关系为基本概念构拟语法模型，这是 20 世纪 70 年代由 D. M. Perlmutter 和 P. M. Postal 等学者提出的关系语法(relational grammar)的设想。尽管关系语法试图用深层语法关系到表层语法关系的转换过程来解释造句过程的尝试，由于技术性很强，跟转换生成语法一样很难竟全功，但是它把传统的语法关系作为原始词项(primitive term)置于语法核心却激发了学者对语法关系的关注。上述论文集中的一些文章集中阐述在许多语言的句法过程中可以发现下述规律：

S > DO > IO > OO

这就是说，进行句法变形的能力是主语大于直接宾语，直接宾语大于间接宾语，间接宾语大于旁格宾语。这个规律给我留下极为深刻的印象，我后来在一些论文中直接间接地使用这些概念，根源就在这里。

1979 年 3 月美国威斯康星大学召开研讨会，邀请当时流行的 14 种语法学说的代表人物阐述自己的语法模式，同时用自己的模式解释会前拟定的 17 个有代表性的英语句子。会后由 E. A. Moravcsik 和 J. R. Wirth 汇集了 12

篇论文编成集子,转年出版。我看了这部论文集,了解了当时国外语法学界的动态,基本上已经掌握了当时国内外语法学的发展水平。知己知彼本来是一件好事,但是在我根据几种自己认为有发展前途的新方法去重新构拟汉语语法模型的企图受阻以后,我越看文献越感到迷茫,不知道自己在汉语语法研究方面如何走下去。

这是因为我搞语法的目的跟某些前辈的教导不同,仅仅搜集一些材料,总结几条规律,我不会感到满足。所以如此,倒不是因为我有什么野心,话还要从我的经历说起。当年我学英语时——事实上也包括后来我翻译英语文学艺术理论著作时——很得力于英语语法书和英语词典,有通过一部词典和一本语法书自学一种语言的经历。反过来,如果有人试图用这种方法去学汉语,我想肯定不会有好结果。因为汉语语法研究给人的印象是,某些局部可能分析得很细致,但是一旦要把它们汇为一体,就会感到缺乏整体的系统性和严谨性,用于教学远远不像英语语法书那么管用。我既然有这种感受,自然就会关注怎样让汉语语法像印欧语语法那样有效地为语言教学、信息处理和科学研究服务。然而语法学文献中对这个问题没有现成的答案,国外的语法理论起点跟汉语不同,汉语中有一些特殊问题在普通语言学中没有进行足够的研究,必须由我们自己解决。

在上面提到的 Cole 和 Sadock(1977)中谈到,国外语言学者大都认为没有理论眼光就无法观察事物,这使我想起了在几何学中接触到的公理法学派的观点。不久以后,我开始读科学哲学著作,用西方历代哲学家的理论观点印证我在学习数学和逻辑时产生的一些认识,特别是理论和事实的关系。1988 年《国外语言学》编辑部讨论什么是理论时,我的发言表现了我当时在探索中的一些认识。也是在那个时期,我翻译了几部当代艺术理论著作,艺术史家 E.H.Gombrich 的一些精辟论述就在那时印在我的脑海之中,而且曾在论文中加以引用。

我在 80 年代零零散散写出的一些论文事实上都关系到本书的主体,即汉语语法的元理论分析。然而非常奇怪,我在当时却没有感觉到这一点。1982 年在香山召开第二届汉语语法研讨会时,我提交了讨论宾语小句的论文提纲。提纲中把汉语的宾语小句分为三类,这显然是试图把用在句子中的汉语动词区分为作谓语、不作谓语和动名词三种类型,虽然没有明说。——这篇文章在《中国语文》刊出,已经是十年之后。

1988 年在槐树岭召开第五届汉语语法研讨会,我提交的论文讨论汉语的词类划分原则和谓词名物化问题,开宗明义就说明以 Frege 原理为前提,文中已经谈到本书第七章的一些观点。会后去太原参加第一届现代语言学研讨会时,提交的论文用 emic/etic 原理讨论语言单位的同一性,而且分析了"白的纸"中的"白的"的性质。事实上,当时已经产生了本书第五章和第七章的看法。

从 1990 年起,我参加已故廖秋忠先生主持的国家社会科学基金项目《汉语运用的语用原则》。语用学在语言学中是新生事物,研究范围相当广泛,地位也不明确。在语言学内部,它跟语义学如何划界分疆说不清;越过语言学的传统壁垒,它可以跟行为科学和心理学挂上钩。它的暧昧身分引起了我的兴趣,为了弄清语用学的来龙去脉和发展方向,我开始研究语用学的理论基础,1990 年的《关于形式和意义问题的反思》、1991 年的《语义分解与合成:语义学的定义》就是在这种背景下写成的。前一篇论文着重论述语言单位的最小信息量和场合信息量的概念,指出在论证语言单位的形式或意义时,必须注意两种信息量的差异,它关系到语言单位同一与否的辨认。稍不留心,就会出现逻辑错误。后一篇论文进一步阐发这种观点,同时对语言学中处理"意义"其物的方法做出形式描述,最后还勾画了语用学的一些发展趋势。

就是在后一篇论文中,我从 20 世纪著名哲学家 L.Wittgenstein 的"用法即意义"的观点出发,阐述了从较大单位中确定较小单位的价值和性质的观点,尽管没有给出严格的证明。这多少能使人联想到数理逻辑中 K.Gödel 的不完备性定理。20 世纪初,公理法学派的创始人 D.Hilbert 曾经设想,为了确定系统的无矛盾性,可以首先承认系统的一部分内容,以此为论证的根据去证明整个系统和谐而不矛盾。然而 K.Gödel 证明,这是办不到的,一个形式系统不能证明自身的无矛盾性。

在写上述论文时,我并没有清楚地意识到这实质上是在使用逻辑手段研究语言学的理论基础,分兵合围地分析语法框架的构建原理。1992 年初,我受约在两个多月中写出长篇论文《从汉语语法研究看中国语言学理论四十年》,这是我第一次全面地考虑怎样建立系统的汉语语法框架。尽管没有做出完整的方案,但是在那之前进行的看起来零散无序的研究已经开始汇总合龙。1993 年在北京召开了现代汉语语法理论建设专题研讨会,我曾就汉语语法元理论问题散发研究提纲,并做专题发言,其先声就是上面这篇论文。

这个时期的研究显然得力于我在语言学和符号学理论和方法论方面的工作。在 1989 年到 1991 年期间,我受约主持编写《社会科学新方法大系(语言学和符号学部分)》(1995 年重庆出版社出版),为此我看了一些国外符号学方面的书,特别是我看了 T. A. Sebeok 主编的《Encyclopedic Dictionary of Semiotics》,记下了所有我认为跟方法论有较大关系的新概念。我不仅写出句法学的绝大部分条目、语义学和语用学的部分条目,不仅对 20 世纪的几个重要思潮,例如结构主义、功能主义等等,做了重点论述,而且对语言学和符号学这两个学科以及句法、语义、语用三个分支在 20 世纪的历程分别撰写了方法论分析。这显然有助于我融会贯通自己在各有关方面的知识,形成统一的认识。

经过 40 年的探索,到 1993 年终于完成语法元理论研究,提出了解决汉语语法经典难题的办法,形成了第一个可以实施的方案,转年发表了《汉语语法元理论研究述要》一文。在这本书中,我较为详细地阐述了我在汉语语法元理论研究方面获得的一些结论,尽管由于篇幅限制,有些论述还是没有展开。

经过 40 年学习和研究汉语语法、外国语语法以及一般语法理论的历程,总结个人的经验,可说是得失寸心知。最深刻的体会是,理论在科学研究中具有不可估量的重要性。我们不妨说理论是眼镜,戴上什么眼镜就能看见什么东西。没有传统的印欧语语法框架,《马氏文通》就不会出现,这是人人都承认的。汉语语法学者不时地从印欧语语法理论中汲取新知,这也是不可讳言的。有学者说格语法不过是给转换生成模式的句法表示加上了标签而已,没有什么本质的创新,C. J. Fillmore(1977)针对这种讲法说,只要一种方法提出了以前未曾提出的问题,就有它的价值。这是很有道理的,因为只要提出问题,无论最终能否解决,都能加深我们对有关事物的认识。

具体到汉语语法,更应该加强理论的研究。因为从百年来的汉语语法史看，许多基本问题没有解决，而且历经讨论巍然如故。1993年的汉语语法专题研讨会准备讨论词、词类、主宾语、句子这四个基本课题时，同道有人担心这些问题前辈讨论过多次没有解决，今天讨论也跳不出以往的窠臼。面对这种情况，我们就需要理性分析：

第一，这些问题不解决，能不能建立可操作的汉语语法？吕叔湘先生曾正确地指出，没有词类，无法讲语法。这是因为在语法中讲怎样用词造句时，除了个别的词以外，必须一类词一类词地讲，不能一个词一个词地讲。等而上之，没有主宾语，能讲语法吗？不知道什么是句子，能讲语法吗？有谁讲语法不分析句子，有谁分析句子不用主宾语？既然如此，我们就有必要就此达成共识，这些课题必须解决。因为它们是大家讲语法时不可或缺的道具，是开业的家当。不仅不能缺，而且要有牢靠的概念，否则对教学和科技发展都不利。

第二，既然这些概念是汉语语法立足的根基，是开宗明义就要说到的东西，那么它们有可能是那么微妙的东西，需要在超级电子显微镜下才能影影绰绰地看出一点形迹，以至于几代学人的聪明和智慧加在一起还不够用吗？果真如此精微，那么普通人学习汉语时，怎么能够接近它们、使用它们呢？目前还不大会说话的哑巴电脑的悟性远远比不上人，对这样的语法概念更不能不"敬鬼神而远之"。这些推理指向一个结论：这些概念不可能复杂到反复讨论还不得其解的程度，目前出现僵局必有缘故。

从逻辑上讲，如果对同一个事物两种讲法相持不下，难以判断孰是孰非，这大抵是用做判断标准的公理系统还不完备，很可能在这种公理系统中适用这种讲法，在那种公理系统中适用那种讲法。两个公理系统各有各的适用范围——例如欧几里得几何和非欧几何——两种讲法也就各有各的市场，这就用到我在上面提到的在大结构中才能鉴定小结构的价值的原理，做出自己的完整的系统，放到该用它的地方。而不是张三用欧几里得平行公理否定李四的罗巴切夫斯基几何，李四用罗巴切夫斯基平行公理否定黎曼几何。从逻辑上讲，前提不同的争论永远不会有结果，因为这里不存在对与错的问题。照我看，汉语语法中的所谓难题，有些简直就是戈尔地雅斯那难解的扣儿（Gordian knot），不挥起亚历山大的剑，它会永远缠住我们。

我这样讲，并不是说汉语语法问题可以胡乱处理，事实上我在本书中反复强调的是用系统性解决汉语语法问题。我再三地讲逻辑和公理系统,讲元理论分析,讲科学哲学,讲电子计算机的信息处理,这是因为我已经感觉到这些代表着 20 世纪的时代精神的知识领域,对解决汉语语法难题有莫大的裨益。许多观点孤立地看彼此没有对错之分,但是放到一个系统中,有的合适,有的不合适。照我看,在汉语语法的历程中,每一个历史问题都值得站在今天的立场上重新认识,而重新认识所依赖的就是我们的理论头脑,特别是跟前人有所不同的理论头脑。没有这个前提,就不可能有新的认识,也就不可能找到出路。

第二个深刻的体会是在科学研究中注重系统性有重要意义。在我开始接触转换生成语法模式时和试图用格语法模式描写汉语时,可能是受当时国外一些语法模式的影响,我都把自己的研究范围限定在谓词的论元结构范围内,以为这样就足以写出一部完整的汉语语法。在很长一段时间内,我不曾考虑过动词的时体形式,更不要说句子的语气问题。事实上不考虑这两个问题就解决不了句子的概念,而且也损害对谓词的描述深度。尽管后来在主持国家社会科学基金项目《现代汉语话语关联》时,研究了谓词的时体形式,但是对谓词的语气形式仍然缺乏研究。不难看到,本书在论述句子的三种必要信息时,详于谓词的论元结构,略于时体和语气结构。时体问题另有著述还当别论,语气问题不肯多说不能不承认是意在藏拙。

注重系统性的另一种含义是,无论研究什么问题,总有全局在胸。特别是当我们试图融汇各家之长时,或者移置别一系统甚至外学科的知识或方法时,更要强调这一点。有一种讲法,说是可以不拘一格,国外有什么新东西都可以拿来为我所用。这当然不能说不对,但是这样做不可能形成一个完整的系统。因为不同的观念和不同的方法都有各自的针对性,若不能“吾道一以贯之”,那么零金碎玉,终难成为完璧。这个道理就跟在罗巴切夫斯基空间中,不能引进欧几里得的三角形内角和是 180 度这条定理一样。

语言学者当然必须观察语言事实,但是对许多语言事实说来,它是客观存在,却又不完全是客观存在。它是客观存在,否则我们就不可能看到它;它不完全是客观存在,因为往往需要具有一定的理论眼光才能注意到它。从系统性方面考虑,我们更需要对所谓语言事实有正确的估价。钱学森先生说过,在当代而言,不能纳入知识系统的知识,虽然可贵,但不是严格意义上的科学知识。(参看本书附录二注 4)我不想过分强调这句话的正确性，但是有一个问题却不能不引起我们的注意：不管知识本身有没有层次性，为使用知识考虑，是不是应该把我们的知识组织成有层次的系统？

　　或许有人会说："我研究的是科学，科学跟使用不是一回事。"我不否认科学知识并不都是一面世就实用，但是我深信：任何科学知识，要想证实它的价值，最终必须要过使用这一关；而任何科学知识，要想更好地体现它的使用价值，必须进入知识系统之中。这一点是不容置疑的，试想一种不能进入知识系统的知识，怎么传授给使用者呢？不能传授给使用者，又怎么能说服别人，让人家非相信自己不可呢？是真是假，总要有一个判断标准。如果语言学永远在研究室之中，自然不妨自怡悦。一走向社会，就要凭仗使用效果，争取社会各界的承认。

　　J.Losee 在《科学哲学历史导论》的导言中说，有人认为科学家本性就是喜欢把自然界看成由简单的规律控制的东西，喜欢用发展变化来解释事物之间的关系，喜欢决定论规律而不喜欢统计学规律。在语言学中何尝不是如此！语言学者乐于搜集一些罕见的例子，对它们做出颇有规律的解释，这显然是科学家的本性所决定的。然而在从事信息处理工作的学者眼中，为了抓大事，为整个系统的可行性和实用性考虑，几个个别的例子不妨个别处理，并不一定要为它们拟出什么规律。

　　说到解放思想，我想起著名旅日华人棋家吴清源先生说过，在考虑下一步怎样走时，棋手们一般都是从那些自己认为最可取的走法想下去，而当年日本著名九段棋手木谷实却不是这样，他是首先考虑看起来不可行的走法会有什么结果。这使我想起棋手们常说的"职业棋手的盲点"，意思是有些棋步一看之下违反棋理，职业棋手连想也不想，然而它却恰恰是其时其地的最佳选择。语言学中何尝没有盲点！语言学者考虑问题往往受到自己既往的经验和原则的束缚，正是因此，本书才强调在处理问题时，首先要分析各种可能性，然后根据系统的实用要求做出选择。甚至可以把不同的处理方法都试验一下，检验一下自己的判断正确与否。

　　说到这里，我不能不提到当前语言学的发展状况。众所周知，目前国外语言学界是形式学派和功能—认知学派分流竞爽的局面，各有各的主张，各有各的做法。由于学识和素养不同，工作性质不同，学者各有所好是正常的现象。但是我们必须认识到二者之间存在异同，不能互相取代。照我看，极端一点，不妨说形式学派是"有篇无句"，功能—认知学派是"有句无篇"。所有形式学派语法模式都必须首先建立自己的整体框架，这个整体框架帮助学者构成一个严谨的形式系统。然而这个整体框架牵一发动全身，必然约束着学者的活动，使他步履沉重，僵硬不化，不能随心所欲地对某个局部现象做出漂亮的解释。而当前功能—认知学派的语法论著则相反，它们着重用语言材料阐述一条条原则。那些原则可能颇具巧思，甚至能让顽石点头。但是怎样给那些原则界定范围、汇为系统，却很少论述。

或许有人会说，语法规则就是橡皮原则，搞形式化本身就是误区。这样讲不能说没有道理，但是不能忘记至少在学习语言之初，至少在跟机器打交道时，我们还需要说几句明确的话，不能此亦一是非、彼亦一是非地讲一种倾向或一种可能性就算数。而学习者达到一定水平之后，神而明之，有赖其人，他可能还需要语法，也可能不再要这根拐棍。

这样讲可能会被误认为是贬抑功能—认知学派，其实只有短见者才会试图贬抑一种学术观点。不同的学术观点并存是有益的，但是我们不能忘记它们各有所长，也各有所短。多年处于结构主义天地之中，呼吸到清新的人文空气，自然更能体会到人情味道的妙处。但是汉语语法毕竟还背着沉重的基础问题的包袱，解决这些问题恐怕不是飘逸的巧思妙悟之所长。熟悉历史的人，想来不难体会这个道理。

最后对本书的内容和写法做一些必要的说明。

本书共分十章，以一般语法理论原理为基础，逐一论述汉语语法的基础问题和汉语语法模型的构拟方式。附录一简单叙述汉语语法理论的发展情况，有助于了解本书所论述的内容的历史背景。此文原刊于《语言研究》1993 年第一期，除按照本书格式调整引用文献编号外，正文未加任何更改。附录二是为 1993 年北京"汉语语法专题研讨会"后编纂的论文集而作，原准备联名刊出。论文集迄今未见下文，现在附入本书。

本书只论述操作原理和工作方法，只论述有哪些可能性，每一种可能性会导致什么结果，但是没有做出具体的选择。这是因为遵循同样的原理也可能有几种不同的处理方式，本书意在阐述怎样构拟语法模型，而不是给出一个唯一的汉语语法模型。从本书论述的原理出发可以写出各种各样的汉语语法书,但那不是本书的任务。正是因此,本书使用大家都很熟悉的经典例句,没有广泛罗列语言材料。

正是因此,本书讨论一些问题时,经常在考虑了种种可能性以后,把如何具体处理归之于技术问题。所谓技术问题包含两种意义:一种意义是,原则已经说清楚,以下就是具体操作的手续问题,不必再讨论;另一种意义是,在一种或几种原则确定以后,具体处理可以因时因地制宜,不必拘泥。

本书着重阐明有什么样的前提就有什么样的结论,着重阐述一种观点的逻辑必然性和非必然性。本书关注的是哪些区分在哪些条件下必须做出,哪些区分在哪些条件下不必做出;哪些原则在哪些条件下必须遵循,哪些原则在哪些条件下不必遵循。自始至终,本书一直坚持这样的逻辑分析原则。

逻辑分析不能为无米之炊,它需要一定的前提做推理的根据。本书用做逻辑分析出发点的基本原则,可以总结为语言的交际功能和语法的实用需要。具体地讲,语言需要表情达意,传递信息;语法需要有助于学习语言,有助于计算机的信息处理,或者满足其他可能的社会需要。如果我们相信世界上有一种唯一正确的汉语语法,甚至退一步,相信两种不同的汉语语法体系之间必定能分出孰优孰劣,那就是最大的误区。一切论证都需要一定的前提,没有前提就没有办法判断事物的价值。离开一定的系统讲话,就没有对和错、优和劣的差别。

本书以传统的语法定义为基础,论述语法系统的基本结构和构拟原理。除了讨论语法方法论和语言单位的性质以外,重点集中于词、词类、主宾语、句子四个概念。如上所说,这四个概念在 50 年代曾是汉语语法学者的热门话题,在今天已经不再时兴。如果我们没有认真研究过汉语语法,或许会认为这已经是老掉牙的课题了,传统语法早已过时,有志之士应该研究些让人一新耳目的新课题,创造些未之前闻的新术语才是。相反,如果我们在汉语语法中饱经沧桑,或者从事实际汉语工作,或者熟谙 20 世纪世界语言学的发展情况,就不会有这种观念。

事实上,传统语法并没有被取代。结构主义学派批评传统语法,只是说它概念和定义不精确而已,却没有提出任何崭新的语法模式。从 N.

Chomsky 开始,确实出现了许许多多崭新的语法模式,然而大抵是用传统语法做舞台搬演自己创作的时装戏,很少有重起炉灶另立门户的主张——某些学者要把词拆成语素或义素,也许有这种意图,但是不成功。不要说词和词类谁都用,连传统的句子成分也不可或缺。Fillmore 曾经设想用语义格取代主宾语概念,最终发现主宾语的解释力不是语义格所能胜任的。从关系语法开始,传统的语法关系逐渐引起学者的巨大兴趣,目前的功能—认知语法学派和语言类型学者对传统的概念更表现出格外的关心。至于语言教学界,更离不开传统语法。

如果说印欧语学者没有丢掉传统语法,那么传统语法在汉语中就更不能弃若敝屣。因为印欧语学者尽可搬演新戏,即使戏演砸了也没有多大关系,舞台还在,还能支应门面。可是汉语就不然,传统语法始终没有建立起来,一旦新戏不成功,脚踏平地,一无所有。即使新戏大获成功,也还不能娱乐升平,因为毕竟还不能不要个坚实的平台,否则苦心经营的华丽宫殿岂不成了空中楼阁!无论从哪个角度讲,传统语法的基本构架都不能抛弃。本书所讨论的理论基础问题,对普通语言学说来,也是缺乏研究的课题。

本书既然有所论说就免不了会涉及中外学者的某些论点,但是没有一一注明出处,这当然是不足为训的。所以如此,多少还是有所考虑的。第一,本书旨在对语法模型进行逻辑分析和系统研究,从某种意义上讲,这是一种新的处理方式。使用的前提——或说是"公理"——都是最基本、最朴素的概念,没有多少奥妙,而且也不一定跟文献中的定义完全相同,注出处反而容易引起误会。重要的是用它们引出的论证结果,然而一切论证又必须按照推理原则进行,个人意志或者他人的论著都不能代替逻辑推理,注出来没有用处。

第二,一切论证都有一定的前提,在本书的论证系统中成立或者不成立的处理方法,在别的前提下不一定成立,也不一定不成立。勉强注出来,很可能引起误会,以为我有意反对某种观点,或有意支持某种观点。

第三,本书讨论的问题都有相当的普遍性,除了个别问题可以注出处外,有些问题难以确知源出何人,有些问题几乎已成共识。本书不是语法理论史,一一追本溯源,敬俟史家椽笔。

　　汉语语法界前辈彦圣和并时贤俊或以论著相飨,或以良言相告,无论本书最终是否从善,不才都已获益匪浅。膏露沾溉,既已身受;芳名例书,却病未能。仅在此记下三位早逝的师长,聊申悼念之情。

　　第一位是南开大学的马汉麟先生。1978年我在中学教书时,百无聊赖,经挚友董治国先生介绍,得以拜识先生。当时先生已患病多年,且系初见,却亲切接谈,如同素识。每次拜望,一坐半日,先生娓娓教导,诲人不倦。还记得先生谈起准备次年招收古汉语研究生,希望招收兼通古汉语和英语的学生。先生建议我报考吕叔湘先生的研究生,不料在我接到录取通知之时,先生遽赴修文,竟来不及听到这个好消息。

　　第二位是中国社会科学院语言研究所的范继淹先生。先生是我读研究生时第二导师,三年之中,每周必见,无话不谈,在学业和生活方面都给予我莫大的帮助。在我遇到困难时,先生总是尽力排解,多方劝慰。先生引导我进入自然语言理解之门,但后来先生病重,未能多受教导,这是我极大的损失。

　　第三位是中国社会科学院语言研究所的廖秋忠先生。我读研究生时上先生的"语言学概论"和"英汉语法对比"课。先生学识渊博,却没有学者架子,跟学生情同手足,时常邀请学生聚会欢宴。先生富藏国外语言学论著,慷慨地供给学生使用。我搞格语法时得到先生很多帮助,至今音容在眼。

　　跟汉语语法打交道已经40年,回首往事,感受万千。拉杂写来,不觉盈篇。知我罪我,其惟是书。

杨成凯

1996年4月于中国社会科学院语言研究所

1　语法和语法理论

1.1　"语法"的观念

"语法"这个词在西方语言中,向前可以追溯到希腊语的"gramma",拉丁语中写作"grammatica",英语写作"grammar"。我们公认的汉语语法开山之作《马氏文通》的例言说:"此书在泰西名为'葛朗玛'。葛朗玛者,音原希腊,训曰字式,犹云学文之程式也。"这几句话说明了语法一词在西方语言中的读音和含义。在汉语中,开始称它"文法",后来大都改称"语法"。

语法是有多种含义的。Palmer(1980)在"语法是什么?"一节中说普通人对语法概念有五种最常见的误解,同时说即使在语言学者之中,对语法的含义也有广义和狭义两种理解方式。正因为如此,每一本全面讲述语法的论著开宗明义都要讲一下语法是什么。像 Jespersen(1924)这样一部泛语言地综论语法问题的著作,有专门的一节说明语法应该讲什么和怎样讲;像 Quirk 等(1985)这样一部专门描述英语语法的著作,也不能不首先说明"语法的各种含义"。本书要讨论汉语语法的理论问题,而且是着眼于汉语语法理论基础建设,更不能不说明本书所讲的语法是什么。

从现有的文献看,广义的语法可以包括从语音到语义的全部内容,典型的例子是 Chomsky(1965)提出的转换生成语法(transformational-generative grammar)模式,它包括语音、句法和语义三部分。狭义的语法可能是西方的传统语法,可以包括词法(morphology)、构词法(word-formation)和句法(syntax)三部分。最狭义的语法可以不包括构词法,例如我们提到的 Quirk 等(1985)之作,只在附录中讲到构词法。然而,无论对语法观念的理解有多大差异,从古到今,所有的语法书都是试图说明怎样用较小的语言单位去组成较大的语言单位,其中心课题就是我们通常所说的用词造句。往更小的单位发展,讲构词法;往更大的单位发展,讲组句成篇。

语法中要讲什么、不要讲什么,这个问题是不需要争论的。每一部语法书,不管它包括上面说到的哪些内容,只要它是在试图从那几个方面勾画一种语言的面貌,它就是在从某些侧面描述那种语言的结构方式。用本书的话说,它是给出了那种语言的一个模型,这个模型从一些方面模拟那种语言的活动方式。但是我们不能不看到,对语法的范围理解不同,写出的语法书的内容就会有所不同,甚至会有很大的差异。所以,当我们评论一部语法书时,不能不首先看它所说的语法包括哪些内容。因为从系统性方面考虑,内容广狭不同,就可能影响它对某些问题的处理方式。如果我们能够把一种语言的语法理解为那种语言的一种模型,但不是唯一的一种模型,那就不难理解本书处理语法问题的基本精神。(参看下文论模型的差异一节)

不仅不同的内容有不同的论述方式,即使同样的内容,也不一定只有一种讲法。所以如此,可能是由于不同的人对同样的语言现象有不同的看法。不妨看一看下面这句话:

(1)　本月中旬将有一股暖湿气流进入我省,影响我区有一次降水过程。

像(1)这种句子在气象预报中经常听到,意思倒是不难理解,可是分析起来会有麻烦。因为"影响"这个词几乎总是用在(2)这种句子中:

(2)　说话小点声儿,别影响别人学习。

在(2)中,"影响"的意思是"妨碍",也就是使别人不能正常地进行某种活动的意思。(2)可以说成(3):

(3)　说话小点声儿,别影响(别人的)学习。

但是在(1)中,"影响"的意思显然相反,不仅不是"阻碍",反而是"促进"或者"引起"的意思。(1)的意思是使我区有一次降水过程,不能像(2)变成(3)那样改变句子的形式:

(4)　? 本月中旬将有一股暖湿气流进入我省,影响(我区的)有一次降水过程。

从"影响"这个词的一般用法考虑,我们或许会认为(1)这种句子不能用。从它经常在气象预报中出现考虑,也许我们不得不承认它的存在。这是摆在我们面前的第一个问题,即怎样选定有待用"语法"去描述的语言材料,承认哪一些材料,排除哪一些材料。用语法学中的术语讲,这就是怎样确定语料的"合语法度"(grammaticality)。

即使承认(1)这种句子用法正确,解释起来也有两种方法:一种方法是说"影响"在这里的意思是"使(得)",而不是"阻碍";另一种方法是说(1)应该理解为(5),这样,"影响"的意思仍然可以解释为"阻碍",不必解释为"使(得)":

(5) 本月中旬将有一股暖湿气流进入我省,影响我区,(我区)有一次降水过程。

这是摆在我们面前的第二个问题,即面对同样的语料,怎样选择我们的解释。

这表明在我们试图用语法模型去描述语言时,或者写一部书讲述语法时,不外乎看得清和道得明:首先需要确定我们所要描述的语言是什么东西,看清它的面貌;然后需要考虑采用什么方法去模拟它的活动方式,反映它的面貌。具体地讲,就是收集可以代表"语言"其物的语言材料,按照合用的方式把它们表述出来。

1.2 语法研究的对象:语言(Langue) 和言语(Parole)

语法是语言学的一个分支,它所研究的对象当然是语言。然而语言学中研究的语言却很难给予精确的说明。众所周知,结构主义语言学派创始人索绪尔(Ferdinand de Saussure)提出的一个主要观点是,语言学所研究的语言应该是"langue(语言)",而不应该是"parole(言语)"。他的解释是:

把语言和言语分开,我们一下子就把(1)什么是社会的,什么是个人的;(2)什么是主要的,什么是从属的和多少是偶然的分开来了。

（《普通语言学教程》中译本 35 页）

从他对语言和言语的解释中可以知道,语言体现在整个社会的言语活动之中,排除言语中异质的混杂成分,就可以分离出一个同质的、明确的、具体的语言其物。在这样的对象之上,才能建立语言科学。

这样做有点像数学中取一系列集合的交集,或者取一批数的最大公约数。通过分析和甄别,可以对我们观察到的语料进行筛选,排除我们说话时偶然产生的失误、偏差等非正常成分,以及不影响语言本质功能的非本质成分,保留正常的本质成分作为描写的对象。当然火候掌握不好,也会使语言描写变成传统的"规定语法",而不是现代的客观的"描写语法"。

对区分语言和言语的做法详加推敲,可能会引起哲学家的兴趣,因为这将引出对语言本体观的问题——如果我们眼前看到的和耳中听到的言语并非语言其物,那么怎么能知道我们筛选出的东西确实是语言本体,而不是语言学者的理想之物呢? 这跟透过混乱的现实世界去找柏拉图的理念世界是不是有相同之处?

但是,如果我们抛开哲学探讨,从方法论上看问题,那么索绪尔的观点显然具有重要的意义:即使我们在现实世界中接触到的只能是种种言语形式,不可能有语言其物,我们仍然可以研究那些正常的言语集合组成的集合序列,看看有没有一个非常接近它们的模型。如果有,我们就可以用它做基本形式,进而研究怎样从它出发推导出各个实际存在的言语形式。

这样做符合我们认识客观事物的规律。我们看到的是各式各样的茶杯,它们很可能各不相同。从这个意义上讲,世间根本不存在唯一的茶杯其物。但这不妨碍我们在自己的脑海中给茶杯确定一个模型,没有这样一个模型,我们就不可能形成一个一致的茶杯概念。

我们不打算在是不是确有 langue 其物上多费心思,我们关心的是从 langue 概念中引申出来的语法模型观念给我们提供了认识事物的一个方法。我们可以给任何一批有某种共性的事物建立一个模型,在不需要精确地了解那些事物的个性时,它就可以作为它们的代表;在需要精确地了解那些事物的个性时,它可以作为对它们做精确描写的出发点。

模型观念也可以帮助我们摆脱本体论观念的纠缠。我们不必追问那个模型是否实有其物,即使它仅仅存在于我们的想象之中,只要它能帮助我们理解那些事物,就不必加以排斥。因为归根结蒂,讲语法是为了通过语法去更好地学习语言和运用语言,只要它能帮助我们解决实际问题,就达到了我们研究语言学的目的。

总之,索绪尔区分语言和言语的观点开拓了语言研究的疆界,使语言学研究从描写有限的观察材料转为探索语料背后的语言符号系统,对语言学研究有深远的影响。他心目中的语言具有符号性、同质性和系统性,适合进行精密的科学描写,这促使语言学向精密科学发展。然而这种语言观也给语言学研究带来一系列新课题,就语法研究来讲,怎样确定能代表语言其物的语料就是一个亟待研究的问题。

1.3 语言能力(Competence)和语言运用(Performance)

从 parole 材料中排除非 langue 成分时,需要使用语言的人根据自己的标准做出判断,所以在把语言现象分为 parole 和 langue 时不能做到完全排除判断者的主观因素。不过,只要我们相信 langue 只能存在于 parole 材料之中,而且相信离开 parole 就没有 langue 其物,我们就可以推导出一个结论:

(6) 只要我们搜集的实际语料足够多,就有可能从中离析出我们所需要的 langue。

这无疑是说,通过客观地汇集人们实际说出的话语,就有可能找到我们所需要的 langue,主观因素可以减少到不必过多考虑的程度,甚至在从实际语料中排除非 langue 成分时,也可以客观地使用频率统计法,把出现频率过低的成分去掉。在结构主义学派中,美国描写语言学派强调客观分析的观点,是这种态度。在汉语语法研究传统中,黎锦熙(1924)有所谓"例不十,不为法"的讲法,显然也是这种态度。

美国语言学者 Chomsky 在语言活动中区分语言能力(competence)和语言运用(performance),显然把主观判断引入语言学研究之中。在 Chomsky (1957)中还没有使用这两个术语,但是在讨论怎样判断一个句子符合语法

与否时,已经否定了以出现频率为准的观点:

> 一个人说出和理解符合语法的话语的能力并不是建立在统计近似值之类的概念基础之上的。……统计近似值的次序和合不合语法并没有什么特别的关系。尽管从语义学和统计学方面去研究语言有其不可否认的好处和重要性,但这些研究看来和怎样确定或描述全套的合语法的话语这个问题没有什么直接关系。(中译本 10-11 页)

在 Chomsky(1965)中,关于 competence 和 performance 有以下的论述:

> 我们把语言能力和语言行为从根本上区别开来,前者指说话人——听话人所具有的关于他的语言的知识,后者指具体环境中对语言的实际使用。只有在前面一段中提出的那种理想化的情况下,语言行为才是语言能力的直接反映。实际上,语言行为不可能直接反映语言能力。……因此,从专门的意义上说,语言学理论是心灵主义的,因为它涉及到揭示作为实际行为基础的心理现实。……一种语言的语法,其主旨在于描写理想的说话人——听话人固有的语言能力。(中译本 2 页)

因为 competence 存在于说话者的头脑之中,而不是在语料之中,所以它只能体现在说话者的直觉之中,而不能通过客观地观察语料去获取。这样,当我们说语法应该研究 competence,而不是研究 performance 时,研究语法就需要考虑说话人的直觉,仅仅客观地搜集、观察和统计语料是不够的。

尽管 Chomsky(1965)在说明这种区分跟索绪尔的 langue-parole 的区分有关系之后,立刻强调必须抛弃索绪尔关于语言的观念,但我们还是可以认为 competence 和 performance 的思想来自索绪尔的 langue-parole 的观念,因为二者都是要在可见的语料之中寻求不可见的本质。我们可以认为 Chomsky 这样做是为了描写说话人的准确的感觉和心理,而不是描写不能准确地代表它们的语言材料;我们也可以认为 Chomsky 这样做是要精确地描写潜在的语言其物,而不是描写它的不完备的外部表现。

事实上,事物的潜在能力跟它的外部表现不是一回事。例如,仅仅看一个人日常从事的活动不能准确地知道他的体能究竟有多大,因为他的日常活动不一定需要他使用他的全部体能。我们要了解他的体能有多大,就需要对他进行体能测试,让他去做一些平时不做的事情,看他能不能胜任。

同样,我们要想了解一种语言的表现能力到底有多大,也就需要测试掌握那种语言的人能用它说出哪些话来,而不是仅仅看他平常说过哪些话。因为一个人在社交中说什么话决定于他需要表达哪些意思。有些话分明可以说,但是在社交中用不到它,也就不会说出来,这跟一个人可能一生也不会遇到需要他发挥全部体能的时候是一个道理。所以,我们要描述一种语言的全部表现能力,就需要准确地掌握使用那种语言的人可能说出的所有的话语。

例如,我们可能永远不会说(7)那样的话:

(7) 一只象有八十条腿。

也就很难指望从搜集的语料中发现它。但我们不能因为语料中没有这句话,就说它不是正常的汉语句子,因为当我们描写一个童话世界时,大可说在那个世界中每一只象有八十条腿。汉语中有没有这样的话语,只能是让说汉语的人去品味一下做出判断,不能让现成的语料做出判断。

从本体论方面讲,我们可以说 competence 控制着一个人的语言活动,它给说话的人提供了许许多多可以使用的话语,供说话的人在交际中根据需要选用。甚至可以像 Chomsky(1965)一样,说它是语言本身,而我们实际说出的话仅仅是语言的一种表现形式而已。

做出这样的本体论结论可能引起争论,因为正如上文讨论 langue 时所说,我们难以确证存在那样一个 competence 其物。然而无论从语言学理论方面讲,还是从语言教学和工程技术方面讲,competence 和 performance 的区分都是有一定意义的。因为这使我们更自觉地去研究哪些话可以说,哪些话不可以说,进而分析有哪些因素决定它们可说和不可说,这深化了我们对语言运用的认识。事实上,不管有没有 competence 其物,提出这个概念都有积极意义。因为它使我们去探讨到底是什么东西在支配着我们使用语言,让我们说出这样那样的话来。如果说那是我们运用语言的一种能力,那么要想研究它,首先就要看看它能够让我们说出哪些话,而不是它曾经让我们说出哪些话。——因为我们已经说过,能力并不等于对它的使用。

这一点在语言教学和工程技术方面都有重要的意义。我们不妨看一个例子。在汉语中,表示事物经历一种运动或过程而位于一个处所可以用

"在"和"到"两个词。有些动词后面可以接"到",也可以接"在":

> (8) a 鸟儿落到树上。
>
>   b 鸟儿落在树上。
>
> (9) a 张三把书扔到地上。
>
>   b 张三把书扔在地上。

有些动词后面一般只接"到",不接"在":

> (10) a 鸟儿飞到树上。
>
>   b ? 鸟儿飞在树上。
>
> (11) a 张三把书带到学校里。
>
>   b ? 张三把书带在学校里。

有些动词后面一般只用"在",不用"到":

> (12) a ? 张三病到床上。
>
>   b 张三病在床上。
>
> (13) a ? 张三把书忘到家里。
>
>   b 张三把书忘在家里。

还有一些动词后面是接"在"还是接"到",要看使用场合:

> (14) a 你站到台上去!
>
>   b ? 你站在台上去!
>
> (15) a ? 瞧,他站到台上!
>
>   b 瞧,他站在台上!

值得注意的是,我们是自发地对这些例子做出上述判断,并不是听命于什么人。但是显然有某种我们还没有觉察到的力量支配着我们,使我们在上述例句之间做出取舍。这种支配力量是此时此地说汉语的人所具备的,正是它控制着我们的语言行为,让我们对一句话说与不说做出判断。如果这个推理是正确的,那么有没有这种支配力量就决定着一个人会不会说汉语。学汉语就是要获得这种支配力量,教汉语就是要传授或者激发这种支配力量。

关于 Chomsky 所说的 competence 其物的本体性,在哲学界和心理学界都是有争论的。争论的一个焦点集中在它是先天生而俱来的东西,还是后天习得获取的东西。这个争论会永远持续下去,但是说凡是会说汉语的人都具有正确地使用汉语的能力,这恐怕是颠扑不破的真理。我们不妨把这种能力理解为 competence,而不去理会它究竟是什么东西和有什么物质基础。

语言能力这个观念的重要性不仅体现在对人的语言教学之中,也体现在用机器处理自然语言的语言工程之中。要想让机器说汉语,最简单的办法是把说汉语的人日常可能说到的词语全部输入机器之中。这样,只要控制在这些词语的范围之内,机器就有可能听懂我们说的话,也有可能恰当地说出这些话来。为此,我们就不得不给汉语算总帐,看看我们到底能说出哪些话来,这就要求我们给我们的语言能力划定精确的范围。这个任务显然已经等于测试语言能力的最大值,大大超出了客观地收集语料的范围。而且不能忘记,一种自然语言中的句子是无限多的,不可能一个一个地都输入机器之中。① 显然,如果我们能直接描述支配一个人说话的语言能力,然后把它传授给机器,就将大大提高机器处理自然语言的能力。因为正是这种语言能力支配着我们说出各种各样的话,一旦机器具有这种能力,它就将自行推演出我们所说的所有语句,不再靠我们一个一个地灌输给它。所以,从自然语言信息处理方面考虑,提出 competence 概念还是有重要意义的。

competence 概念不仅在本体论和发生学方面提出了值得研究的问题,它也促使我们认真反省我们对语言研究的认识论和方法论的观点。传统语法研究固然不反对谈词语的意义和语感,但是中外语法研究都有以书面语料作为描写对象的传统。我们已经说明,这种材料仅仅是语言能力的部分反映,不能涵盖全部语言能力,所以仅仅以书面材料为限是不能正确地描写我们的语言能力的。美国描写语言学派虽然以口语为本,但是日常口语中使用的语句跟书面材料一样,也很难说它们就是我们全部语言能力所在。而且美国描写语言学派有行为主义语言观,主张不必从意义出发,只要遵循一定的程序客观地搜集语料和描写语料,最终就能了解语句的意义。这就难免把语言描写的对象限制在人们日常使用的语句范围之内,那显然不等

---

① Chomsky(1957)和(1965)都说到自然语言的句子无限多,这个观点还有争论。但是,即使自然语言的句子数目有限,也难以一一列举。

于人们的全部语言能力。

　　从描写人们的语言能力出发,我们不仅要看书面材料,要听口头材料,而且不能不反省我们的语感,这就是所谓的"内省"(introspection)。这样一来,语法研究就不再是客观而被动地搜集例词例句,而是需要研究者发挥主观能动性去构拟和测试各种语句。例如,在说明上文的"动词+在/到"结构应该怎样构成时,我们必须测试所有的动词,看看它们有哪些后面可以接上"在",有哪些后面可以接上"到",有哪些后面接"在"和接"到"都行,然后再看怎样把获得的结果表述出来:是在词典中给每一个动词就此加符号标注,还是引入什么法则予以概括。①

　　当然,我们使用这种方法研究语法,不一定要完全归因于 Chomsky 在语言学中引入 competence 概念,很大的动力恐怕来自自然语言信息处理自动化的要求和科学研究精确化的要求,特别是现代逻辑概念进入语言学研究之中的影响,促使语言学研究开始穷尽地描写词语组合的可能性。这个契机发生在 20 世纪中期,而 Chomsky 的理论恰恰是在那时应运而生。美国语言学者认为 Chomsky 的最大功绩是把星号"＊"引入语言学。② 这也说明在 Chomsky 以前,语法学者主要研究一种语言中有哪些语句,也就是词语组合的可能性,而 Chomsky 开始研究一种语言中没有哪些语句,也就是词语组合的不可能性。

　　尽管我们说一种语言中可以说的语句不是我们所搜集到的书面材料和口语材料所能涵盖的,但是它们至少还有可能出现在现成的语料之中。而一种语言中不可以说的语句几乎可以肯定无法在现成的语料中找到。因为现成的语料都是人们根据自己的判断说出来试图让别人听懂的话,除非是极为特殊的情况,否则它不可能是说话人认为不能说的话。要搜集人们认为不能说的话,就只有让人们自己在内心反省以后做出判断。这种工作方法显然跟看书找例句的传统方法不同,它需要逐一检测词语的各个组合是否能够出现。这需要来自说话人内心的判断,而不是他实际看到的或听到的语句。

----

　　① 这是语法中使用的两种基本描写方法,参看第二章。
　　② 见叶蜚声整理《雷柯夫、菲尔摩教授谈美国语言学问题》(《国外语言学》1982 年 3 期)。

既然有出处的例句不能满足语法研究者的需要,语法论著中讨论的那些例句就仅仅代表词语的一种组合方式,至于它能不能在语言中出现,还有待于说话人在内心反省以后予以肯定或否定,这就不能像传统论著那样在例句后面注上它的出处。这种工作方法给理论和实践带来许多崭新的课题,对语法研究有重大的影响。我们可以说这样做是试图冲破实际语料的局限,发掘语言的全部潜力,也可以说这样做是试图用严谨的逻辑系统模型去模拟或"逼近"自然语言。无论我们喜欢不喜欢这种工作方法,都不能不承认它确实开拓了更为广阔的研究领域,同时也带来一些亟待解决的棘手问题。

对于传统语法学的观念和工作方法占主导地位的汉语语法学者说来,在开扩视野的同时,面临许多新课题和新问题。从过去十几年的发展看,最重要的两个问题,一是怎样判断语料的合语法度(grammaticality),二是怎样理解描写(description)和解释(explanation)的关系。它们关系到语法理论和语法模型的根基,我们要全面地讨论汉语语法问题,也就不能不首先研究这两个问题。

1.4 语言材料

1.4.1 语料来源

语法研究中使用什么语言材料是一个重要的问题,因为材料不同结论就有可能不同。事实上,如果我们只能通过一些语料去了解一种语言,或者说一种语言就是我们所看到的那些语料所表现的样子,那么,说语法要描述那种语言的语法性质,就等于说语法要描写那些语料的语法性质。例句(1)已经表明,说它成立,语法就要给它解释;说它不成立,语法就要把它排除。

语料有各种来源。例如,有口头材料,有书面材料;有历时材料,有共时材料;有通用材料,有地区材料。语料的来源不同或性质不同,可能影响语法研究的方法和结论。例如,若用书面材料,就必须到文字材料中找语料;没有文字材料的语言固然不能描写,找不到文字材料的用法也不能算数。若用共时材料,就必须在同一时期的口语材料和书面材料中寻找语料,不同时代的语料不能混用。若用通用材料,就需要以各地区和各阶层通用的语言为准,方言材料可以用以比较不同的用法,而不是通用语法描写的对象。

描写当代语言的语法应该用当代的口语材料,这是 20 世纪语法学者逐渐形成的共识。然而,这一点怎样在汉语语法研究中具体实施,还有待研究。按照传统,汉语语法文献中的例句都出自书面材料,而且注明出处以示有征可信。即使现在,对这个问题也还没有明确的认识和足够的研究,这决定着语法研究的方向。如果语法研究只能使用书面材料,语法描写局限在一定材料的范围之内,其正确与否和完整与否就将受到材料的限制。我们不能证明那些材料足以体现汉语全貌,也就不能保证我们所讲的语法是完整的汉语语法。

从索绪尔提出语言学要研究语言、而不是研究言语以来,20 世纪的语言学思想有所改变,在共时语言研究中开始重视主动搜集能代表语言其物的语料,这就出现怎样判断语言材料正确与否的问题。当代的语法研究已经从被动地接收语料转为主动地发掘语料,咨询和"内省"成为语法研究中搜集语料的标准作业方式。语法学者不仅关注哪些话能说,而且关注哪些话不能说。语言材料的范围扩大以后,判断它们是不是符合语法就成为开始语法研究的第一步工作。在鉴定语料的合语法性方面出现的问题,值得我们认真研究。

1.4.2　语料的合语法度

在语法研究中,语料是不是符合语法往往首先引起注意。传统语法书都是在描述正确的用法,难得列举被它否定的用法。按照惯例,除了特别普通的日常用语,传统语法书中的例句一般都有出处,在末尾注明见于什么书籍。

进入 20 世纪,特别是在强调发展语言描写技术的美国结构主义语言学派兴起以后,注重描写口语材料而不是描写书面材料的语言学观点逐渐占据优势,传统的工作方式开始发生变化。在 Chomsky(1957)提出用转换方法分析句子以后,为了研究词语相互组合的可能性和语句的变形能力,语法工作者就需要尝试对可能想到的词语的种种组合方式做出判断,看看它们能不能出现在语言之中。那些词语组合可能是人们日常用语,也可能仅仅偶然一用,甚至根本不用。这就需要研究者随时做出判断,而不能求助于传统所要求的经典的书面材料,也不能依靠描写语言学者所倡导的片断的录音材料。于是,怎样判断各种各样的词语组合是不是符合语法规则,就成为语法研究中的重要问题。

合语法度(grammaticality)是由 Chomsky 提出的转换生成语法引出的一个研究课题。在此之前,不管是规定式语法还是描写式语法,都以现成的语料为例证阐述语法规则。规定式的语法向读者推荐学者认为典雅可法的用法,描写式的语法向读者介绍说话人实际的用法。而 Chomsky 提出的生成语法要进而反映说话人的内在的语言能力,而不仅仅是他表现在外的语言运用。内在的语言能力表现出来就形成实际说出来的话语,但是日常言谈之中出现的话语是为交际服务,交际中用不到的话是不会说的,所以它不见得能包括语言能力的全部表现。我们大可猜想还有一些话语本来也在语言能力的范围之内,但是由于它们没有遇到使用的机会而没有表现出来。为了探索说话人的语言能力到底允许他说出哪些话来,语法学者就需要逐一测试词语的各种组合方式能否在语言中出现。这样,仅仅客观地搜集语料就不够,还需要主动地把词语按各种排列方式组合起来,让说话人在内心反省一下,看看它们哪些可以成立,哪些不能成立。这就是所谓内省(introspection)方法。

使用这种方法去研究语言确实扩大了学者的观察范围,把各种组合方式逐一测试一下也能使语言描写走向精密化。然而这样做的前提是说话人对每一个词语组合都能做出准确的判断,换句话说,这要求说话人做出的判断恰如其分地反映我们所要描述的语言能力。如果说话人的判断不能代表他的语言能力,那么以他的判断为准写出的语法也就不能反映他的语言能力。恰恰是怎样获取能代表说话人的语言能力的判断这个问题,生成语法学派没有进行足够的研究,更没有为"内省"提出有效的操作方法。

事实上对有些词语组合,说话人往往拿不定主意,不知道该说它成立,还是该说它不成立。例如:

(16) a　刚才你叫我的时候,我没答应,因为那一会儿我吃饭了。

　　　b　树上掉了一片叶子在地上。

有些词语组合,有人说成立,有人说不成立:

　　（17）a　张三站着过。

　　　　　b　张三死了好几天了（也没死成）。

　　面对同一个词语组合 L，如果两个人对它能否成立的判断不一致，这显然有两种情况。一种情况是两个人对某个词语用法的习惯不同，上文及下文讨论的用动词"影响"的几个句子就是一个例子。显然有些人已经默默地把"影响"的意思从负面的制动扩展到正面的启动，至少在某些情况下已经允许它表示"使"的意思，另外一些人还没有这样做。

　　另一种情况是两个人对词语用法的习惯倒没有什么差异，但是在判断 L 成立不成立时，一个人成功地进入了 L 所需要的心态之中，另一个人没有进入 L 所需要的心态。我们这里所说的心态是指说 L 时需要的心理状态，它跟 L 的意义有关，但是二者并不等同。稍稍反省一下就会知道，说话人是首先有一种心理状态，然后说话，有什么心理状态就说什么话。

　　当我们问说话人词语组合 L 成立与否时，说话人首先要在内心中构拟说 L 时的心理状态，想想自己在什么情况下会说出它来。构拟成功，找到了说 L 的场合，他就说 L 成立；构拟失败，没有找到说 L 的场合，他就说 L 不成立。有些语句是日常用语，不需要什么特殊的场合，张嘴就能说。它们所需要的心态很容易构拟，所以大家的意见一致。有些语句所需要的心态不容易构拟，就有可能意见不一致。例如把（17a）放在（18）这种场合可能会有更多的人说它成立：

　　（18）a　甲：张三过去没站着。

　　　　　b　乙：张三站着过。

如果我们设想张三是一个被关押的犯人，千方百计地想法寻死，但没有成功，这时（17b）的可接受性也会提高。

　　说话显然是一种近似下意识的反应活动，在一定的场合，产生了一定的心态，说话人就会不自觉地说出一些话来。这些话他过去可能说过，也可能没有说过。在他不自觉地说出口时，他并不认为自己不应该那样说。但是事后，在另一种环境中，把他说的原话拿来让他反省一下可不可以那样说时，他可能因为事过境迁，无法再现当初那样一种心态，而说它不能说。

　　当我们问别人一句话可不可以说时，如果那句话本身比较特殊，而对方又是对于语言运用无多研究的普通人,他就可能由于不太擅长凭空想象各种各样的说话场合,不容易进入说那种话的心态,而说它不能说。另一方面,对于语言运用十分讲究的人,又可能因为乐于对话语精雕细琢,发觉它有些出格,立即加以否定。在这两种情况下,即使适逢其会,进入一定的心态时,被咨询者自己也会很自然地讲出那句话来,但是当我们把它从合适的语境中抽出来,孤零零地问他能说不能说时,他就会予以否定,我们得到的回答也就不能代表被咨询者的实际语言能力。

经验证明,我们刚才的阐述不是无中生有,现实世界中确实有这样的例子。英国语言教育家 H.E.Palmer 在他的《Everyday Sentences in Spoken English》和《A Grammar of Spoken English》中讲过一些这样的例子。他说有些英国人在教外国人说英语时,会说出下面的话来:

(19)a　Don't say don't;say do not;don't is a vulgar expression.

　　b　Never use a preposition to finish a sentence with.

　　c　You should say whom not who when it isn't subject;I don't know who you learn your English from.

说这些话的人意在教导别人应该怎样说和不应该怎样说,然而说话人不自觉地使用了他自己正在予以否定的表达方式。像(19a)那句话,说话人认为"don't"这个词粗俗,劝人家不要使用,但他自己说的这句话却正在使用被他否定的"don't"。

看到这些情况,我们就不难理解何以 Chomsky(1965)有如下几句话:

> 很明显,说话人关于自己的语言行为和语言能力的报告和观点可能是错误的。因此,一部生成语法试图确定的,是说话人实际懂得的东西,而不是他对于自己的语言可能报告的内容。(中译本7页)

汉语语法学者并没有多少人接受 Chomsky 的生成语法观点,然而我们在研究汉语语句格式时,为了建立一种语法范畴,同样需要做出一些区分。特别是从 50 年代以来,我们普遍使用一个语句能不能变换成另一个语句作为证据,去证明存在着两个不同的语法范畴,这就经常需要判断一些语句能说不能说。

然而对于应该怎样做出这样的判断和应该怎样评价他人的判断,目前我们还缺乏足够的研究,甚至没有意识到这个问题的重要性,所以在语法论著中经常可以看到带有很大随意性的判断,而一些结论却恰恰建立在这样一些不加分析就不能使用的判断之上。利用带有随意性的判断做根据,就会得出不正确的结论,使语法研究产生"不及"和"过"两种倾向。

所谓"不及"是,看到别人的论著举出的例句中有自己认为不成立的例子以后,马上把整个论述否定掉。我们当然不能用伪证证明自己的结论,因为从逻辑上讲,从假命题中可以推出任何命题,允许假命题存在就有可能毁掉一个严谨的逻辑推演系统。然而对别人的论著中举出的例子能否成立,对我们自己收集的例句能否成立,我们还是要慎重考虑的,因为这不是个简单问题。从上文的论述中可以知道,一个人对一个语句能否成立是予以肯定还是予以否定,这跟他个人的用法习惯有关,也跟他能不能随时随地进入那个语句所需要的心态有关。上文已经举过这样的例子,现在再看(20):

(20)a 屋里坐着几个人。

　　b 屋里坐了几个人。

大多数北方人只说(20a),不说(20b);有些人虽然不说,但还可以接受,有些人根本不接受。但南方人更多的是说(20b),不说(20a)。我们经常看到语法论著——甚至是出于可敬的学者之手——说什么什么不能说,但拿去问问别人,却都觉得很正常。这在汉语语法研究中不是个别现象。

所谓"过"是,根据几个例子,不加足够的分析就做出过分涵盖的结论。不妨看一个例子。汉语中的"NP$_1$+'的'+NP$_2$"形式的名词短语往往有省说中心语 NP$_2$ 的用法。现在我们看涉及领属关系的例子,试比较"我的钢笔"和"我的孩子":

(21)a 这是我的钢笔。

　　b 这是我的孩子。

(22)　 这是我的。

我们指着一枝钢笔可以说(21a),也可以说(22),意思相同。这表明(21a)中的"我的钢笔"可以省去中心语"钢笔",只说"我的"。但是我们指着一个孩子可以说(21b),却不可能说(22)。这表明(21b)中的"我的孩子"一般不能省中心语"孩子",不能只说"我的"。对此我们可以做出种种解释,比如认为原因在于"孩子"跟"我"之间的关系是所谓"不可转让的领属关系"(inalienable possession),而"钢笔"跟"我"之间的关系是"可转让的领属关系"(alienable possession)。一个东西的领属关系可以转让时,它的所有权就可以属于这个人,也可以属于那个人,所有权属于谁就可以成为谈话的焦点。一个东西的领属关系不可转让时,它的所有权固定于某个人,没有属于他人的可能性,所有权也就不会成为谈话的焦点。而(22)是要鉴定所有权的句子,所以(21a)可以说成(22),(21b)不能说成(22)。

　　然而尽管我们一般不把(21b)说成(22),(21b)却像(21a)一样,可以把中心语移到前面:

　　(23)a　钢笔是我的。

　　　　 b　孩子是我的。

这表明在一定条件下,"我的孩子"之类短语也可以跟中心语分开。另外,(21b)不大可能说成(22),还跟(22)中干巴巴地用"这"指人有关系,说成(23b)就去掉了这个障碍。

　　再看一些例子就会发现,同是亲属名称,但把"孩子"换成"爸爸"情况似乎就有所不同。它可以用(21b)的格式说成(24):

　　(24)　这是我的爸爸。

当我们问别人(21b)能不能说成(22)时,说不定还有人会勉强认可,把(24)说成(22)就绝对没有人赞同。不仅如此,说成(25),恐怕绝大多数人也不会认可:

　　(25)　爸爸是我的。

对此我们又可以给出各种解释,比如认为父母对孩子有隶属和监护关系,虽然一般不可转让,但是还可能有属于谁所有的问题。(23b)这句话多出现在夫妻口角时,就足以说明问题,因为那时会出现孩子为谁所有的争论。反过来,按我们目前的社会和家庭观念,子女对父母就没有这层关系,所以不说(22)这种话。

　　这样解释对不对是另一个问题,我们关心的是(25)是不是不能说。事实上问题不像一眼看上去那么简单,因为(25)可以用在(26)中:

(26)　　孩子是你的,爸爸可是我的。

这表明在需要确定父母属谁所有时,(25)跟(23b)一样,也可以说。我们之所以直觉上否定"我的爸爸"中的"爸爸"可以省去,实际上是没有进入那种心态。由此看来,"我的钢笔"、"我的孩子"和"我的爸爸"之类短语能不能省说中心语,一个重要原因是使用频率,也就是生熟程度。如果社会风气是子女抢着认父母和养父母,那么(25)这句话会像(23b)一样地频繁出现,我们也就不会说它不能说。

如果不幸而吾言中,情况确实如此,那么对于"我的爸爸"之类短语可不可以省说中心语这一点就要认真考虑。第一个要考虑的问题是,如果咨询的结果是大家都认为(25)不能说,那么我们是不是还要对结论加以分析。事实上,当说话人说某语句不能说时,如果马上就此立论,不进一步探讨是哪些因素驱使他做出这个结论,不分析在某些情况下他是不是会做出相反的结论,我们就不知道所描写的是什么性质的语言现象。因为,如果我们肯于深入分析其原因何在,往往会发现问题只在于能不能进入说那个语句所需要的心态,跟典型的病句性质不同。正是因此,我们经常看到被语法论著判定为不能说的语句其实是能够出现的。

既然如此,那么第二个问题就是,像上面提到的一些左右判断的因素实际上跟交际需要有关系,它们是不是语言能力的问题;即使是语言能力的问题,是不是要在语法中予以处理。打个比方,我们今天绝大多数人只用钢笔写字,不用它作画,事实上有钢笔画,但是知道有此一说的人恐怕不多。情况如此,那么当我们描写钢笔的功能时,能不能说它只能写字,不能作画呢?

我们知道语言是人创造的用以描写主客观世界的一套符号系统,仅就语言跟社会的关系这一点而言,它的语句必然要反映社会状态,但是能不能因此就把语言跟社会画等号,说语言所反映的社会状态就是语言本体,就是语言能力呢?

例如在秦代之前本来人人都可以自称为"朕",从秦始皇开始,"朕"成为帝王自称的专用词。我们也许——仅仅是也许——可以说敬称是语法范畴,但是能不能说像"朕"之类词为帝王专用这也是汉语的语法范畴呢?

如果不加分辨,巨细不遗地都写入语法之中,那么语法就将变成社会状态的投影:社会上有的东西它要有,社会上没有的东西它也要没有。我们在

§1.3 中讨论过"一只象有八十条腿"这个句子,根据现实社会状况,这一类句子是应该从语言中排除出去的。我们肯于把它归入合语法的句子,理由只能是在别一社会状态中它可能出现。如果事实确是如此,那么由于"我的爸爸"在别的社会状态中可能出现省说中心语的情况,语法中也同样可以认为它可以省说中心语:至于在某社会中它能不能省中心语,那要看在那种社会状态下它的领属关系会不会成为谈话的焦点。

由此看来,就一个语句能说不能说去咨询说话人,得到的回答受到许多因素的影响,特别是它会受到说话人所处的社会状态的影响,不能一概归为语言本身的性质。如果不加分析就作为语言能力加以描写,结果就是带有某一种社会状态特色的语法模型,不能适用于别的社会环境。所谓的语言之法,也就会变成某一个社会的模型,而不是语言的模型。事实上语言作为一种工具,除了描写现实世界以外,还有描写其他可能世界(possible world)的能力。如果我们把体现某些社会观念的语言现象跟语言本性分开,首先描写语言的本性,然后说明怎样根据不同的社会观念使用语言,那么不仅能提高语法描写的普遍适用性,而且能正确地反映语言跟社会的关系。

语句的合语法性是语法学中的基本问题,值得深入研究。国外学者在语用学和一些交叉学科领域内进行了广泛的研究,包括从功能、认知、心理、社会、人种等方面对语言进行的种种研究,都直接或间接地涉及这个问题。它是提倡描写语言能力或提倡语法描写精确化带来的复杂问题。尽管我们还不能完全予以解决,但是值得注意的是,以某个语句能不能说做根据直接立论很容易把复杂的问题简单化,这是不足为训的。

既然语句的合语法性十分复杂,那么当我们发现语法论证中所举例句不成立时,就不能简单地下结论。我们首先要反省那些例句何以不成立,是作者的语言习惯跟我们不同,还是我们没有成功地进入那些例句所需要的心态。其次要分析通过那些例句作者要建立什么样的语法范畴,是不是一旦那些例句不成立,那个语法范畴也就化为泡影。有时虽然个别例句不成立,但作者建立的语法范畴还是成立的,我们也就不能因为个别例句不纯而归咎整个语法范畴。一些语法论著,特别是海外的汉语语法论著,常常因为例句不纯受到指摘,而殃及全文。我们固然不能鼓励语法论证使用不成立的例句,但是个别例句是否成立毕竟跟整个结论是否成立是两码事。只要有能够支持结论的例句,文章的论证就没有完全失败。这样看问题有助于正确地理解和评价别人的工作,免去许多无关大局的争论。

从逻辑上讲,我们必须区分两种意图不同的论述。一种是意在描述某个词语的性质,另一种是意在论述某个范畴的性质。在举例说明某个词语有没有某种用法时,例句不成立,论证就可能完全落空。然而在举例说明存在某个语法范畴时,仅仅个别例句不成立,就不能否定整个范畴的存在。语法描写所能为力的是说明语言中有没有某个语法范畴,语法描写所不能为力的是说明语言中的每一个词语有哪些用法。语法学者建立语法范畴是为了概括地描述词语类型的性质,至于每一个词语的用法可以归入哪一个语法范畴,那是具体描写每一个词语用法时要做的事情。

我们不妨举一个简单的例子。研究英语动词的用法可以分为几个类型和做出用来描写英语动词的用法类型表,这是英语语法学者的工作。但是像英国学者 A. S. Hornby 等编纂的《Oxford Advanced Learner's Dictionary of Current English》那样,给每个动词标上用法类型符号,那就是英语词典编纂者的工作。

这样看问题,语法学者所关心的就不应该是个别语料是不是符合语法,而是从自己掌握的语料中可以归纳出什么样的语法范畴,所以语料是不是合语法也就不是语法研究不可逾越的难关。

由此可以得出结论,语法学者的工作是务其大而遗其细。如果仅仅斤斤计较某个词语有没有某个用法,某个例句是不是成立,而忽视建立具有类型意义的语法范畴,那就脱离不开诠释词语的训诂传统,很难设想这样做能建立起现代意义的语法系统。

历史证明,我们不是没有研究汉语语言文字的传统,恰恰相反,古人在描写个别词语用法方面进行过许多工作,而且编出了各种解释词语意义的辞书。然而现代意义的汉语语法是马建忠按照西方语法的模式建立起来的,却不是诞生在中国的小学传统之中。相反,很难设想西方人在古希腊时期对个别词语用法的研究会超过两千年之后的中国人,然而西方在古希腊时期就有语法之学。即使有其他原因在内,这也足以证明语法跟研究个别词语的用法不是一回事。

语法是描述词语的类型特征,这就是说,语法是描述一批词语的共性,而不是描述个别词语的个性。从这个意义上讲,只要不是用错误的材料做唯一的证据去推导普遍的结论,个别语料是不是绝对可靠对语法论述不一定有很大影响。

对传统语法而言,情况尤其如此。这是因为大多数传统语法规则仅仅陈述一种倾向,而非一无例外。我们知道,对全称命题"有甲必有乙"而言,只要有一个甲例外,整个命题就是假命题。但是,对命题"有甲有时有乙"而言,在个别情况下有甲而无乙,并不影响命题的正确性。看看传统语法书就知道,绝大多数传统语法规则都不是全称命题,例如:

（27）　一个动词有时候会有两个宾语,多半是一个指人,一个指物。

（28）　一般的情形,主语代表主动者,宾语代表被动者。

(27)说"有时候"如此,那就说明有时候并不如此。(28)说"一般的情形"是这样,意味着有时候例外。

现代语法论著情况有所不同,它们追求语法规则的精确性和系统性,特别是供电子计算机作自然语言信息处理使用的语法规则,不剔除例外就会破坏整个系统的严密性,甚至影响使用。然而,即使在这时,个别例证可疑或不确,也不一定影响大局。例如个别词语有还是没有某种用法,这往往是词语的个性,无关乎重要的语法规则。"不能尽如人意"可不可以说成"不尽人意","按顺序上车"可不可以说成"顺序上车",都是这种情况。即使是关乎句法格式的问题,例如"难免吃亏"和"难免不吃亏","屋里点着一盏灯"和"屋里点了一盏灯",是不是都成立,二者有没有区别,这些问题也不见得对语法本体有很大影响。因为它们只关系到个别词语的用法,可以个别处理。

1.4.3　语料的鉴定:心态

人们有一定的心态才能说出一定的话语,所以当我们问说话人某个语句能不能说时,他的判断决定于他能不能找到说那个语句时的心态。前面讨论"我的钢笔"、"我的孩子"和"我的爸爸"之类短语能不能省去中心语时,我们说过这跟它们的领属关系能不能成为谈话焦点有关。如果中心语的所有者是谁能够成为谈话的焦点,中心语就可以省去,否则就不能省去。

说话人几乎不用思考就能告诉我们"我的钢笔"之类短语可以自由地省去中心语,这是因为日常生活中经常会谈论钢笔是谁的。相反,孩子是谁的很少成为话题,它的中心语就很少省略。爸爸是谁的更不大可能成为话题,它的中心语就几乎绝对不能省略。

如果情况确实如此,那么联想到随着历史的进展和社会的变迁语言也在不断地发展变化,语言中不断地出现过去没有的新词语和新用法,我们就不难想到:既然有什么心态就说什么话,那么说过去不说的话就需要有过去说话时没有出现的心态,这就说明心态可以通过诱导而产生。在研究语言单位的合语法性的过程中,我们可以看到事实确实如此。我们这里介绍两种心态诱导方法。

第一种方法是利用同类词语或同类格式的类比或同化作用诱导心态。上一节讨论"我的爸爸"能不能省中心语时,例(25)几乎可以认为绝对不能接受。但是把它放在(26)中,可接受性就大大增加。之所以如此,显然是因为跟它同类的短语"我的孩子"有(25)那样的句式,让它在前面诱导一下,接着说(25),我们就可以顺势按照同样的心态去理解(25)。结果在(26)中,领属成分成为谈话的对象,后一个分句虽然仍是(25)原句,听起来就跟单说时感觉不同。

用同化诱导所需要的心态,在汉语中有悠久的传统,在古汉语中这种例子很多。王力1980(232页)在论及词的变性时曾举(29)为例,说明利用骈句可以使词的变性更为显著。(29)中的句子如果不是骈偶形式,就比较难懂。

(29)a　于是从散约解,争割地以奉秦。(贾谊《过秦论》)

　　b　器利用便而巧诈生,求得欲从而心志广。(苏轼《始皇论》)

古典诗歌为了达到言简意赅的效果,经常使用平行的方式诱导特殊的句式。叶圣陶先生在论诗的语言时曾说:

　　我以为凡特殊句式,必对仗而后成立,如"名岂文章著,官应老病休"是也。若云"名岂文章著,老衰官合休",则上一语为不易理解,作者决不肯如是写。今为对仗,则令读者两相比勘,得以揣摩,知为名岂以文章而著,官应以老病而休之意。律诗中间两联,属于平常句型者固不少。而欲以诗意构成纯出人工之语言,自非使之对仗,纳入中间两联不可。此所以特殊句型必为对句也。易言之,因有对仗之法,乃令作者各逞其能,创为各种特殊句型,句型虽特殊,而作者克达其意,读者能会其旨。(王力 1980:481 页引)

利用同化的方法去诱导所需要的心态,依靠的是类比(analogy)作用,它跟词语用法的规则化(regularization)现象有关。我们知道,在语言演变发展过程中,很少出现凭空创造一个前所未有的句子格式的情况。频频见到的是用旧瓶装新醋的方式扩展词语的用法,这就是在原有的句子格式中使用过去没有这样用过的词语。我们不妨看汉语中的两个例子。

第一个是形容词带宾语当及物动词使用的例子。吕叔湘、朱德熙二先生编写《语法修辞讲话》的时候,已经看到形容词用做及物动词的例子一天天多起来,肯定了"密切关系"和"端正态度"之类用法的正确性,因为它们跟后面的宾语本来就配得拢。但是这种组合有生熟之分,例如"端正我们的态度"习见,而"整齐我们的步伐"就生疏。但把二者并列在一起,说成"端正我们的态度,整齐我们的步伐",后者就既不费解,也没有不自然的感觉。这就是通过类比使词语用法产生规则化的例子。

第二个例子是汉语中所谓的"兼语式"的用例。现代汉语中有兼语式用法的动词本来不是很多,经常使用的只是"使、叫、让",如(30):

(30)a 这真叫人为难。

   b 你让我说什么好呢。

刚才说到的《语法修辞讲话》一书问世在 20 世纪 50 年代初,当时常常使用兼语式的动词还不多,所以书中否定一些动词有这种用法,认为像(31a)这种格式应该改为(31b):

(31)a ……教育他们彻底了解……

   b ……教育他们,使他们彻底了解……

然而后来使用兼语式的动词逐渐多起来了,结果在 1979 年原书重印时,删去了否定"教育"和"组织"有这种用法的例句。所以如此,显然是因为这些动词都有一定表示使令或意愿的含义,跟"使、叫、让"等有相似之处。过去虽然很少这样用,甚至不这样用,一旦有必要,它们还是会发展出"使、叫、让"之类动词的用法,进入兼语式的句法规则范围之中。在历史语言学中讨论语音演变时,Wang(1969)曾提出词汇扩散说,认为语音变异是从少数词开始,逐渐扩散到其他有关的词。我们说在语法中,词语的新用法经常是从散见的例子开始,向同类词语扩展。在这个发展过程中,有现成的例子作同化诱导是很重要的因素。它使同类的词语发展出同样的用法,表现出规则化的现象。

诱导心态的第二种方法是异化诱导。在语音学中讲到,当两个或更多相同或相似的音连在一起的时候,其中一个音会变得跟其他音不相同或不相似,这就是所谓语音异化现象。在语法中,同一个词连续出现时会换用别的词,同一种句式连续使用时会做一些错综变化,这也是异化现象。利用异化作用诱导心态最常见的例子是,连续使用"的"字组成多层定语时,为了避免"的"字重复出现,往往省去一个或几个"的"。例如我们一般只说"脏的糖"和"干净的糖",不说"脏糖"和"干净糖"。但是一旦前面有带"的"字的修饰语,情况就会发生变化,例如"沾满了土的脏糖"就比"沾满了土的脏的糖"更顺畅。所以如此,异化作用就是一个因素。

形容词用来修饰名词时后面要不要加"的"往往很难判定,孤零零地拿出个别例子去咨询别人,结果不一定可靠。赵元任(1968)曾以(32)为例,证明"重箱子"不是一定要说成"很重的箱子",吕叔湘先生的译文又补充了例(33):

（32） 你不累吗,老提遛着那么个重箱子?

（33） 把重箱子搁后头,轻箱子搁前头。

例(32)和例(33)都是上下文词语影响心态的例子。例(32)中的"重箱子"前面有"那么个",它起压缩定语的作用;例(33)用"重箱子"跟"轻箱子"对比,有相互同化的作用。二者都表明有些词语单看似乎不能说,有了一定的上下文就能说。

汉语中带"的"字的短语也体现了同类词语诱导心态的作用。例如在餐厅里说起酒来,常常用"白的"指白酒,"啤的"指啤酒。"白"是词,跟"的"组成"的"字短语是正常的。然而"啤"不是词,若不是受到"白的"诱导,不可能说"啤的"。

以研究社会语言学驰名的美国语言学者 W.Labov(1975)综合文献中的报告,指出语言学者所引以为例证的材料往往跟咨询结果不一致,文中就语言现象的变异提出了许多发人深省的问题。例如英语句子(34):

(34) All   the boys   didn't   leave.
      (所有   那些男孩子   没有   离去)

对(34)有两种理解方式:一种理解是"并非所有的男孩子都走了",相当于汉语句子(35a);另一种理解是"所有的男孩子都没有走",相当于汉语句子(35b)。

(35)a 那些男孩子没都走。

   b 那些男孩子都没走。

如果英语句子前面有 all(全部)、every(每一)、any(任何),后面有否定词 not(不/没),英美人一般理解为否定数量,而不是否定动词。所以(34)一般理解为前一种意思,很少理解为后一种意思。

然而运用一定的实验技巧,英美人也会逐渐接受否定动词的理解方式。例如首先画出一些图形,其中有一些三角形,有一些四边形,然后问下面的问题:

(36) If all the squares were triangles,then all figures would not have four
      sides.True or false?

如果按照否定数量的方式理解,问题就是(37a);如果按照否定动词的方式理解,问题就是(37b):

(37)a 假如四边形都画成三角形,那些图形就不会都有四条边。对
       不对?

   b   假如四边形都画成三角形,那些图形就都不会有四条边。对
       不对?

结果在 24 个人中,有 23 个人按照(37b)的理解方式回答问题。这个例子表明只要用一定的条件给予诱导,固有的用法习惯也会改变。

我们不想过分强调语言的可变性,事实上无论事物多么容易变异,我们想认识它,也不能不确定一个基本的立足点或出发点。但是 Labov(1975)揭

示的现象却不能不引起我们的警惕,当我们以一些语句能不能说为根据进而立论时,首先要认真考虑那些语句为什么不能说,是不是在任何情况下都不能说。如果一遇到眼生耳生的语句不加分析就予以否定,很容易把非语言学的因素当作语言的本性作出错误的描述。

1.5　语法描写

我们现在讨论第二个问题,也就是怎样选择对语言现象的解释。我们继续分析"影响"的用法。仅仅看例(1)本身,似乎两种讲法都行,说不出哪一种讲法更可取。进一步观察,我们见到下面这种句子:

（38）　……影响他儿子也抽烟。（郭荣起演出单口相声《大烟斗》）

(38)的情况似乎跟(1)相同,也有两种解释方法:即或者把"影响"理解为"使(得)",或者把(38)理解为(39):

（39）　……影响他儿子,（他儿子）也抽烟。

但是,一旦遇见下面这个短语,情况就有所不同:

（40）　影响死亡的因素（报纸文章标题）

看到这个标题,不少人认为这篇文章是讲延缓衰老、阻止死亡发生的长寿秘诀。看下去,才发现自己估计错了,原来这是讲促使人死亡的因素。

如果把(40)看作病句,自然另当别论。如果承认(40)这种话可以说,就不得不把其中的"影响"的意思理解为"使得"或"导致",(40)是不能按照(5)那样解释的。这表明在对(1)的两种解释方法中,把"影响"的意思解释为"使(得)"可以概括(40)这种用法,而按照(5)那样解释,就不适用于(40)。于是,就适用面而言,前者宽于后者。

这个例子表明,对词语用法的描述往往不只一种方式,就事论事地直接比较它们的高下短长并不容易,甚至是不可能的。而语言学者在评价不同的处理方式时,着眼点往往是不同描述方式的概括性孰强孰弱,这一点体现在语法学者对语法规则应该描写语言现象还是应该解释语言现象的讨论之中。这个问题近年来逐渐引起汉语语法学者的注意,然而它并不像某些学者说的那么简单,我们不能不予以必要的讨论。

1.6　描写(Description)和解释(Explanation)

20世纪80年代以来,汉语语法研究开拓视野的一个标志是,汉语语法学者开始关注一个以前未曾认真考虑过的问题,即语法研究应该以描写为主,还是以解释为主。从语法学发展史上看,众所周知,西方语法传统的观点本来有规定(prescriptive)主义色彩,提倡正规、纯洁、符合逻辑的用法标准,排斥不符合这种标准的"粗鄙"用法。

比如在英语中,按规定主义观点表语应该用主格形式,不应该用宾格形式,所以(41a)正确,(41b)不正确:

(41) a　It is I.

　　b　It is me.

在汉语中的一个例子是:

(42) a　谁也难免犯错误。

　　b　谁也难免不犯错误。

因为"难免"的字面意思应该是"难以避免",所以按这种理解,(42a)表示"谁也会犯错误",(42b)表示"谁也会不犯错误"。然而事实上说汉语的人平常说话时大都把(42b)用作(42a),表示"谁也会犯错误",而不是"谁也会不犯错误"。如果我们认定用"难免"表达这个意思时,只能说(42a),不能说(42b),这就是规定主义态度,违背许多人的实际用法。

还是进入20世纪以后,西方语言学者才大力提倡语言学应该客观描述人们对语言的实际用法,而不是规定一些理想的或设想的准则去"纠正"人们的语言习惯。"描写"这个词随之成为语言学者的宠儿,出现了以描写语言事实为宗旨的"描写语言学"(descriptive linguistics)。而以客观地描述人们实际用法为宗旨的"描写语法"(descriptive grammar)也就随之取代了过去的"规定语法"(prescriptive grammar)。

根据这种观点,人们说不说(41b)和(42b)这样的话,那是客观事实。语法学者的任务是描述客观的语言事实,而不是推销主观的理想化准则,这种观点曾经被认为是语言学的一个进步。虽然描写主义观点并没有规定语言学者怎样表述他所观察到的语言事实,但是它所提倡的客观观察的方法或多或少地暗示着语言学者应该采取超然的态度。最为超然、最不需要发挥主观能动性的态度就是忠实地"记录"他所观察到的语言事实,所以描写主义观点容易被误解为一个语言学者只要能把语言事实记录下来,工作就已经合格。

这当然不是提倡描写主义的学者的初衷,更不是描写主义的全部内容,因为描写语言学者在强调工作的客观性的同时,还强调工作的系统性。然而,由于对汉语语法界影响最大的美国描写语言学派的主要成果集中在音系学方面,在语法学方面无多建树,没有提供一套现成的方法说明怎样建立系统的语法描写模型,语法的系统性也就成为汉语语法学中最为缺乏研究的薄弱环节。

在美国描写语言学派之后继起的 N.Chomsky 的语言观点不是这么客观。我们已经说过,他认为说话人头脑中有 competence 其物,一切语言活动都在它控制之下,人们能说哪些话,为什么说这些话而不说那些话,都是由 competence 支配。语言学者的任务就是要主动地设法把它描述出来,而不是被动地等待语料。一旦把它描述出来,也就说明了人们的语言活动如此而不如彼的原因何在,这就出现了对语言事实的"解释"这个概念。

上面说过,按 Chomsky 对 competence 的讲法,恐怕陈义过高,很容易引起到底那所谓的 competence 是什么东西的争论。我们不妨退一步讲,纯从技术观点出发,不妨说 Chomsky 的生成学派观点是要研究一个人的语言能力,给它精确的界定,描述它允许我们怎样说和不允许我们怎样说,"记录"式的工作方法显然无法应付那无限的可说的语句和不可说的语句。工作任务迫使我们使用精确的规则去概括我们所观测到的语言事实,迫使我们给无限的语言事实找到有限的控制因素。不管我们是不是把那样的控制因素叫作 competence,它们至少可以理解为语言现象出现的原因,于是当我们说由某些控制因素导致某些语言现象时,就可能被理解为解释了那些语言现象何以能够存在。

Chomsky 把语法理论分为描写型和解释型,而且强调语法理论的最高境界应该是解释型理论。我们不知道他这样做的动机是为探讨和描述 competence 其物,是为构拟逻辑系统式的语法模型,还是二者兼有。因为在 Chomsky(1957)中,他一方面强调说话人有说出和理解符合语法的话语的能力,能分辨出哪些语句符合语法,哪些语句不符合语法;另一方面他在论述语言理论的解释力时,似乎关心的是用什么方法可以推导出语言中存在的语言现象,而没有把对语言现象的解释直接跟说话人的语言能力挂钩。①

不过,在 Chomsky(1965)第一章讨论语法研究的方法论时,已经明确地提出语法研究的主要目标应该是针对语言能力,而不是语言行为,评论一种语法理论的标准应该是看它对语言事实是不是具有以下三种性质:

A. 观察的合适性(observational adequacy)

B. 描写的合适性(descriptive adequacy)

C. 解释的合适性(explanatory adequacy)

特别是,他明确地把语言理论区分为描写性理论和解释性理论,认为语言理论应该从描写性理论上升到解释性的境界。从他把对语言现象的描写和解释跟儿童语言习得过程联系起来,可以看出对语言事实的解释已经不是被看作描写语言事实的一种技术手段,而是表述人的语言能力的一种方式。

从表述人的语言能力出发,Chomsky 建立了生成语言学派,试图把语言能力描述为一个形式化的推演系统。在此之前,逻辑学者已经试图用逻辑系统描述自然语言。从 Chomsky 开始,在语言学界也开始了形式化的语言研究。然而不管我们相信不相信 Chomsky 对语言能力其物的说明,面对复杂的语言事实,语言学者谁也不能仅仅被动地去"拾穗",不能仅仅记录一个个语句,仅仅把它们排成无限长的语句大队,而不去研究那些语句是在什么东西控制之下产生的,它们可能走向哪里,不可能走向哪里。否则语言学就要退化为录音机或"传声筒",而不再是科学。所以,事实上从 Chomsky 以来,对语料的描写有没有解释效果已经成为语言学者关注的目标,而且"解释"这个概念也引起了学者对语言学方法论的理论探讨。②

---

① 这一点在理论上是有必要予以明确的,因为充其量我们只能说语言学者对语法现象的界说是语言能力的一个近似值而已。

② 参看 Wunderlich(1979)《Foundations of Linguistics》第三章《Perception, Description and Explanation》。

　　在很长的一段时间内,描写和解释这两个概念并没有明显地冲击汉语语法研究的营垒,只是在陈平(1987)发表之后,"描写"和"解释"才成为汉语语法学者的热门话题。对语言学研究的最高境界是不是"解释"这一点,汉语语法学者的观点并不一致。对"描写"和"解释"作何褒贬,我们可以存而不论,但是不能不认真地思考一下它们到底是指什么东西而言,否则它们就是两个没有内容的标签,不值得我们关注。

　　事实上,任何一个命题都兼具描写和解释两种意义。我们不妨引入逻辑式:

　　(43)　P→Q

它表示"如果 P 真,那么 Q 真"。显然它可以理解为:

　　(44)a　因为有 P,所以有 Q

　　　　b　P 的性质是有 Q

(44a)解释了 Q 的存在,(44b)描写了 P 的性质。这无疑是说从 P 推出 Q,既是用 P 解释 Q 的存在,又是用 Q 描写 P 的性质。

　　当然仅仅有(43)我们不知道有 Q 时是不是一定有 P,所以我们不能说(43)解释了 P 的存在,也不一定能说(43)描写了 Q 的性质。但是,如果有(45):

　　(45)　Q→P

那么(45)解释了 P 的存在,又描写了 Q 的性质。当(43)和(45)都成立时,我们说"P 等值于 Q",表示为:

　　(46)　P ≡ Q

这时 P 和 Q 可以互为解释,互为描写。

　　以上的论述表明所谓用 P 解释 Q,就是证明(43)成立,即 P 蕴涵 Q。为了阐明语言学论证的涵义,我们来考虑这个结论的另一种意义。假定 P 有 P_1, P_2, P_3 以至 P_n 等情况,而且对于这些情况,(43)这个命题都成立,那么我们可以说对于 P 的每一种情况而言,(43)描写了 P 的一个性质,即"P 有性质 Q",这就是命题(44b)。我们也可以说(43)解释了 Q 的存在,即"因为有 P,所以有 Q",这就是命题(44a)。

此外,对于 P 的任何一种情况 P_i 而言,我们观察(47)跟(43)的关系:

(47)　$P_i \rightarrow Q$

二者之间显然有如下的推理:

(48) a　因为　$P \rightarrow Q$

　　　 b　而且　$P_i = P$

　　　 c　所以　$P_i \rightarrow Q$

这表明在 $P_i = P$ 时,有(49):

(49)　$(P \rightarrow Q) \rightarrow (P_i \rightarrow Q)$

蕴涵式(49)表明由 $(P \rightarrow Q)$ 可以解释 $(P_i \rightarrow Q)$ 的存在。

这些推理和说明多少有些抽象,作为一个例子,试看命题(50):

(50)　一切人都是要死的。

显然我们只能说(50)描写了"人"的一种性质,而没有解释什么东西。但是,如果"张三"是"人"中的一个成员,那么(51)就真:

(51)　张三是要死的。

因为从(50)可以推出(51)。推理过程如下:

(52)　因为　A:一切人都是要死的

　　　　　　 B:张三是一个人

　　　 所以　C:张三是要死的

既然如此,我们可以说命题(50)解释了何以有命题(51)。但是从命题(51)不能推出(50),所以我们不能说(51)解释了(50),也不能说(51)描写(50),因为(51)真不见得(50)真。

从此我们可以得出结论:

(53)当我们说 P 解释 Q 时,我们意味着命题(43)成立,即 P 蕴涵 Q 。P
　　 解释了 Q 的存在,Q 描写了 P 的性质。这是一个问题的两个侧面
　　 而已。

同样,(54)仅仅描写了"名词"的性质,但可以说它解释了何以有(55):

(54)　　一切名词都表示一种事物。

(55)　　"人"表示一种事物。

再看汉语介词"在"和"到"跟动词连用的例子：

(56)a　笑在脸上,恨在心里。

　　b　? 笑到脸上,恨到心里。

(57)a　这盆花儿能开到月底。

　　b　? 这盆花儿能开在月底。①

根据(56)和(57)中"在"和"到"的对立,我们可以做出结论：

(58)a　"到"表示运动进行的终点或状态持续的终点。

　　b　"在"表示动作或状态存在的处所。

根据(58)可以预测(59)中的两句话意思不同：(59a)的"大路上"是运动终点,表示通过"走"到达大路上;(59b)中的"大路上"是活动场所,表示在大路上走：

(59)a　我们走到大路上。

　　b　我们走在大路上。

事实果然如此,我们就会认为(58)解释了(59)中的两个句子的意思何以不同。

然而仔细分析一下,(58)只是描写了"在"和"到"的用法,并没有对这种用法本身做出什么解释。而且,(58)是根据(56)和(57)两个格式提出的,如果用 W 表示谓词,那么(58)是分析格式(60)得出的结论：

(60)a　W +"在"+处所

　　b　W +"到"+处所

这无疑是说,从命题(60)中能推出命题(58),即(61)成立：

(61)　命题(60)→命题(58)

那么根据我们对(43)的分析,(61)显然表明命题(60)蕴涵命题

---

① 至多可以勉强理解为"这盆花儿在月底开"。

(58)，这也就是说命题(60)解释了命题(58)的存在。由此看来，我们不能想当然地把(58)看成(60)的解释，事实上当我们在(60)的整体意义中离析"在"和"到"的意义、然后表述为(58)时，这是用(60)的意义推导出(58)成立。反过来，由(58)求出(60)的意义，这是用(58)推导出(60)的意义。表面上看，这似乎是循环论证，毫无意义。然而，我们从(56)和(57)或者更多的例句中把"在"和"到"的意义确定为(58)，这至少可以有以下两种意义。

一种意义是，我们可能并没有穷尽地验证具有(60)格式的组合是不是都符合(58)，而是仅仅观察了若干个例子就断言(58)成立。然后像我们分析(59)那样，使用(58)去预测所有具有格式(60)的语句的实际意义可能是什么。我们不是由(56)和(57)推出(58)，然后仅仅把(58)反过来用于(56)和(57)。如果那样，就没有意义。而我们是用(58)去预测还没有经我们验证过的语句(59)的含义，这种推理方式跟上文由(50)到(51)的推理方式相同，可以看作是用(58)解释(59)的含义。

另一种意义是，我们归纳的结论(58)来自语句(56)和(57)，(56)和(57)属于语句类型(60)，但(58)不仅对于语句类型(60)真，对于用在其他语句类型中的"在"和"到"也真。事实上，当"'在'+处所"这个格式用在谓词前面时，(58b)一般也成立，例如(62a)。而"'到'+处所"用在前面时，"到"有可能本身成为一个表示事物运动的动词，不被看作介词。即使如此，它仍然是以后面的处所为运动的终点，例如(62b)：

(62)a　我们在大路上走。

　　b　我们到大路上走。

于是，从(58)不仅可以推出"在"和"到"在格式(60)中的含义，而且可以推出它们在其他格式中的含义。这时(60)仅仅是(58)的一种具体情况，跟从(43)推出(47)的情况相同，又出现了从一般命题导出特殊命题的推理过程。

事实上，只要在命题 P 和 Q 之间有(43)那样的蕴涵关系，我们总可以说(43)不但解释了 Q 的存在，而且描写了 P 的性质。在 P 包括多种情况而 Q 仅仅是其中的一种情况时，记住 P 和推理法则就可以不再去记它所概括的每一种情况,这时(43)就显示出重要意义。如果像(46)所表示的那样,P和 Q 等价,比如说(58)和(60)的外延相同,即所有形式像(60)一样的语句都符合(58),所有符合(58)的用例都在(60)这个格式中,那么(58)和(60)就可以互相推导。这时既可以说有(58)就有(60),也可以说有(60)就有(58)。仅仅从逻辑上看,这两种选择没有区别。但是考虑到其他因素时,就可能有差异。例如在语法教学中,我们会让学生记住“到”和“在”的意义,然后去推导出动词加上“到”或“在”之后整个组合的意义,不会倒过来让学生记住动词加上“在”或“到”的意义,再去求“到”和“在”的意义。这是因为语法传统是讲怎样用小单位组合成大单位,不是讲怎样把大单位分析成小单位。这表明逻辑上等价的命题在实用中可能还要根据实际情况予以区分和选择。

现在的问题是,当我们用(43)来说明描写和解释具有相对性时,我们证明的其实是 P 可以解释 Q 的存在,Q 可以描写 P 的性质。然而 P 可能有很多性质,说不定会有 Q_1、Q_2、Q_3、Q_4 等多种性质,而 Q 也许仅仅是其中的一个性质而已。例如,我们从分析“在”和“到”在动词之后的用法得出(58),然而(58)不仅能概括“在”和“到”在动词之后的用法,甚至还有可能概括它们在动词之前的用法。既然如此,我们用更为概括的命题 P 来解释 Q 的存在,是不是比直接陈述 Q 的存在效率要高一些呢?

这个问题并不像看上去那么简单,因为它关系到以下两个因素:

(63)a　P 是不是绝对蕴涵 Q ?

　　　b　从 P 推演出 Q 是不是绝对有利?

先讨论(63a)。如果 P 不是绝对蕴涵 Q,那么在某些情况下,虽然有 P 却可能没有 Q,这时从 P 推出 Q 就是错误的结论。还用“在”和“到”为例,更多地看一些例子就将发现(58)这个结论只能说大体上不错,却不是十分精确。例如对于下列句子这样分析就可能靠不住:

(64)a　张三跳在地上。

　　　b　张三跳到地上。

因为(64)中的两个句子的语感虽然有些差异,但(64a)中的“地上”一般也理解为运动终点。① 既然如此,当我们用(58)去概括"在"和"到"的用法时,就没有达到准确地描写语言事实的初衷。为了纠正(58)在一些情况下可能出现的偏差,就需要对它做一定的修正。这种修正最终能不能达到目的是一个问题,而且反复修正的结局往往会使规则越来越多,越来越难掌握。

再讨论(63b)。从 P 推出 Q 是不是有利,这决定于使用语言者——包括人和机器——方便与否。不妨看另一个例子。我们今天都乐于讨论"在"和"到"的用法,"于"本来也是一个后面带处所词语的介词,现在却很少有人以同样的兴趣去讨论"于"的用法。我们一般已经不再去分析"对于,关于,由于,基于,鉴于,在于"等一大批词语的组合方式,而是把它们看作固定的组合,作为一个整体去记忆和使用。我们之所以厚彼薄此,显然是因为"于"字的使用范围要比"在"和"到"狭窄得多,与其花很多精力去掌握一条效率不高的规则,还不如直接记住有关的词语合算。

通过反正两方面的论证,我们得出的结论是,一个命题是在描写一个事实还是在解释一个事实,这本质上决定于在哪一个层次上讲话:具体的东西可以描写概括的东西,概括的东西可以解释具体的东西。至于应该讲得概括些还是应该讲得具体些,那要看具体情况,不能一概而论地说具体一定胜于概括,或者概括一定胜于具体。事实上,描写和解释只有层次的区别,没有优劣的区别。如果我们把语法规则集合理解为由概括性不同的若干层次组成的规则系统,那么上层规则是概括下层规则所描述的对象中体现的共性,而下层的规则是描写上层规则所概括的对象中存在的个性,于是所谓"解释"和"描写"的区别就消失在语法系统的层次性和结构性之中。所以,所谓"解释"和"描写"的区别实际上只有相对的意义,一个较高层次上的命题可以看作较低层次上的某一个命题或某一些命题的解释,而更高层次上的命题则可以看作它的解释。当我们从最小的语言单位开始逐层构拟语法模型、直至最后构成极为概括的人类语言的普遍语法模型时,解释和描写的关系实质上体现为更为明确和更为本质

---

① "张三跳在地上"这个句子中的"地上",在极其特殊情况下也许有可能理解为运动场所,例如:"我们跳(是)在地上,不是在沙坑里"。

的概括和具体的关系。它们相辅相成,各有所宜,也各有所用。关于这一点,我们下面讨论语法规则的概括性和精确性时,还会有进一步的论述。

2 语法模型的方法论

2.1 语法定义和语法规律

到现在为止,我们还没有正式谈到语法其物。我们似乎只是模模糊糊地把它理解为说话的方法,也就是怎样才能把各种意思用语言表达出来——当然我们不想涉及形成声音和形成文字的具体过程。如果说得更明确一些,我们似乎是把语法理解为(1):

(1) 一种语言的语法旨在阐述怎样说出这种语言中所有的话语。

从学习语言的角度看,可以把我们在各种场合说的话汇集在一起,把那些话一段一段地学会就会说话。这可以称为枚举法,它是把一种语言中可以说的话都罗列出来,逐一教给学那种语言的人。

世界上没有任何一个人用这种方式去学一种语言,即使是小孩子学说话,他也有一定的分析和概括的推理过程。例如一个孩子可能在学会说(2a)之后,不必再学就能说出(2b):

(2)a 我要妈妈。

 b 我要爸爸。

Chomsky 根据这种现象提出人天生就有语言能力的观点。不管这种能力来自先天还是后天,只要人们不是靠一段一段地死记硬背地学说话,而是通过由此及彼的推理方式使自己会说的话越来越多,那就证明语言中存在一些规律,掌握了那些规律,就能学一知十地学说话。依靠这种规律去推演在一种语言中可以说哪些话,这可以称为推演法。

如果我们的分析不错,学说话只有枚举和推演两种方法,而我们也确实是在兼用这两种方法学会说一种语言中所有的话语,那么我们就可以得出下列结论:

(3) 一种语言中的所有话语可以用而且仅可以用枚举和推演相结合的方式给出。

根据(3)可以知道,(1)实际上等价于(4):

(4) 一种语言的语法旨在阐述怎样用枚举和推演相结合的方法给出这种语言中所有的话语。

2.2 语法规律的性质

2.2.1 语法规律的形式

从模模糊糊地把语法理解为说话的方法开始,通过考察人们学说话的经验,我们推导出(4)这个结论,这已经大大地明确了语法的概念。按照(4)来构拟语法模型,就需要分析在学语言的过程中使用什么形式的推演法。这就是说,我们需要分析有可能是什么形式的语言规律指导着我们的推演过程,下文把这样的语言规律称为语法规律或语法规则。

所有的话语都表现为由一个或几个符号组成的符号串,我们可以称它为语言单位。要想得到一个语言单位,可以直接把它列举出来,这就是枚举;也可以由一个或几个已经知道的语言单位通过种种方式间接地求出它来,这就是推演。

这样看来,当我们用 A、B、C、D 等大写字母表示符号串时,推演过程所遵循的语法规律只能是下列形式:

(5)a 替换:A 的某一部分 a 被 x 取代,形成新符号串:A(a)→A(x)

b 删除:A 的某一个部分 a 被去掉,形成新符号串:A(a)→A(0)

c 移位:A 的某一部分 a 的位置发生变化,形成新符号串:A(ab)→A(ba)

d 组合:A 跟 B 结合,形成新符号串:A+B→AB

举例如下：

（6）a　我喜欢吃苹果。

　　b　→你喜欢吃苹果。

　　c　→他喜欢吃香蕉。

（7）a　我吃苹果。

　　b　→我吃

　　c　→吃。

（8）a　我不吃鸡。

　　b　→鸡我不吃。

　　c　→我鸡不吃。

（9）a　我喜欢看书。

　　b　→我也喜欢看书。

　　c　→你知道我喜欢看书。

在（6）中，从 a 到 b 和 c 是运用语法规律（5a）；在（7）中，从 a 到 b 和 c 是运用语法规律（5b）；在（8）中，从 a 到 b 和 c 是运用语法规律（5c）；在（9）中，从 a 到 b 和 c 是运用语法规律（5d）。

删除法则和移位法则都可以由替换法则导出：命 A（a）中的 a＝0，就得出（5b）；命 A（ab）中的 a＝b 和 b＝a，就得出（5c）。所以从语言单位变形的角度看，语法规律实际上只有两个基本形式：一个形式是替换法则（5a），即把符号串的某一部分换成另一个符号串（包括零符号串）；另一个形式是组合法则（5d），即用两个符号串合成一个新符号串。所以从技术上讲，只用替换和组合就可以进行全部操作，删除和移位是不必另立一项的。只是为了使各种变形的涵义更为具体，这里才把它们单列一项。（5）可以说是语法规律的形式特征，它所列举的四种操作形式可以叫作四种基本语法操作。

2.2.2　语法规律的效能

语法规律有一定的适用范围。语法学者关心的语法规律不能只适用于一个实例，像（10）这种命题就不能叫作语法规律：

（10）　"我"加上"吃"可以组成一个有意义的符号串"我吃"。

（10）说"我"和"吃"可以组成"我吃"，不涉及其他任何符号串。我们学这样一条规律，价值只是知道有"我吃"这样一个语句而已。与其这样，就不如用枚举法直接列出"我吃"更为经济合算。迄今为止，没有人用规则去组成汉语中的联绵词，原因就是对于许多联绵词来讲，每一个词都需要一条独特的合成规则。为学一个联绵词而记住一条规则，就不如直接学它更省事。

　　由此可以推出：

（11）　语法规律中说到的语法操作所涉及的对象，至少也要有一个对象代表一类语言单位。

（11）是语法规律的内容特征，它表明有价值的语法规律是讲一类类语言单位的共性，而不是讲一个个语言单位的个性。把（10）写成（12）就可以形成一条语法规律：

（12）　人称代词加上行为动词可以组成一个有意义的组合。

　　这是因为（12）中的"人称代词"和"行为动词"都可以包括一批词，而不仅仅是一个词。这样，我们掌握了（12），就能由它推演出——也就是组合成——一大批有意义的语言单位，这就是语法规律的价值所在。如果使用规律推演还不如一个个枚举省事，那就不必多此一举。

2.2.3　语法规律的具体性

　　从价值观点看语法操作，显然适用面宽窄将决定语法操作的效能。适用面宽的操作效能高，适用面窄的操作效能低，这直接决定着相应的语法规律的重要性。不能不注意到，当我们研究的对象越来越具体时，发现的所谓语法规律的适用面往往是越来越狭窄，记住这样一些规律的效用也就越来越低。只适用于一个实例的语法操作不被看作规律，其原因仅仅是它的实用意义等于零。同样，一个语法操作即使能适用于几个实例，只要数目不多，是不是必须列为一条语法规律，也还值得多方考虑。这一点是语法工作者不能不注意的，因为这决定着我们总结出来的所谓语法规律有多大"含金量"。许多词语，例如成语和专名，之所以被作为固定组合放在辞书中处理，并不是因为它们不能分析为由几个成分形成的组合。事实上几乎所有的固定组合分析起来都可以说得头头是道，只是分析下去，费力大，实效小，我们不愿做赔本的生意罢了。

作为一个例子,我们不妨看一看 Sledd(1955:341 页)对划分词类的主张:

> 原则上,一个语法学家应该承认多少词类,要看他是否能用这些词类去说明这个语言里的大多数话语,要看他承认更多的词类是否就会在说明问题的力量上出现报酬突然缩减的情况。①

从理论上讲,词的分类越细,同类词的共性就越多,也越容易精确地描写它们的用法。例如名词所指的事物中有些是生物,有些不是生物。动词所指的活动中有些是生物特有的活动,如"哭、笑"等;有些是非生物特有的活动,如"倒闭、坍塌"等;有些是生物和非生物都可以出现的活动,如"跑、跳"等。显然把名词分为表示生物和表示非生物两类就便于更准确地描写它们能跟哪些动词结合,不能跟哪些动词结合。所以理论上不存在分类细而报酬减的情况,但是分类太细在实用中可能遇到困难。因为在学语言时,分类越细,记忆的工作量越大;在信息处理技术中,分类越细,操作规则越复杂:在这两种情况下,算经济账都不一定合算。

汉语语法学者注重描写词语和句式的用法。从经验中知道,我们有可能时不时地发现一个未经人报道的特殊词语或特殊用法。然而,如果我们仅仅停留在一个或几个特殊的用例上,却不能从中引申出有指导意义的结论,那就无关语法大局。语法规律的含金量有大小,语法操作的效能有高低,这是不能不引起我们注意的问题。

2.2.4 语法规律的概括性

语法规律的效能有高有低,效能高的适用面宽,效能低的适用面窄。这并不是说语法规律的效能越高越好,更不是说语法中要排除效能低的规律。例如我们可以按照 Chomsky 的转换语法模式写出(13):

(13)　S→NP+VP

(13)表示句子是由一个名词短语加上一个动词短语组成的,适用面很宽。

---

① 参看 C.C.Fries 的《The Structure of English》中译本 302 页。

　　然而用(13)来描述句子的组成方式是不够细致的,因为它没有告诉我们动词短语可以有下列形式:

(14) a　张三跑了。
　　　b　张三写了一封信。
　　　c　张三给了李四一本书。

在(14a)中动词"跑"不带宾语,在(14b)中动词"写"带一个宾语,在(14c)中动词"给"带两个宾语。所以,尽管概括地讲,我们可以说句子是由一个名词短语加上一个动词短语组成的,但是为了进一步说明动词短语的组成方式,我们还有必要使用适用面较窄的规律:

$$(15)\quad VP \begin{cases} \rightarrow V \\ \rightarrow V+O \\ \rightarrow V+O_1+O_2 \end{cases}$$

这说明语法规律的概括性和具体性存在矛盾,概括性强,具体性就弱。

　　认真地想一想,现实世界中的一切事物都是这样,追求论断的概括性就要损伤论断的具体性。例如在翻译工作中,前辈学者严复曾以"信"、"达"、"雅"为标准衡量译文的质量,要求译文做到忠实于原文、晓畅达意和用语典雅。这三条标准曾被后人作为准则信守奉行,但也有学者认为译文只要忠实于原文就可以,要求它"达"和"雅"是多余的。因为翻译不是创作,译者离开原文去追求译文的"达"和"雅"就将改变原文的风貌。从逻辑上讲,"信"跟"达"和"雅"两条标准确实有矛盾。因为原作者为了追求某种效果,很可能故意不"达"或不"雅",译者一加改动就违背原意,也就不"信"。

　　然而抛开译者可不可以再创作不论,"信"、"达"、"雅"三条标准毕竟给我们指出了衡量译文质量的三个要素,即看它的内容、表达和风格。说译文要忠实于原作,这诚然可以涵盖一切。但是仅仅这样讲而不做出具体说明,我们就不知道所谓"忠实于原作"要体现在哪些方面,这就无从下手。相反,列出几个要素作为观察和评价的视角,尽管这些要素可能不如"忠实于原作"更涵盖和更圆通,却能帮助我们把"忠实于原作"这个要求落实到译文的有关侧面。

　　在语用学中,美国学者 H.P.Grice(1975)曾提出会话合作原则的四项要求,即"保质"(内容真实)、"保量"(信息足够)、"切题"(紧扣话题)、"得体"
(方式恰当)。也有学者提出了更为概括的"相关说",即谈话要扣题,而不
"王顾左右而言他"。

我们不能不承认"相关说"确实更为涵盖,因为谈话是一种交际手段,交
际是要讲策略的,所以谈话并不是永远要遵守 Grice 的四条原则。我们说某
某人讲话"不策略"时,很可能是他讲出了对自己不利的话,却不是违背了哪
一条原则。相反,"相关说"只排除"所答非所问"式的谈话,不排除在谈话
中运用各种策略,甚至可以包括说不真实或不准确的话。

然而跟评论译文质量的"信、达、雅"原则一样,Grice 的会话四原则说指
出了谈话可能涉及的四个要素。在交际中,不论是普通交谈,还是运用各种
策略的谈话,都要反映在这四个方面。"保质"、"保量"和"切题"是内容因
素,"得体"是形式因素。Grice 的会话四原则是构成谈话技巧的四个要素,
它实质上是对谈话的四维分析系统。这个四维的会话分析系统跟严复提出
的三维的翻译分析系统都是试图给出观察语言表达效果的视点,因而有相
似之处。严复的"翻译三要"适用于大多数普通译文,更为涵盖的讲法也许
是忠实于原文。同样,Grice 的"会话四要"适用于大多数普通谈话,更为涵
盖的讲法也许是关乎谈话的话题。然而正如没有"信、达、雅"三要素我们就
无从捉摸从哪些方面去忠实于原文一样,没有"保质、保量、切题、得体"四要
素我们也就无从捉摸从哪些方面去关乎谈话的话题。所以概括性强的规律
可能因为适用面宽而收到以简驭繁的效果,概括性弱的规律则可能因为讲
得细致而便于应用。

当我们片面强调语法规律的精确性时,我们将发现自己最终会陷入逐
字逐词逐句讲语法规律的境地。例如"你"和"您"都是第二人称代词,都指
谈话的对方,然而它们在许多场合不可通用。父母对孩子说话只用"你",不
用"您";若用"您",就带有调侃或讽刺意味。相反,孩子跟父母说话既可以
用"你",也可以用"您"。

再看(16):

(16)　我昨天看了一本书。

说(16)时,说话人可能仅仅看了一本书;但也可能不止看了一本书,说

话人的意思是让对方知道自己看了某一本书。这层意思在（17）中就很明显：

（17）　我昨天看了一本书，叫《南来北往》。

一般地说，如果意思是前者，"一"重读；如果意思是后者，"一"不重读。不过实际说话时，往往听不出二者在语调上有什么差异。但是说（18）时，"三"一般是准确数字：

（18）　我昨天看了三本书。

按说这些因素是客观存在，要学说话就不能不了解。然而把这些因素都考虑进去，我们势必要解释到每个词和每个句子，包括它们在不同场合中使用时可能发生的各种变异，例如（16）的不同含义。

当我们片面强调语法规律的概括性时，随着概括性的提高，我们将发现自己苦心总结出来的规律一步一步地走向一个绝对的真理："怎么合适怎么说。"把 Grice 的四原则概括为相关性，四句话就变成了一句话，然而这一句话的内容比原来的四句话要空洞得多。惟其空洞，才能更为涵盖。因为从逻辑上讲，涵盖面越大，适用的对象越多，那些对象所具有的共性就越少，根据它们的共性总结出来的规律也就必然越来越空洞。

2.3　语法模型的性质

2.3.1　语法模型的层次性

既然情况如此，语言学者势必徘徊在具体而琐屑和概括而空洞之间，无论走向哪一个极端，最终都将使语言学灰飞烟灭，自行消亡。过分具体，规律讲的东西越来越琐碎，学习语言的人将发现记住那些繁琐的规律是沉重的负担，通过它们去学语言还不如一词一句地学习更省事。过分概括，规律讲的东西越来越空洞，学习语言的人将发现学习那样的规律毫无用处，通过那些空洞而抽象的规律去学语言，除了无比涵盖的几条大道理外，将一无所获。

要想摆脱困境，办法只能是概括和具体相结合，把语法规律组织成一个有层次的结构系统：一条规律之下有若干次级规律对它所概括的现象做进一步的分析。有层次的语法规律给学习语言的人提供了各取所需的机会，学习语言时学了一条规律觉得已经够用，可以不理会它的次级规律；觉得还不够用，那就进一步看它下面包含的细则。学到某一层次以后，觉得规律太多太细，不能承受了，更细的规律所讲的东西就可以采用枚举法个别处理，不再深入学习那些微妙的规律。

事实上学外国语的时候，我们都有这样的经验。刚刚开始学说"I am a pupil"和"You are a teacher"时，只读一本薄薄的简明英语语法书就够用，谁也不会去读英国学者 R.Quirk 等编写的《英语语法大全》(《A Comprehensive Grammar of the English Language》)，更不要说那些皇皇巨著，例如 O.Jespersen 的七卷本《A Modern English Grammar》和 H.Poutsma 的五卷本《A Grammar of Late Modern English》。然而随着学习程度的深入，就会感到简明英语语法书不能满足需要，必须查阅详尽的语法书，而且有一天说不定会觉得多么详尽的语法书也不能解决个别词语的问题，非查一查英语习惯用法辞典之类专门工具书不可。

吕叔湘(1980)曾说到学习英语时怎样使用语法书为好：

> 语法书是要有一本的，读也是该读一读的，可是熟读则大可不必。只要知道一个大概，有疑难处再去翻检翻检就很好。……至于那系统的语法书，那是"九转丹成"的最后一转……过早地去"啃"系统语法，照我看是利少而弊多。(10—11 页)

不仅人类学习语言如此，在用电子计算机处理自然语言时，虽然没有记忆量的问题，但是不注意区分语法操作的涵盖面，把规则订得过分琐细也不成功。因为规则讲的东西越细微，规则数目越多，就越难以形成一个和谐的逻辑系统，算人力账和物力账不见得合算。

2.3.2　语法模型的系统性

从上面的讨论可以看出，离开整个语法规律系统单看，每一条语法规律可能有涵盖面大小的区别，但不能仅仅根据这一点来判断它的价值。因为，如果语法规律必须组成有层次的系统才便于循序渐进地使用，那么每一条语法规律的价值决定于它在整个系统中的地位。层次高的规律的使用效率显然大于层次低的规律,因为若没有层次高的规律统辖,低层次的规律就无所归依,不能得到有效的使用。例如上一节(15)讲的是怎样组成VP,它的价值就在于有(13)之类规律需要构成VP的操作。假如系统中根本没有需要VP的操作,或者需要的不是(15)这种类型的VP,那么(15)作为一条规律对整个系统而言就没有意义。

我们知道汉语中有一批动词表示事物的存在、出现或消失,它们可以组成所谓"存现句":

(19)　　台上坐着主席团。

我们要使用这条规律,就必须知道我们所说的"动词"是哪些词,所谓"表示事物的存在、出现或消失"是什么意思。不了解这些情况,这条规律就不能使用。显然,想使用这条规律,就必须事先引入必要的概念,那些概念在系统中的位置就必须在这条规律之前。各种概念和各种规律之间有先后次序,任何一条语法规则都不能使用还没有予以定义的概念和规则,这是对系统的第一个要求。

对语法系统的第二个要求是所有概念和规律必须具有一致性。概念一致才能保证系统中的概念无论出现在什么地方,都指同一种东西。如果一个概念在此处指此物,在彼处指彼物,二者不是同一个东西,我们看到它就无所适从,不知道它何所指。语法规律中包含着所指不明确的概念,就无法根据它对有关的语言单位进行正确的语法操作。

例如在英语语法中,句子的主语一般具有下列两个性质:

(20)a　主语跟谓语动词有数和人称的一致性。
　　 b　陈述句的正常语序是主语在谓语动词之前,变为疑问句时谓语部分的第一个助动词放到主语前面。

所以使用这两个性质可以辨认主语。然而在用"there"开头表示存在的句子中,标准句式却是(21):

(21)a　There is a book on the desk.
　　 b　Is there a book on the desk?

显然(21)中的"a book"具有主语性质(20a),"there"具有主语性质(20b)。

(21)这个句式分裂而且削弱了英语句子的主语的一致性,给语法分析带来麻烦。传统上确认(21)中的"a book"为句子的主语,但是近来语法学者有不同的看法。①

　　在汉语语法中尤其需要注意概念的一致性,因为汉语语法中的许多基本概念迄今还没有统一的定义。从逻辑上讲,我们不妨把各种概念看成操作符号,不考虑它们的本体意义,所以怎样对概念下定义取决于我们打算用它表示和参与哪些语法操作。这样看问题,在(19)中把"台上"叫作主语和把"主席团"叫作主语都无所谓,只是要保证在整个语法系统中主语所指的是同一个东西,否则使用者就无法正确地进行跟它们有关的语法操作。

　　例如汉语的双宾语句式就有处理方法一致与否的问题。我们知道,以"给"为代表的一类动词有(22)的用法:

　　(22)　张三给了李四一本书。

(22)中的"给"后面带有"李四"和"一本书"两个成分,"李四"是"一本书"的接受者。除此之外,这两个单位之间没有任何必然的联系,特别是"李四"不需要是"一本书"的所有者。所以(22)的意思可以是(23a),可以是(23b),也可以是(23c):

　　(23)a　张三给了李四赵五的一本书。

　　　　b　张三给了李四李四的一本书。

　　　　c　张三给了李四自己的一本书。

(22)和(23)都可以把"李四"后面的成分用"把"字提到"给"前面:

　　(24)a　张三把一本书给了李四。

　　　　b　张三把赵五的一本书给了李四。

　　　　c　张三把李四的一本书给了李四。

　　　　d　张三把自己的一本书给了李四。

但是另有一类动词,如"偷",有(25)的用法:

_____

①　参看 Bresnan(1994)。

（25）　张三偷了李四一本书。

（25）中的"偷"后面也带有"李四"和"一本书"两个成分，这两个单位之间必须有领属关系，所以按一般情况（25）的意思跟（26）相同。

（26）　张三偷了李四的一本书。

所以（25）不大可能说成（27）：

（27）a　？张三偷了李四赵五的一本书。

　　　b　？张三偷了李四李四的一本书。

　　　c　？张三偷了李四自己的一本书。①

（25）中的"李四"加上"的"变成"一本书"的定语是可以说的，但（27）中的"李四"加上"的"变成"一本书"的定语就十分别扭：

（28）a　？张三偷了李四的赵五的一本书。

　　　b　？张三偷了李四的李四的一本书。

　　　c　？张三偷了李四的自己的一本书。②

所以，（25）可以看成由底层形式（26）省"的"而来，而（27）不成立，就可以解释为因为（28）不成立，所以不可能由它省略"的"字形成（27）。③

而且（25）和（27）中"李四"后面的成分都不能用"把"字提到"偷"前面：

（29）a　＊张三把一本书偷了李四。

　　　b　＊张三把赵五的一本书偷了李四。

　　　c　＊张三把李四的一本书偷了李四。

　　　d　＊张三把自己的一本书偷了李四。

从这方面看，"李四"的性质倾向于"一本书"的定语。

---

① （27c）是可以说的，但"自己"要指"李四"，而不指"张三"。这一点跟（22）转换为（23c）不同，所以加上问号。

② （28c）是可以说的，但情况跟（26）转换为（27c）相同，所以加上问号。

③ 以（28）和（27）比较，似乎（27）的可接受性高于（28）。这是因为汉语的多项定语有压缩"的"字的倾向，参看上文对心态异化的论述。

　　但是(26)中的"李四"后面带有"的"字,它对"一本书"可能有多种修饰关系——比如"李四写的一本书"等等——不一定是"偷"行为的对象。而(25)中的"李四"却是"偷"行为的对象,所以(30a)不能说成(30b)——除非是说话说快了吞掉一个"的"字。

　　(30)a　张三偷了宋代的一本书。

　　　　b　?张三偷了宋代一本书。

　　而且有(31)这样的句子:

　　(31)　张三今天偷这家(的东西),明天偷那家(的东西)。

(31)表明"李四"可以是承受"偷"行为的一个对象。

　　由此看来,"张三偷了李四一本书"中的"李四"的性质在定语和宾语之间。它是承受"偷"行为影响的一个对象,但又必须跟"一本书"保持领属关系,简单地归入定语或归入宾语,都不能概括它的两重性质。我们把"李四"归为"一本书"的定语时,由定语的定义就可以解释二者之间的领属关系,(25)可以变为(26),但不大能变为(27),也不大能变为(28)和(29)。而把"李四"归为"偷"的宾语时,就不能由宾语的一般定义推导出"李四"有上述性质,但它可以解释(30)和(31)那样的句子,这又是把"李四"归为"一本书"的定语所不具备的优越性。可见为了全面地描述"张三偷了李四一本书"中"李四"的性质,我们有必要揭示它的两重性。有些汉语语法论著把它归入双宾语句式,而上面的论证表明它跟公认的双宾语句式"张三给了李四一本书"只是形式上相同,其他方面的性质有明显的差异。即使把它们合在一起,我们也不能不看到二者有许多性质是"双宾语"这个名称不能概括的。这无疑是说,如果把它们都归入双宾语,那么我们在语法规则中提到"双宾语"一名时,就需要检验它是兼指这两个类型,还是仅仅指其中的一个类型,这样才能避免概念上的混乱。①

---

　　①　这仅是就(25)这种句子而言,把"李四"换成其他词语,它就可能倾向于地道的定语。例如在"张三偷了书架上一本书"中,不大可能把"书架上"看成承受"偷"行为的对象。所以,如果没有更重要的理由,说"偷"这类动词带双宾语还是要慎重考虑的。事实上这将关系到对一大批动词的宾语成分如何理解,并不是个局部的小问题,参看下文。

2.4 语法模型的逻辑结构

2.4.1 形式系统和形式语言

通过上述分析,我们看到为语言教学和计算机信息处理的需要而设计的语法系统 G 具有以下性质:

Ⅰ 语法系统 G 中包含用枚举法直接列举出来的语言单位 I_1, I_2, I_3 等

Ⅱ 语法系统 G 中包含一些对 I_1, I_2, I_3 等进行如下操作的语法规则 R_1, R_2, R_3 等:

    A: $I \rightarrow I'$

    B: $I_1 + I_2 \rightarrow I'$

Ⅲ 如果 I_1, I_2, I_3 等是 G 中的语言单位,那么通过 Ⅱ 中的规则得出的 I' 也是 G 中的语言单位

为了便于叙述,我们把由语言单位 I_1, I_2, I_3 等组成的语言单位集合叫作集合 I,写作{I};语法规则 R_1, R_2, R_3 等组成的语法规则集合叫作集合 R,写作{R};语言单位 I_1', I_2', I_3' 等组成的语言单位集合叫作集合 I',写作{I'}。

由此看来,语法系统 G 的工作方式是:首先给出语言单位集合{I}和语法规则集合{R},通过{R}所规定的方式对{I}中的语言单位进行相应的语法操作,得出另一个语言单位集合{I'}。这里所说的语言单位集合{I}和{I'}的成员都是语言中的词语,语法规则集合{R}的作用是从语言中的一些词语{I}出发,推导出其他的词语{I'}。

我们可以用英语为例说明语法 G 的工作方式。在英语中,词典列举每一个单词和一些特定的词语组合,这就是用枚举法列举集合{I}中的各个单位。例如词典中列举出动词 work(工作),在实际使用时除 work 外,有时还要用 works,worked 和 working 等不同的形式。这些形式由 work 通过语法规则给出,而不由词典给出。这就是说词典给出的 work 是 {I}的成员,用枚举法直接给出;而 works,worked,working 等是{I'}的成员,它们由{R}中相应的语法规则推演给出。推导(32)这个句子的过程如下:

(32) He works.

"He"由词典给出，"works"由词典中的"work"通过语法规则给出，然后由生成句子的语法规则推导出(32)。这表明"He works"是{I'}的成员，它是由{I}和{R}推导出的语言单位。

现代逻辑的形式体系(formalism)由下列两部分组成：

Ⅰ　列举所有的基本表达式

Ⅱ　列举所有可以用来从一些表达式写出合式的(well-formed)新表达式的法则

跟这样的形式体系比较一下可以看出，我们上面描述的语法系统 G 实际就是一个用来描述语言的形式体系。用略带技术性的话讲，语法系统 G 定义了一种形式语言 L。在形式语言 L 中，语言表达式由{I}和{I'}组成，导出法则由{R}组成。

如果我们要描述一种自然语言 L_1，那么通过语法系统 G 就可以定义一种形式语言 L_1'。最为理想的情况应该是 $L_1' = L_1$，即 L_1 中的所有词语都在 L_1' 中，而且 L_1' 中的所有词语都在 L_1 中。稍加思索就知道，这只是语言学者的理想而已，事实上无法实现。因为语言是在不断地发展变化之中，每个人的语言习惯也不完全相同，不是一成不变的。我们在日常生活中经常遇到自己过去不会说不会用的新词语，不得不随时扩大自己对语言的知识范围。既然如此，也就不能设想一个形式系统会跟语言本身绝对一致。

我们在§1.1中举过"影响"的例子，如果我们严格遵照"影响"的习惯用法说话，就不会讲出"影响本区有一次降水过程"这样的语句。这表明它不是我们头脑中的{I}和{I'}中的语句，乍一听人这样说，就感到意外和陌生。无论我们最终决定肯定还是否定这种用法，都首先要去理解它的意思。理解它的意思的过程，牵涉到我们要去检索自己的{I}和{R}，看看它是不是在{I}中；如果它不在{I}中，就要看它是不是能用{R}中的规则导出，也就是看它是不是在{I'}中。最终可能发现它既不在{I}中，也不在{I'}中。当我们决定承认这个用法时，就需要调整{I}和{R}的成员，使它们能够包容它。当我们决定排斥这个用法时，也不得不把它作为一个特例贮存在{I}中。因为，即使我们自己不说这样的话，那么至少在收听天气预报和阅读个别文章时，我们还不能不理解它的意思。

既然 $L_1' = L_1$ 只能是理想状况,那么用形式语言 L_1' 去描述自然语言 L_1,注定不会处处吻合无间。结果就是,既然 $L_1' \neq L_1$,那么要么 $L_1' > L_1$,要么 $L_1' < L_1$。这就是说,为描述自然语言 L_1 而定义的形式语言 L_1' 中的表达式或者多于 L_1 的表达式,或者少于 L_1 的表达式。

Chomsky 设计的转换生成语法模型本质上是一种严格的形式语言,它的语法规则的生成能力过强,包含一些 L_1 中没有的语句,这是语言模型 L_1' 中的语句多于实际语言的语句的例子。相反,我们有时会遇到一个词语,在词典中找不到,也不能由已有的语法规则推导出来,这就是因为语言模型 L_1' 没有包含 L_1 的全部词语。

2.4.2　形式系统的性质:一致性、完全性、独立性

一致性

说到形式体系,我们会想起演绎系统理论中经常提到的公理集合的三个基本性质,即公理集合的一致性、独立性和完全性。刚才我们分析语法系统的性质时,已经说明语法概念和语法规则必须有一致性,不能相互矛盾,这就是体现公理集合一致性的要求。现在我们来看汉语语法分析中值得注意的问题。

双宾语句式是汉语语法研究中的一个困难问题,前面讨论的"给"字类的句子可说是汉语中最典型的双宾语句式,"偷"字类的句子是不是双宾语就值得研究。在汉语语法论著中,曾经出现过把下列句子归入双宾语句式的尝试:①

(33) a　我鼓励他报名参军。

　　　b　我喜欢他老实。

(33)中的句子的格式是谓语动词后面跟着一个名词性的成分,它后面接着一个描述它的行动或性质的成分,目前较为通行的看法把这种句式称为"兼语式"。这种处理方法如何,可以另行讨论。但是要把它们归入双宾语,其根据仅仅是谓语动词后面的两个成分都可以跟谓语动词单说。

———————

① 参看张静等(1980)。

(34)a　我鼓励他。

　　　b　我鼓励报名参军。

(35)a　我喜欢他。

　　　b　我喜欢老实。

这样的论证方式可能涉及一个逻辑前提,即语言单位的同一性。我们需要证明在(33)变换为(34)和(35)以后,谓语动词后面的两个成分的性质不变,也就是说需要证明(34)中跟"鼓励"单说的"他"和"报名参军"跟(33a)中的"他"和"报名参军"性质相同,需要证明(35)中跟"喜欢"单说的"他"和"老实"跟(33b)中的"他"和"老实"性质相同。事实上,如果这一点不成立,如果"他"和"报名参军"在(34)中跟在(33a)中性质不同,那么即使它们在(34)中都是"鼓励"的宾语,也不能据此证明在(33)中也都是宾语。这一点跟概念的一致性有关,我们暂且不去讨论。①

　　这里更需要注意的是论证方式的一致性。这就是说,如果谓语动词后面有两个成分,这两个成分都能跟谓语动词单说,那么是不是据此就可以说它们是双宾语。如果我们肯定这一点,那么(36)可以说成(37),它就是双宾语;而(38)不能说成(39),就不是双宾语:

(36)　　你踩着我脚了。

(37)a　你踩着我了。

　　　b　你踩着脚了。

(38)　　你踩着我椅子了。

(39)a　?你踩着我了。

　　　b　你踩着椅子了。

这样一来,大量的动词就有带双宾语和单宾语两种用法。例如(40)中的两句跟(36)和(38)的关系相同:

(40)a　你碰我胳膊了。

　　　b　你碰我桌子了。

而且碰到(41)这样的句子就会感到为难,因为我们不知道它能不能说成

---

①　参看杨成凯(1981)。

（42a）：

（41）　你踩着我鞋了。

（42）a　？你踩着我了。

　　　b　你踩着鞋了。

在从事严密的语法论证时,尤其需要注意基本概念和推理法则的一致性,我们再看另一个例子。朱德熙(1978)讨论"的字结构",其中§3说明(43)和(44)是不同的结构：

（43）　开车的人

（44）　开车的技术

表面上看,(43)和(44)都是"DJ 的+M"形式。但是"开车的人"是 A 类结构,去掉中心语 M 单说"DJ 的"时,意思跟原来一样："开车的"＝"开车的人"。而"开车的技术"是 B 类结构,去掉中心语 M 单说"DJ 的"时,意思跟原来不一样："开车的"≠"开车的技术"。文章据此得出结论,A 类格式里的"DJ 的"可以离开 M 独立,B 类格式里的"DJ 的"不能离开 M 独立。如果"DJ 的"里动词的主语和宾语同时出现,那么 M 就不可能是动词的主语,也不可能是宾语。这样的格式只能是 B 类,不可能是 A 类。例如：

（45）　他开车的技术/我上大学的时候

所谓一个语言单位能否独立,显然有两种意义：一种意义只考虑它能否不跟其他单位结合,单独使用；另一种意义还要考虑它独立使用时,跟原来是不是一个单位或是不是一个意思。朱德熙(1978)在这里所说的"DJ 的"能否独立,显然是第二种意义,而不是第一种意义。因为这里说的是 A 类短语中的"DJ 的"单说时可以指代整个短语,而 B 类短语中的"DJ 的"单说时不能指代整个短语。事实上按照第一种意义讲,B 类短语中的"DJ 的"大可独立。不仅原文所举的例子"开车的技术"可以说成"开车的",即使"DJ 的"中的动词已经带上它的全部必要论元,"DJ 的"仍然可以独立使用。例如"我先来的原因"中的"我先来的"就可以独立：

（46）　甲：昨天谁先来的?
　　　　乙：我先来的。

原文进一步试图论证(47)这种句子中的"DJ 的"不是一个独立的单位：

(47)　是我先咳嗽的。

然而这时却出现了如下的推理：

> 根据我们在§3里的分析，如果"DJ 的"里的 m=n，即 p=0 时，就只能是 B 类格式，不可能是 A 类格式。可是 B 类格式里的"DJ 的"不能独立，后头必须有 M，而这里的"DJ 的"却是独立的，这就陷入了矛盾。

所谓"m=n，p=0"，是说"DJ 的"中的动词已经带上它的全部必要论元。然而我们已经说明，尽管这样的"DJ 的"加上后面的中心语可以是 B 类格式，却不是不能独立使用。而所谓的"§3里的分析"，只是说这种"DJ 的"独立使用时跟后面带有中心语时不是一个意思，而不是说这样的"DJ 的"都不能独立使用。这是两种不同意义的独立，不能混为一谈。事实上，像(47)这类句子，并不是非分析为"是我+咳嗽的"不可。上面的论证过程更改"独立"的概念，不符合逻辑系统的一致性要求，论证是不成立的。

完全性

在定义形式语言 L 的语法系统 G 中，公理集合的完全性要求可以解释为任意给出一个语句 S，由 G 可以断定它是不是 L 中的语句。这一点应该是不成问题的，因为形式语言 L 的所有语句要么由{I}给出，要么由{I′}给出。只要{I}中的表达式数目有穷，{R}中的规则数目有穷，每一条规则的操作步骤有穷，而 S 又不是长度无限的语句，那么总是可以断定它是不是在{I}和{I′}二者之中。

例如"人跑"是正常的汉语句子，因为虽然我们不会把它作为句子列举在{I}之中，但汉语的句子模式可以是"NP+VP"，由"人"和"跑"通过这样的语法规则可以生成"人跑"这个句子，这就是说它可以在{I′}之中。

但是"跑人"就不是正常的汉语句子，因为它既没有作为句子列举在{I}之中，又不能从"人"和"跑"通过普通的语法规则生成"跑人"这个句子，这就是说它也不在{I′}之中。[①] 既然"跑人"既不是{I}中的句子，又不是{I′}

---

① 在特殊情况下，也许会出现这样的话语："那儿跑马，这儿跑人。"但毕竟不是一般话语。

中的句子,那么它就不是汉语中的句子。

虽然我们可以相信语法系统 G 具备公理集合的完全性,但是我们构拟语法系统 G 的目的是用它去定义形式语言 L,然后用 L 去描述自然语言 L_1,这就有可能出现二者不同一的问题。从语法学发展过程看,语言学者不断地修改语法规则,不断地提出新的语法系统,这主要是因为用来描述自然语言 L_1 的形式语言 L 跟 L_1 并不等同。

如上所说,L 跟 L_1 不等同,这可能意味着 G 的生成能力过强,以致 L 中有 L_1 中不出现的语句;也可能意味着 G 的生成能力过弱,L_1 中有 L 所不包含的语句。我们这里所说的语句还仅仅着眼于它们作为符号串的表现形式,如果再考虑它们的语义内容,关于 L 跟 L_1 是否同一还会有更复杂的问题。

独立性

对于语法系统 G 而言,公理集合的独立性可以解释为,凡是能从其他词语通过规则推导出来的词语应该由规则 {R} 生成,而不列举在 {I} 中;凡是可以由其他规则推导出来的规则应该排除,而不列举在 {R} 中。这个要求的理论意义大于实用意义,对于纯粹的逻辑演绎系统来讲它不是必不可少的。对于语言教学来讲,尤其如此。因为我们有理由相信,汉语中由几个字或几个词组成的单位,即使我们日常使用起来如同一个单位一样,当初也会有由几个成分根据某种规则组合成一个单位的思维过程。

典型的例子是成语和习用的套语。我们都知道像"塞翁失马"、"杞人忧天"、"白驹过隙"之类成语原来是典型的句子,可是今天它们已经像一个词一样地贮存在我们头脑中。在使用时,它们是脱口而出,谁也不会再用单字临时把它们组合起来。"你好"、"吃了吗"、"再见"之类习用的套语显然也是由几个词组合起来的单位,然而由于频繁地使用,它们已经凝固得像一个单位一样,我们几乎感觉不到它们还有一个组合过程。这些事实说明,人类头脑中的语言仓库不是一个一成不变的演绎系统。它可以随时把本来属于 {I'} 中的语言单位贮存到 {I} 之中,作为一个现成的单位使用,不再通过 {R} 去临时生成。

看一看几何学基础的研究工作可以知道,对于追求基本概念和公理集合的经济性和完美性的学者来说,这种熟能生巧的跳级工作方式无疑缺乏逻辑严谨性。然而它的实用效率高,不需要每当说"你好"时都先想到"你"和"好",然后再说"你好"。

　　在语言学研究中和在计算机信息处理中,也需要考虑逻辑的简洁性和系统的实用性之间的矛盾,这突出地表现在是不是要把一切可以拆开的单位都作为衍生单位由规则集合{R}去临时生成,下文我们还会遇到这个问题。

　　这样看来,语法系统 G 像逻辑演绎系统一样,满足基本概念和公理集合的一致性和完全性的要求,至于是不是满足独立性的要求,就需要从具体工作出发,因时因地制宜,不能一概而论。

3 语言单位的符号性:形式和意义

3.1 语言和符号

上一章我们讨论了从语法系统 G 导出的形式语言 L 可能或应该具备的几个基本性质。上文所讨论的形式语言只考虑其形式性质,没有考虑其语义性质,用这样的形式语言去描述自然语言需要定义它的语义解释方式。因为自然语言是表情达意的工具,人们掌握一种语言不仅要知道它包含哪些词语,而且要知道那些词语表示什么意思。例如同一个"a"音,用不同的语调说出来就有可能表示不同的意思,不能混用:阳平声表示追问,上声多表示怀疑或者惊讶,去声多表示应答。既然如此,我们就不能不研究语言的形式和意义之间的关系。

从这个角度观察自然语言的性质,我们说自然语言是一种典型的符号系统。我们知道,所有的符号都可以用下列公式表示:

(1)　符号 S $\xrightarrow{\text{解释 I}}$ 所指 R

(1)表明,符号 S 通过解释 I 对应着所指 R,不具备这三个因素就不成其为符号。具体到我们刚才的例子就是,说话人发出"a"这个音,"a"就是一个符号 S;听话人听到"a"音后,跟头脑中固有的语音对号,这就是在对 S 进行解释;然后把它理解为说话人表示答应或怀疑,答应或怀疑就是符号 S 的所指:三者缺一不可。

这样看问题,可以说 S 是符号的形式,R 是符号的所指,通过解释作用 I,符号的形式和所指对应。在 S 跟 R 的对应关系中,解释的作用十分重要。

我们日常谈话时,有时听话人误会说话人的意思,这就是由于听话人对符号S的解释跟说话人不同:说话人本来用S指R_1,听话人却以为S指R_2。这就需要研究符号S跟所指R的对应关系问题。符号的所指本来有种种解释,我们暂且把语言符号的所指理解为语言符号所表示的意义,下文还要详细讨论。

3.2　语言符号的形式

3.2.1　分解的观点和组合的观点

谈起语言符号的形式和意义,困扰语言学者的一个基本问题是怎样确定它们之间的对应关系。从逻辑上讲,在研究两种事物的对应关系时,首先需要解决两种事物本身的确认和鉴定问题,也就是确定对事物的同一性的认识。具体到我们举出的"a"音这个例子,如果我们不区分上声和去声之类的语调差异,那么它就只有一种形式。如果我们把答应、怀疑和惊讶三种意思都归结为应答反应,它就只有一种意义。既然对S和R有不同的鉴定方式,理所当然就要得出不同的结论。

从形式方面观察语言符号的同一性,有两种不同的方法:一种方法是把语言符号尽可能分解为最简单的形式,分解所有可以分离开来的因素,这可以称为分解的观点;另一种方法是不仅考虑每个符号的最简形式,还考虑其使用环境中的连带因素,把二者的结合体看成一个符号,这可以称为组合的观点。

在上面举的"a"的例子中,把它的音值本身看成一个符号,把它的声调看成另一个符号,这是分解的观点;把它的音值和声调合在一起,像《现代汉语词典》那样,把它看成三个符号,这是组合的观点。

我们再看一种情况:

(2)　社会发展得越快,人的观念越需要不断地更新。

(2)中使用了两个有联系的"越"字,把它们看成两个符号就是分解的观点;把它们看成一个复合符号,就是组合的观点。

"a"音的音值和声调实际上结合在一起,它们同时出现。如果把音值和声调分为两个符号,这就是在同一时间里以叠加方式出现的两个符号。"越…越…"中的两个"越"分在两处,并不同时出现,把它们分为两个符号,这就是在不同时间里以线性方式出现的两个符号。

3.2.2　内部形式和外部形式

在语言学中,一种更为复杂的情况是:

(3)a　木头是有用的东西。

　　b　木头桌子是有用的东西。

(3a)中的"木头"独用,指一种东西;(3b)中的"木头"放在"桌子"前面,指桌子的材料。(3b)中"木头"的用法可以引申为:

(4)a　木头眼镜——看不透

　　b　木头脑袋瓜子

　　c　木头人

(4a)中的"木头"在引申的意义上表示材料,(4b)和(4c)中的"木头"就更多地表示木头所具有的性质。

　　这表明当"木头"后面接上一个表示事物的名词时,"木头"可以表示那种事物的材料或性质。如果采用分解的观点,我们可以说(3)中的两个"木头"是同一个符号。如果采用组合的观点,就有可能用另一种方法分析(3b)中的"木头"。事实上,有可能把(3b)中的"木头桌子"看成一种类乎构词的特殊组合,也有可能把(3b)中的"木头"跟(3a)中的"木头"看成两个有衍生关系的符号。如果我们考虑"木头"后面是不是有其他连带成分,那么(3a)中的"木头"后面没有密切结合的连带成分,这可以标为"｜木头(O)｜",O表示零成分;(3b)中的"木头"后面有跟它密切结合的连带成分,这可以标为"｜木头(N)｜",N表示指事物的名词。这样,(3)中的两个"木头"就被分析为两个符号,这实际上是把"木头"和它后面有没有连带成分这两种因素的结合体看成一个复合符号单位。这一点清楚地表现在下面的矩阵图示中:

(5)　　　　　　　　　　　　"木头"　　　　连带成分

　　"｜木头(O)｜"　　　　　+　　　　　　 −

　　"｜木头(N)｜"　　　　　+　　　　　　 +

当我们说(3)中的两个"木头"虽然有密切的关系,但是不必看作同一个单位时,或者当我们说(3b)中的"木头"是由名词转化的性质形容词时,我们都会被看作纯以意义为本,完全没有形式根据。然而(5)中的矩阵图示表明,说(3)中的两个"木头"是一个单位还是两个单位,这取决于我们辨认符号时是用分解的观点还是用组合的观点,而不是取决于我们以符号形式为本还是以符号意义为本。因为(3)中的两个"木头",一个没有连带成分,一个有连带成分,这实质上就是形式上的差异。说汉语的人正是根据连带成分的有和无来判断(3)中的两个"木头"应该怎样理解。

　　一个符号处在什么样的环境之中,这也是它的形式的一部分。在辨认符号时,用分解的观点可以观察到符号的分解形式,或者叫做内部形式成分;用组合的观点就能观察到符号的组合形式,或者叫做外部形式成分。在一个符号串中辨认符号,实质要兼用符号的内部形式和外部形式两类成分。这一点是怎样辨认符号和怎样鉴定符号的同一性的关键所在,对汉语语法研究尤其重要。

　　汉语语法研究一向偏重于研究语法中的句法部分,而从20世纪50年代以后,受美国描写语言学派观点的影响,又几乎完全依赖形式特征,于是在狭义的内部形式观点指导下,说汉语的语言单位缺少形式特征,说简单的汉语形式可以表达多样的意思,这似乎已经成为汉语语法学者的共识。这很自然地把汉语语法研究导入狭窄的形式天地之中,忽视语言符号的外部形式在语言符号鉴定中的作用。

3.2.3　语言符号的广义形式观

　　从逻辑上讲,谈到汉语语言符号的鉴定和所谓汉语的特点时,有许多问题需要认真考虑:

Ⅰ　符号的形式与所指是不是一对一的?

Ⅱ　如果符号的形式和所指不是一对一的,一个形式可以对应几个所指,那么解释者接收到一个符号形式以后,怎样知道它的所指是什么? 如果他不能给那个符号形式找到一个明确的所指,符号的三个要素就去掉其一,他又怎么能把它理解为一个符号呢?

Ⅲ　如果符号的形式与所指是一对一的,那么所谓汉语语言单位缺少形式特征,是不是意味着汉语不可能像形式特征丰富的语言那样,表达那么复杂的意思呢?

我们不否认语言中有一符二指的所谓"双关语",也不否认有时说话人说出的一个词语会被听话人误解为另一个意思。但是这毕竟是偶然的个别现象,不足以否定语言符号的通例是一符一指。我们都有这样的经验,当别人说出一句话时,我们即刻就能理解他的意思,而不是面对好几个意思无所适从。情况如此,足以证明汉语作为一种符号系统,它的通例也应该是一符一指,而不是一符多指。得出这个结论以后,就需要认真反省我们对语言符号形式的观念,为汉语所能表达的丰富的意思找到丰富的表达形式。颠扑不破的真理是,丰富的符号形式表达丰富的意思,丰富的意思也必须用丰富的符号形式表达。事实上,只要我们承认说汉语的人用汉语表达的意念并不比说印欧语的人用印欧语表达的意念少,那么我们就必须承认汉语必然像印欧语一样,也有那么丰富的形式,以表达那么丰富的意念。如果事实不是这样,如果汉语的符号形式确实是那么贫乏,那么说汉语的人就会经常感到自己有话闷在心里,由于没有恰当的符号形式而说不出来。

我们这样讲,并不是否认汉语和印欧语之间有这样那样的差异,也不是否认按印欧语的语言学观点可能得出汉语缺乏形式标记的结论。我们这样讲的意图是通过逻辑分析澄清关于符号形式的观念,认识到所谓符号形式不是脱离其所指的本然存在,归根结蒂它是跟一定的所指相对应的东西。符号的形式必须跟符号的所指共存,离开其所指谈形式,可以谈它自身作为一个客观事物的形式,而不是在谈它作为一个符号的形式。只有认识到符号的形式是相对于其所指的关系事物,而不是本然的自在之物,才能正确地认识自然语言中的形式其物。

我们之所以要提出对符号的分解观点和组合观点,原因在于现代的语法理论几乎都是在印欧语言研究中发展起来的,这影响到语法学者对语言符号的形式的认识。用我们的观点看,在印欧语中,语言符号的内部形式成分显然比汉语多。(3b)中的"木头桌子"中的"木头",跟(3a)中的"木头"的性质有所不同,这一点只能由它后面有连带成分"桌子"看出,也就是说,只能从它的外部形式成分看出,而它本身的内部形式成分跟(3a)中的"木头"却是相同的。当然在汉语中,"木头桌子"也可以说成"木头的桌子",

"木头"变成"木头的",这可以表示"木头"跟"的"结合以后性质已有所变化,跟它单用时不同。然而汉语中"｜木头(N)｜"这个符号经常跟"｜木头(O)｜"一样,只用"木头"两个字表示,很少用"木头的"表示。而在英语中单说"木头"用"wood",表示"木头制成的"或"木质的"之类意思,一般要用"wooden",极少用"wood",这跟汉语的情况不同。

如果我们说(3)中的两个"木头"自身的内部形式相同,却可以表示两个不同的符号,那么汉语中鉴定符号同一性时,最为困难的情况也许还不在这里。因为我们毕竟可以把(3b)中的"木头"改为"木头的",这时不必求助于外部形式成分,即使从内部形式看,"木头的"也跟"木头"不同。事实上,汉语中动词和形容词的所谓"名物化"用法,分析起来比这个例子还要麻烦。试看:

(6)　　我们需要行动。

(7)a　我们需要行动起来。

　　b　我们需要的是行动。

(6)的意思既可以是(7a),也可以是(7b)。这一方面是因为"需要"本身有两种意思:一种意思是"应该"或"必须";另一种意思是"要求得到"或"必须得到"。① 前者要求带动词性的宾语,如(8a);后者要求带名词性的宾语,如(8b):

(8)a　我们需要研究研究。

　　b　我们需要研究室。

另一方面,(6)可以有两个意思,也是因为"行动"本身可以有动词性和名词性两种用法。然而在(3)中,只要给(3b)中的"木头"加上"的"字,就能用符号的内部形式成分把两个"木头"的意思清清楚楚地区分开来,在(6)中却不能那么简单地把"行动"的两个用法区分开来。这是因为在汉语中,当同一个词形有动词性和名词性两种用法时,不能简单地加上个虚词把二者区分开来,换句话说,这两种用法的区别,只能表现在符号的外部形式成分之中,不能表现在符号的内部形式成分之中。像(6)这种句子,说话人表示的

① 　参看吕叔湘等(1980)《现代汉语八百词》515页。

意思是(7a)还是(7b),这只能根据它的上下文判断,仅仅看(6)本身是无法断定的。而且,只要(6)整句的性质不明确,(6)中的"需要"和"行动"的性质就不明确。①

汉语的动词和形容词的"名物化"用法之所以能成为汉语语法研究中的一个难题,原因就在于汉语中没有专用的虚字把这种用法表现为符号的内部形式。而在印欧语中,动词和名词一般都有词形差异。例如在英语中,由动词转为名词,一般要加名词词尾。即使动词与名词同形,动词有动词的词形变化,名词有名词的词形变化,二者仍然会有词形差异。既然二者的差异一般都能够表现在符号内部形式上,问题就不像汉语这么严重。②

我们举出这些例子跟印欧语做对比,意在阐明当我们利用西方语法学观念来研究汉语语法时,许多本来靠符号的内部形式成分就可以区分开来的语法范畴,在汉语中往往要靠符号的外部形式成分才能区分开来。根据印欧语语言材料建立的语法分析模式对符号形式的理解几乎完全局限在符号的内部形式范围之内,很少考虑符号的外部形式成分。把这样的符号形式观念用于汉语之中,就将得出汉语缺少形式特征的结论,而且进一步还会认为汉语用简单的形式就能表达丰富的意念。事实上,一般地讲,一种符号形式绝对不能表达多种不同的意念,而所谓汉语的形式简单,其实只是汉语符号的内部形式成分少,许多在印欧语中用符号内部形式表示的意念在汉语中都改由符号的外部形式成分表示。正是因此,表达同样的意念时,汉语句子看起来似乎比印欧语句子简短,然而理解起来并不快速。这当然是因为在印欧语句子中,由每个单词的内部形式成分就可以知道其所指,在说汉语的人看来,似乎多余的内部形式成分起直接导向其所指的作用。相比之下,在汉语句子中,由每个单词的内部形式成分就不能那么明确地知道其所指,必须在了解上下文的情况下——也就是掌握其外部形式成分的情况下——才能唯一地确定其所指,于是在接收符号内部形式成分时节省下的

---

① (6)整体作为一个复合符号,它也有内部形式成分和外部形式成分。由上下文判断它的意思,这也是由它的外部形式成分鉴定它的符号性质,这跟(3)中鉴定两个"木头"的性质相同与否情况相同。下文对怎样确定语言符号的意义进行方法论分析时,可以清楚地看到这一点。

② 英语中由"-ing"构成的词也有麻烦,参看下文的讨论。

时间不知不觉地消费在权衡符号的外部形式成分的过程之中,算总帐的结果没有收益。①

我们提出语言符号的内部形式和外部形式的观念,对语言研究和语言运用都有重要的意义。从理论上讲,成功的语言交际条件之一就是说话人准确地表达自己的意思,听话人清楚地理解对方的意思。所以,即使孤立地看,一个词语可以表示好几种意思,在正常的谈话中,当它用在一定的上下文中时,它也不可能同时提供几种意思让听话人去猜谜,因为那违背语言交际的准则。如果语言符号在实用中是一符一指地传递信息,我们就有必要研究在用语言符号编码和解码的过程中,说话人和听话人是怎样利用上下文——这就是我们所说的语言符号的外部形式成分——去排除无关意思的干扰,准确地抓住那唯一正确的意思。

我们知道,语言的基本单位是单词,语言中的绝大部分语句都是由单词按照一定的语法规则组成的。既然如此,似乎有理由设想通过读词典掌握单词的意义,就能学会一种语言。然而事实上这样做并不成功。吕叔湘(1980:11页)讲学英语的方法时说,即使要扩大词汇量,读词典也无济于事,因为:

> 词语要嵌在上下文里头才有生命,才容易记住,才知道用法。所以如果要扩大词汇,最好的方法还是多读书。

正是因为单词的意义和用法只能体现在一定的上下文中,所以按照传统,供学习者使用的词典在每一个词条下面列出若干义项时,照例要给出若干例句,说明每一个义项使用在什么上下文中。英国 Collins 公司出版的英语词典《Collins COBUILD English Language Dictionary》的一项创举就是把单词放在一定的句子格式之中,针对它在其时其地的用法释义,而不再就孤立的单词释义。这些事实表明,对词语的形式应该有广义和狭义两种理解方式,只注意它们的内部形式,而不注意外部形式,就不可能描述出语言作为一种交

---

① 在理解话语的过程中,除了要考虑时间是否经济以外,还要考虑头脑工作强度如何。这跟物理学中计算机械效率时相似,也有省力不省功的问题——即理解时花费的时间短,但工作强度大;理解时花费的时间长,但工作强度小。对这个问题做深入的探索,要靠精密的科学实验,不是随便说说就能有结论的。

际工具的真实面貌。

3.3　语言符号的所指

3.3.1　话语意义的推演

如上所说,在观察符号的形式性质时,特别是在研究汉语语言单位时,必须注意符号形式的内部成分和外部成分,像西方语法那样,仅仅把语言单位的形式理解为语言单位的内部形式成分,是不符合人们对话语的实际理解方式的。不过尽管我们说对语言符号形式的理解不能像印欧语传统观念那么单纯,然而跟对语言单位的所指的分析相比,语言单位的形式问题还是比较简单。因为无论如何,我们总还可以把话语的形式切分为一个个片断,切分到一个词、一个字或一个音节,而如何确定词语的意义,就是远为复杂的事情。

认真地讲,分析语言单位的意义时,首先需要考虑:

在形式语言 L 中,我们是首先确定基本单位集合$\{I\}$和推演规则集合$\{R\}$,然后用基本单位通过推演规则推导出衍生单位集合$\{I'\}$,使得 L 的所有单位或者是基本单位,直接由$\{I\}$给出,或者是衍生单位,由$\{I\}$中的单位通过变形规则和组合规则产生的集合$\{I'\}$给出。既然如此,那么在用 L 描写自然语言 L'时,是不是也能照此办理,确定一个基本意念集合$\{MI\}$和一个推演规则集合$\{MR\}$,从而推导出一个衍生意念集合$\{MI'\}$,使得语言 L'中所能表达的全部意念或者在$\{MI\}$中或者在$\{MI'\}$中呢?

这个问题的答案显然应该是肯定的,否则学习一种语言中的语句就要跟学单词一样,非一句一句地个别记忆不可,所谓语法规则也就不复存在。事实上,对于形式语言中的无限的语句,只有通过有限的单位和有限的规则的推演过程,才有可能予以掌握;对于自然语言中的无限的语句所能表达的无限的意念,我们也只能通过有限的基本意念和有限的推演规则去掌握它们。既然如此,那么我们要研究语言符号的意义,就要研究怎样确定集合$\{MI\}$中的单位和怎样确定集合$\{MR\}$中的规则。特别是,我们不能不研究所指集合$\{MI\}$跟形式集合$\{I\}$有什么关系,形式规则集合$\{R\}$跟所指规则集合$\{MR\}$有什么关系。更具体地讲,我们需要研究以下两个问题:

　　第一个问题是怎样确定语言符号的基本意义单位，也就是怎样确定基本意义集合{MI}。这里要考虑意义单位跟形式单位之间的对应关系，也就是说，是不是每一个形式单位的意义都是一个意义单位，每一个意义单位都有一个形式单位。

　　第二个问题是怎样确定语言符号的意义的衍生方式，也就是怎样确定推演规则集合{MR}。这里最重要的问题是，在我们知道一个复合单位的整体意义以后，怎样分析其中各个成分的信息负荷。

3.3.2　话语的意义单位

　　把一段话语离析为若干片断，可以得到词或字，甚至可以离析为更小的单位，如音节、音素或者音位。在生成音系学中，音位也可以离析为区别特征等更小的单位。尽管通过离析可以把话语的单位分析为越来越小的单位，但是就语法系统 G 而言，最终需要确定一个语言单位集合{I}，以便由它和规则集合{R}衍生出语言中的全部语句。我们知道集合{I}的全部成员可以一一枚举给出，不必用规则生成。在印欧语中，由正字法规定的基本单位是单词，单词可以在词典中逐一列出，而且所有的语句都是由单词组成的。在汉语中，由正字法规定的基本单位是单字，单字可以在字典中逐一列出，而且所有的语句都是由单字组成的。从这一点看，印欧语的单词跟汉语的单字地位相当。如果说印欧语的语法系统可以考虑用单词作{I}的成员，那么汉语的语法系统就可以考虑用单字作{I}的成员。不管这样做事实上是不是行得通，这毕竟表明从形式上看，可以为语言设立一些基本单位，用它们组合成所有的话语。然而从意义上看，就很难找到这么明确的基本单位。我们不知道话语所能表达的全部意念可以分解为哪些基本意念单位，然后通过规则把所有的意念推演出来。

　　研究语义结构的学者试图仿照音系学中把音位离析为区别特征的做法，把各种意念离析为若干基本的语义单位，也就是所谓的"义素"（sememe）或"语义特征"（semantic feature）。例如用义素把英语单词"bachelor（单身汉）"分析为：

$$+[\text{ADULT}] +[\text{HUMAN}] +[\text{MALE}] -[\text{MARRIED}]$$

把"wife(妻子)"分析为:

$$+[ADULT] +[HUMAN] -[MALE] +[MARRIED]$$

其中的"ADULT"表示"成年","HUMAN"表示"人类","MALE"表示"男性","MARRIED"表示"已婚"。

然而这种工作比音系学中离析音位困难得多,至少在目前,我们还看不出把单词的意义离析为义素这种做法确实能解释语言所表达的各种意念,因为我们不能确定全部的义素集合。所以,尽管语言学者有这种想法,希望把单词或单字的意义离析成更小的义素,然后用那些义素去组合出整句话的意思,然而在目前讲还行不通,甚至还看不出有成功的前景。在目前讲话,我们还只能就单词或者单字讲意义,也就是以{I}中的各个成员的所指为意义单位。

如果我们能对语义单位进行一番梳理,合理地确定语义的最小单位集合,那么从我们所举的"bachelor"和"wife"这两个例子看,那很可能有利于优化我们对词语的解释,也说不定会改进我们现有的语法理论和语法模型。然而,即使如上所说,这项工作难以完成,我们也还可以像传统语法那样,以语言单位集合{I}中的现成词语的所指为意义单位。

3.3.3 意义单位和形式单位的关系

其实无论{I}中的各个成员的意义能不能分析成更小的单位,由于语法系统 G 是以{I}中的成员为基本单位去生成语言中的全部话语,它使用的生成规则的一般形式是:

A+B→AB

那么,既然 A 和 B 都是符号,它们生成的 AB 也是符号,而且一切符号都有形式和意义两个侧面,语法中要研究的基本问题就应该是:

I   怎样由 A 和 B 的形式求出 AB 的形式

II   怎样由 A 和 B 的所指求出 AB 的所指

既然如此,我们讨论语言符号的语法描述,就不能不给每一个语言符号形式一定的意义负荷。所以,无论如何,在阐述语法规则时,我们总是要说明每一个语法单位的意义,也就是它的信息负荷。

事情很明显,既然我们认为自然语言是一种符号系统,人们在交际中使用语言的目的是表情达意,也就是通过语言符号的形式把符号的所指传达给对方,那么,当我们用语法系统 G 定义形式语言 L,用 L 描写自然语言时,由于 L 是由集合 {I} 和集合 {I′} 中的单位组成,这就需要考虑 L 中的各个单位是不是都是符号,也就是说,需要考虑 L 中的各个单位是不是都有所指。

从我们的日常经验考虑,这可能不成其为问题。因为我们都习惯于讲这个字或这个词是什么意思,既然每个字或每个词都有一定的意思,那么它们都应该是符号。然而从逻辑上讲,就有必要研究对这个问题可以做出哪些回答。因为我们究竟使用什么样的形式语言 L 去描写自然语言,这决定于我们对这个问题的认识。如果我们承认 {I} 中的所有单位都是符号,而通过规则 {R} 的操作由 {I} 中的单位得出的所有单位也都是符号,那就必须确定 L 中的每一个单位的所指,不管它是集合 {I} 中的单位,还是集合 {I′} 中的单位。

这样讲也许有些过分,需要做一些解释。在讲语法时,如果我们愿意把一个语言单位分析成两部分,几乎总是因为那两部分都有意义可言。即使其中有一个成分是衬字垫音,没有任何实在意义,它至少也还会有某种表达效果,值得一说。所以我们还是不妨说,语法研究的中心问题是两个或几个有意义的单位组成一个更大的语言单位时所遵循的形式合成法则和意义合成法则。

我们的分析表明,抛开语言的形式单位去建立一套独立的所指演绎系统,即使不是完全行不通,也是十分困难的。然而,如果语言单位的所指必须一一枚举给出,而不能像形式语言 L 的单位那样,一部分枚举给出,一部分由 {I} 和 {R} 生成,那么语法形式系统 G 就没有多少实用价值。因为,如果我们通过语法系统 G 只能推演自然语言全部话语的形式,而不能推演它们的所指,那么推演它们的形式就是多余的。这个道理不难理解:假如有一条规则告诉我们,"蝙"和"蝠"可以组合成"蝙蝠"这个词,但是"蝙蝠"是什么意思要去查词典才能知道,那么学习这条规则就没有用处。

事实上,如果一部语法书只能告诉我们汉语中有哪些句子,但是每个句子是什么意思要去查句典逐一学习,这样的语法书是没有用处的。我们之所以不一句一句地逐一列举"我吃苹果"、"你吃苹果"、"他吃苹果"、"我们吃苹果"、"你们吃苹果"、"他们吃苹果"等等句子,而是用一条"主语+动词+宾语"的语法规则去生成它们,原因就在于它们的形式可以用规则生成,它们的所指也可以用规则生成。所以,如果§3.3.1第一个问题的答案是否定的,语言的形式单位跟意义单位之间没有对应关系,那么只能用来生成语言形式单位的语法系统G就没有存在的价值。语法系统G有价值的前提就是语言单位的形式可以由推演规则给出,语言单位的意义也可以由推演规则给出。事实上,由我们的日常生活经验,由我们的语言学工作实践,都可以知道,每一个可以使用的语言符号形式单位必须有它的信息负荷——否则它就不可能用作表情达意的工具;而每一个符号所指单位也必定有它的独立表现形式——否则它就不可能成为语言交流的对象。所以我们可以肯定,每一个语言形式单位对应一个语言意义单位,每一个语言意义单位对应一个语言形式单位。

3.3.4　一符一指原则

符号的公式表明,符号的形式跟符号的所指对应是构成符号的必要条件。所以任何符号都必须包括符号的形式跟符号的所指两个要素。没有表现形式,符号固然不能存在;只有形式没有所指,也不成其为符号。我们在使用符号时,必然是使用一定的符号形式表示一定的所指。当我们说出一句话表示一定的意思时,这句话就可以成为一个符号。没有这句话固然就没有这个符号,即使有这句话,但它不表示任何意思,它也不是符号。

通过上文的论证进一步表明,语言符号的形式 F 跟语言符号的所指 M 构成对应关系。我们使用语言表情达意,实际就是使用一定的 F 表示一定的 M。要表示一定的 M,就要使用跟它对应的 F,也就是使用在表示 M 这一点上有同一功能的 F。我们看到,在绝大多数情况下,同样的一句话在不同的场合、不同的时间说出来,可以表示同样的意思。如果我们精确地分析每次说它时的各种有关的声学参数,我们就会发现它们彼此都有或大或小的差异,没有完全相同的情况,然而形式上的差异并没有妨碍它们表示同一个意思。相反,有时同样的一句话可以有两个不同的意思,试看(9):

(9)　张三有病。

(9)的意思有时是张三身体有疾病,有时是张三言行有不正常的地方,但身体健康,没有疾病。显然,"病"在这里有两个不同的意思,尽管写出来是同一个字,念出来是同一个音。要想正确地使用语言符号,就必须知道哪些符号形式虽有这样那样的差异,而意思相同;哪些符号以同一个形式可以表示不同的意思。这就产生了怎样鉴定符号的同一性的问题,它涉及到哪些符号形式可以归结为同一个符号形式,哪些符号所指可以归并为同一个符号所指。

这些问题在汉语中有特殊的困难,需要认真研究。从上面的讨论中已可看出,把不同的符号形式看作不同的符号比较容易,把相同的符号形式看作不同的符号就有困难。我们乐于把(3)中的两个"木头"看成同一个符号,这首先是因为它们同形。如果把(3)改为(10):

(10)a 木头是有用的东西。

　　b 木头的桌子是有用的东西。

尽管(10b)中的"木头的"跟(10a)中的"木头"二者的所指有密切的联系,我们也不大可能说(10b)中的"木头的"跟(10a)中的"木头"是同一个符号,因为它们并不同形。而在(3)中,尽管不把(3b)中的"木头"的意义引申为"木头制成的"或"木质的",就不能了解(3b)中的"木头桌子"是什么意思,我们还是习惯于把它们看成同一个符号,因为它们的词形相同。这足以证明我们习惯于根据符号的形式相同与否,判断它们是不是同一个符号,而忽略它们在所指方面的差异。

事实上跟形式上的变化相比,所指的变化更为复杂,更为多样。且看一个简单的例子:

(11)a 甲:你平时吃苹果吗?

　　b 乙:苹果我不吃。

(12)a 甲:你的苹果在哪里?

　　b 乙:苹果我拿走了。

(11)中的两个"苹果"都是泛泛地指苹果这种水果,并不特指哪一个或哪一些苹果。(12)中的两个"苹果"情况就有所不同,(12a)中的"你的苹果"特指对方所占有的苹果,这可以说是"你的"改变了"苹果"的所指,使它从泛指转为特指。然而(12b)中的"苹果"并没有其他词语修饰,它也是指(12a)所说到的"苹果",显然跟(11)中泛指的苹果所指不同。从形式出发,可以说四个"苹果"是同一个符号。从所指上看,至少(12b)中的"苹果"跟其他三个"苹果"不同。把这四个句子译成英语立刻就能发现这一点,因为前三个"苹果"都可以译为"apple(s)",而(12b)中的"苹果"不能这么译。可是在汉语语法研究中,我们很少认真地考虑这个问题,特别是没有从理论上讨论由它所引起的一系列问题如何处理。

如果我们不注意语言符号所指方面的这种变异,那就很难认识到这些问题具有重大的理论意义和实用意义。事实上,怎样处理这些现象,归根结蒂决定于、也影响着我们对下列问题的认识:

Ⅰ　根据什么原则确定符号的形式和符号的所指?

Ⅱ　根据什么原则确定符号的形式和所指的对应关系?

Ⅲ　根据什么原则确定符号的同一性?

讨论这些问题很容易趋于抽象化,我们准备利用音位学的概念和原则做阐释,以便对问题有更为具体和更为明确的认识。由于符号的定义决定了符号形式和符号所指联系在一起,所以一连三个问题实质是相互关联的,我们下文讨论的方法论原则也就必然跟这三个问题都有联系。

符号定义公式表明,符号之所以能成其为符号,完全在于解释者把符号形式跟符号所指联系在一起。从此出发,我们可以确立一条符号解释原则:

> 符号解释原则:对于符号形式和符号所指的一切描写的基本出发点是符号解释者在符号解释过程中所必需的信息。

从这条关于符号活动的普遍准则出发,具体到语言符号活动之中,在确定语言符号形式和语言符号所指时,贯串始终的指导原则是:

> 语言符号解释原则:对于语言符号的一切描写的基本出发点是听说双方在编码和解码过程中所必需的信息。

根据语言符号解释原则,在语言实践中,听说双方在解释符号时不必了解的信息可以不予描写,听说双方在解释符号时不必区别开来的概念可以视为同一。于是在语言学描写中,如果我们必须把两个符号形式区别开来,或者必须把两个符号所指区别开来,其依据只能是从听说双方解释符号的需要出发。

这样,在确定语言符号的形式和所指时,基本原则是:

> 在语言符号解释过程中,必须予以区分的符号形式对应着必须予以区分的符号所指,必须予以区分的符号所指对应着必须予以区分的符号形式。

这也就是说,我们遵循的原则是为可能感觉到的形式差异找到所指差异,为可能感觉到的所指差异找到形式差异。这样讲并不否认有些形式差异不会引起所指变化,例如我们把同一个字写两次字形不会完全相同,但是它们的所指都可以不变。这跟音位学中讲的音位有自由变体的情况相似。

然而在许多情况下,语言符号形式的变化对所指是有影响的。我们都知道同样的意思可以用不同的词语表示,然而这种情况往往出现在不同的场合,而不是出现在同样的场合。例如番茄一般称“西红柿”,但是天津人管它叫“火柿子”。说到西红柿用“火柿子”,天津人觉得最通俗也最地道,北京人大都听不懂。虽然“番茄”、“西红柿”、“火柿子”指同一种东西,但是用起来各有所宜。这可以说是地区差异。

文言中称自己用“予”和“吾”,称对方用“君”、“尔”、“汝”。现在我们称自己用“我”,称对方用“你”。这是两套不同的指代词,不能混用。这可以说是古今差异。

不同地区的语言和不同时代的语言都可以看作不同的语言系统,所以上述情况是发生在不同的语言系统之中,是不同语言系统之中用不同的词语指称同一事物的例子。在同一语言系统中也不乏用不同的词语指称同一事物的例子。例如称对方可以用“你”,也可以用“您”,但二者一般也不混用。管水泥叫“洋灰”,管火柴叫“洋火儿”,有些人听了就会觉得耳生,不习惯。这可以归为社会文化背景的差异。

这些例子表明每一个语言符号都是一定语言系统中的一个成员,各有各的位置,绝对等价的例子很难找。形式一变,往往影响它们的所指,至少也要附加上某种色彩。这些情况类似音位学中的音位变体,音位也有地区差异、古今差异和社会差异等等现象。

　　只要我们把不同的语言系统区分开来,使不同的符号各归各位,上述情况给语法研究带来的麻烦不多,我们可以不多考虑。问题比较严重的是,有些一般认为形式相同、所指也相同的语言符号,认真分析起来,它们的所指是有差异的。跟印欧语比较一下可以发现,在印欧语中需要用不同的符号形式表示的意思在汉语中往往只用同一个符号形式表示。以名词为例,(11)中的"苹果"泛指苹果这类水果,(12b)中的"苹果"却特指说话人所有的苹果,这里有泛指和特指的区别。其次,(12a)中的"你的苹果"和(12b)中的"苹果"可以是一个苹果,也可以是多个苹果,这里有单数和复数的区别。

　　再看(13):

　　(13)　屋里坐着一个人。

在屋里坐着的人是男是女,是老是少,都有可能。实际上"人"的所指有性别差别,年龄差别,也还可以有善恶贤愚等其他差异。如果根据这些差异把"人"的所指区分开来,不妨说"人"的所指有无限多个,数不胜数。我们列举"人"的所指时,必须对一些差异忽略不计。所以当我们确定符号的所指时,不能不忽视符号所指的某些差异。这就出现了怎样确定符号所指的问题。就我们讨论的名词的所指而言,泛指和特指的区别,单数的复数的区别,还有其他一些区别,在汉语中能否忽略不计呢?

　　这里最重要的准则是,在用语言进行交际时,符号所指中有哪些区别是说话人有意告诉对方、并要求听话人当时就予以澄清的区别,哪些区别是说话人未必有意告诉对方、并不要求听话人当时就予以澄清的区别。

　　当说话人说(13)时,按一般情况,他不要求对方知道那个人的性别、年纪以及善恶贤愚之类性质。但是说(11a)时,说话人显然要求对方知道他说的"苹果"是泛指苹果而言,而说(12b)的人显然要求对方知道他说的"苹果"是特指他自己拥有的苹果。如果对方理解错了,谈话就要出现差错。我们不妨设想一下,说话人指着桌子上的一个苹果说(14a),听话人回答(14b):

　　(14)a　甲:你吃苹果吗?

　　　　 b　乙:苹果我不吃。

说话人用手指着一个苹果说话,他说的"苹果"一般是特指桌子上的那个苹果。如果说话人不是用手指着那个苹果说话,他就可能是泛指苹果那种水果。而听话人说的"苹果"可能指说话人问的那个苹果,意思是他不吃那个苹果;也可能泛指苹果,意思是他素常不吃苹果这种东西:这是两个不同的意思。

标明符号的所指是泛指还是特指,这是必须予以区分的所指因素。听话人和说话人不仅自己必须清楚地意识到自己是指此还是指彼,还要让对方正确地理解自己的意思,谈话才能正常地进行下去。

我们再看英语动词的例子。试看下列两个句子:

(15) a　I work everyday.(我天天工作。)

　　 b　I worked yesterday.(我昨天工作。)

(15a)中的"work"是动词 work 的现在式,(15b)中的"worked"是动词 work 的过去式。前者指经常性的工作,后者指谈话时间之前的工作。这也是两个有区别的概念,听说双方都必须意识到这一点,而且二者在形式上也有所不同。这是形式不同、所指也有差异的例子。

在我们所举的这两个例子中,"苹果"的例子是符号的形式不同,所指却有泛指、特指的差异;"work"的例子是符号的形式不同,所指有现在和过去的差异。不过照一般看法,对这些差异忽略不计,把它们看作同一个词。然而从方法论上讲,它们可不可以看作同一个词是一回事,它们的所指有无值得注意的差异是另一回事,二者不能混为一谈。无论我们要不要把它们看作同一个词,其所指有上述差异不能不看到,也不能不予以阐释。既然如此,在没有讨论如何确定语言单位的同一性之前,特别是在没有对语言单位的同一性的概念进行方法论分析之前,有必要把它们理解为不同的符号,没有理由先验地归为同一个词。

这就是说,我们在确定语言符号的形式和所指时,至少在开始阶段,必须坚持一符一指的原则。形式有不同之处,就要研究它们在所指上有什么不同;所指有不同之处,就要研究它们在形式上有什么不同。这一点在逻辑上有重要意义,因为,不对方法论原则进行充分的研究就匆忙做结论,这既会破坏理论基础的逻辑性,也会给理论体系套上不必要的枷锁。下文将看到,汉语语法中的许多难题都跟我们对方法论问题是不是经过深思熟虑有关。

3.3.5 语言符号的所指的确定

根据上文的分析,我们可以得出结论,无论自然语言符号的所指是不是应该有其独自的跟形式无关的结构系统,当我们试图用形式语言 L 构拟自然语言模型时,都不能不遵循每一个符号形式对应一个符号所指而且每一个符号所指对应一个符号形式的原则。这表明§3.3.1 中的第一个问题的答案应该是肯定的,也就是说语言符号的形式和所指应该一一对应。既然如此,那么由于语言符号的形式是通过分解和组合的方法去推演,语言符号的所指也应该用同样的方法处理。我们就不能不研究§3.3.1 中提出的第二个问题,也就是怎样从大单位中分析小单位的意义,怎样用小单位的意义合成大单位的意义。

上面的论证已经涉及到跟这个问题有关的两个要点:

第一个要点是,离开语言单位的形式系统孤立地分析语言单位的所指系统是难以进行的。

第二个要点是,形式规则

R：A+B→AB

有意义的前提是它不仅能由 A 和 B 的形式推出 AB 的形式,而且能由 A 和 B 的所指推出 AB 的所指。

根据这两点不难推出:

Ⅰ 在用形式语言 L 描述自然语言 L' 时,不仅要规定集合 {I} 中的单位的形式,还要规定 {I} 中的单位的所指。

Ⅱ 集合 {R} 中的规则不仅要对有关语言单位的形式进行操作,而且要对有关语言单位的所指进行操作。

对此,我们不妨具体地分析一下。

集合 {I} 中的语言单位不外乎两种,一种可以独立运用,另一种需要跟别的语言单位结合起来运用。如果 {I} 中的一个单位 I_1 可以独立运用,那么由于一切语言单位都是用来表情达意的,I_1 就必须有其所指。汉语应答词

"啊"、"天啊"之类词语就是这种例子。如果 I_1 需要跟另一个语言单位 I_2 结合起来使用,这就是说,|R|中有如下的规则 R:

R: $I_1+I_2 \rightarrow I_1I_2$

那么,既然规则 R 有意义,它就必须解释怎样由 I_1 和 I_2 的形式生成 I_1I_2 的形式,也必须解释怎样由 I_1 和 I_2 的所指生成 I_1I_2 的所指,于是我们就必须知道 I_1 的所指——如果 I_1 毫无意义,I_1 就是零所指,零也是它的所指。

英语中的许多词尾就是这种情况,例如英语动词有下列词形变化规则:

R_1: 动词work+现在时第三人称单数词尾 s

　　→ 现在时第三人称单数动词 works

R_2: 动词work+过去时词尾 ed

　　→ 过去时动词 worked

从狭义的所指观点看,可以说 work 和 works 的所指没有变化;从广义的观点看,词形 work 变为 works 时,所指从非现在时单数第三人称变为现在时单数第三人称。规则 R_1 既包括形式操作,又包括所指操作。规则 R_2 情况跟 R_1 相同,也是既有形式操作,又有所指操作。

汉语的一些虚字的用法跟印欧语的词尾相仿。例如:

名词"张三"+助词"的"→所有式"张三的"
动词"工作"+助词"过"→ 过去式动词"工作过"

这些规则都既涉及语言符号的形式的分解与合成,也涉及语言符号的所指的分解与合成。这样,我们要确定语言符号的所指,就不能不考虑怎样由已知符号的所指推导出未知符号的所指,不能不考虑一个复合语言符号的所指跟它的各个成分的所指之间的关系。更明确地讲,如果说我们在第二章所讲的形式语言的语法规则还只是表述复合语言单位的形式跟它的各个成分的形式之间的函数关系,那么用它来描述自然语言时,就需要与此同时,表述复合语言单位的所指跟它的各个成分的所指之间的函数关系。这表明我们在研究语言单位的形式和意义时,不能不研究语言单位相互之间的结构关系。

4 语言单位的结构性：分解与合成

4.1 语言符号的分解与合成

在确定语言符号的形式和符号的所指时，对于语法系统而言，一条重要的准则是在分析复合单位的成分结构时，坚持形式跟所指的同构原则。上文说过，语法规则实质上只有两类，一类是替换规则：

a→b

另一类是组合规则：

a+b→ab

替换规则一般只用于由一个成分组成的语言单位，组合规则用于由两个或更多单位组成的语言单位。在语法系统中纯粹的替换规则很少，只有某些词形变化规则可以归入此类。例如：

(1)a read[riːd]→ read[red]

　　b sheep→ sheep

由于我们一般认为(1)中的单词只包含一个语法成分，所以(1)中从左到右的变化在语法中只能看作整个单位的替换，所以是不涉及成分组合的替换过程。再看(2)：

(2)a work+ing→working

　　b work+ed→worked

(2)中的语法规则就不如(1)单纯,它有可能理解为组合规则,而不是纯粹的替换规则。

既然语法规则绝大多数是:

(3)   R：a+b→ab

那么当我们说规则 R 表示两个符号 a 和 b 可以组成一个符号 ab 时,这意味着由符号 a 和 b 的形式可以推导出符号 ab 的形式。那么,既然 a、b、ab 都是我们所确认的符号,根据定义,它们也就都应该有其所指。

肯定 a、b、ab 都应该有其所指以后,下一个问题就是规则 R 在描述怎样由符号形式 a 和 b 推出符号形式 ab 时,是不是同时也描述怎样由符号 a 和 b 的所指推出符号 ab 的所指。上文的论证中已经反复说明对这个问题的回答应该是肯定的,因为,如果把 ab 的形式拆成"a+b",而 ab 的所指必须另行定义,不能由 a 和 b 的所指推导出来,那么规则 R 就没有意义。既然如此,符号 ab 的形式跟所指就有相同的结构,这就是我们所谓的语言符号的形式和意义的同构原则。

在形式和意义同构原则中,最重要的核心问题是怎样描述由符号 a 和 b 的所指推出符号 ab 的所指的过程。不妨仍以"木头桌子"为例:

(4)a   这是木头。

    b   这是桌子。

(5)a   这是木头和桌子。

    b   这是木头、桌子。

(6)a   这是木头桌子。

    b   这是木头的桌子。

说汉语的人都能理解(4)的意思,也都知道(4)中的"木头"和"桌子"二者都指一种东西。同样,如果我们把符号形式加上双斜线,把符号所指加上方括号,那么(4a)中"木头"的形式标为/木头$_1$/,所指标为[木头$_1$];(4b)中的"桌子"标为/桌子$_1$/,所指标为[桌子$_1$]。

这样,在解释(5a)中的"木头和桌子"时,可以用下列公式:

(7)a   形式规则：/木头$_1$/+/和/+/桌子$_1$/

　　　b　所指规则：［木头₁］+［和］+［桌子₁］

(7b)告诉我们"木头和桌子"表示的是［木头］和［桌子］这两种东西，这是符合我们心理的。

　　　但是在解释(6a)的"木头桌子"时，使用下列公式就有问题：

　　(8)a　形式规则：/木头₁/+/桌子₁/

　　　b　所指规则：［木头₁］+［桌子₁］

(8b)只能告诉我们有［木头₁］和［桌子₁］这两种东西，它可以用来解释(5b)中的"木头、桌子"，却不能解释(6a)中的"木头桌子"。因为在(5b)中，说话现场有［木头₁］和［桌子₁］两种东西；而(6a)的意思跟(6b)相同，说话现场只有［桌子₁］一种东西，而不是有两种东西。这就是说，下面的等式不成立：

　　(9)　［木头₁］+［桌子₁］=［木头桌子］

　　按照通常的讲法，我们是说"木头桌子"中的"木头"是定语，它修饰中心语"桌子"，中心语的定语可以表示中心语所指事物的材料，以此来解释(6a)中的"木头桌子"的意思。这种讲法的实际效果是让我们把［木头₁］引申为［木头制成的］或［木质的］，把它添加到［桌子₁］上，然后得出"木头桌子"的所指。写成公式就是：

　　(10)a　［木头₁］

　　　　　　→［木头₁制成的］/［木头₁质地的］

　　　　b　［木头₁制成的］/［木头₁质地的］+［桌子₁］

　　　　　　→［木头桌子］

若用 X 表示(10a)从左到右所需要的转化因素，那么把(10b)写成等式就是：

　　(11)　［木头₁+X］+［桌子₁］=［木头桌子］

怎样处理(11)中的 X 就成为语法分析中的方法论问题。

　　从逻辑上讲，只有两种处理方法，或者说 X 游离于"木头"和"桌子"二者之外，是"木头桌子"所隐含的一个成分；或者说 X 附着在"木头"和"桌子"之中的某一个之上。目前汉语语法学者大都认为"木头桌子"是名词

"木头"加上名词"桌子"构成的，这就是第一种处理方法。从逻辑上讲，这种处理方法本身也还有两种可能性。因为我们既可以说 X 由定语规则引入而不是由某一个成分引入，也可以说 X 由一个零形式成分或省略成分引入。到底采用哪一种措施，这决定于我们的方法论观念。

若说 X 由定语规则引入，而不是由某一个成分引入，这就需要一个前提，即某些结构主义学派所遵循的一个原理：

（12）　　全量大于各部分的和

(12)体现的是绝对依靠表层形式去解释语言现象的方法论准则，形式上看得见的就是有，形式上看不见的就是没有，所以不承认 X 成分的存在。

若说 X 由一个零形式成分或者省略成分引入，这体现另一种方法论准则：一定的形式表现一定的所指，一定的所指由一定的形式予以表现。既然［木头₁］加上［桌子₁］不等于［木头桌子］，那就应该有一个未出现在表层的成分去平衡等式（11）。这就是说需要有一个成分 X 去处理（13）中的差额 K：

（13）　　［木头桌子］=（［木头₁］+［桌子₁］）+K

事实上用(6a)跟(6b)比较，不妨说"木头桌子"是由"木头的桌子"在一定条件下压缩"的"字而来。当然，仔细衡量起来，"木头桌子"跟"木头的桌子"二者的表述色彩还会有些细微的差异，然而它们的差异可以用"的"字的有无来解释。

这两种措施各有所宜。拿(6a)跟(6b)对比，很容易把 X 确定为一个隐含成分，这种情况便于用第二种措施。语言学中之所以会讲成分省略，就是由于看到这样讲比较方便。相反，如果我们很难说出 X 到底是什么隐含成分，那么用第一种措施就比较方便，免得为确定 X 是什么东西而为难。

现在我们讨论第二种处理方法，考虑怎样把 X 附加到"木头"或"桌子"之中。如果把 X 附加到"桌子"之中，就可以把"桌子"表示为［__桌子］，意思是"桌子"有一个接受另一种物质修饰的"接口"。如果把 X 附加到"木头"之中，就可以把"木头"表示为［木头__］，意思是"木头"的所指可以从［木头₁］转化为表示另一事物具有［木头₁］的性质的"接口"。这两种措施在理论上都能成立，甚至不妨说各有所宜，但是学者较多采用后一种讲法。这是因为"木头桌子"本质上仍指"桌子₁"其物，而"木头"则仅表示"桌子"的性质，已经不是作为一种实物而存在，说它转义较易接受。若采用前一种讲法，"木头"在这里仍指［木头₁］，仍然可以定为名词。采用后一种讲法，"木头"的所指转化为［木头₁＿＿］，学者就有可能把它定为形容词。①

第一种处理方法说 X 是由规则引入跟"木头"和"桌子"无干，第二种处理方法说 X 附着于某一个成分，两种处理方法从本质上讲是一件事两种讲法。它们影响到语法系统 G 处理符号形式和符号所指时遵循的方法论准则，却难以断言孰是孰非。然而汉语语法学者对此颇有争论，这里不能不加分析。

从逻辑上讲，这两种处理方法虽然过程不同，但效果是相同的。无论怎样讲，在"木头桌子"中，归根结蒂"木头"都是在表示"桌子"的性质。第一种处理方式的本质似乎是说"木头"在这里仅仅表示［木头₁］，用规则或用隐含成分把这个所指转化为表示"桌子"的性质。第二种处理方式的本质似乎是说，即使"木头"的所指原来是［木头₁］，但在这里它已转化为表示"桌子"的性质。事实上，如果我们都承认为了理解"木头桌子"的所指，"木头"的意思最终必须转化为表示"桌子"的性质，而不能仅指［木头₁］那种东西，那么两种处理方式的差异只在于第一种方式强调转化过程的起点是［木头₁］，而第二种方式则强调转化过程的终点是表示"桌子"的性质。

乐于追求真理的科学工作者可能愿意弄清楚到底在"木头桌子"中"木头"的所指是不是［木头₁］，事实上这个问题几乎无法回答。因为在"木头桌子"中"木头"的本义当然可以肯定为［木头₁］，但是问题在于为了理解"木头桌子"的意思必须把这个本义引申为表示"桌子"的性质。即使把其他方法论上的考虑抛开，问题还在于在人们不断地引申"木头"的本义的过程中，会不会使自己理解"木头桌子"时的起点从［木头₁］逐渐转向指"桌子"的性质呢？人的头脑是习惯于走捷径的。"塞翁失马"的含义从塞上有个老翁丢了马这个字面意思转为有丰富内涵的成语，靠的就是人的头脑走捷径的本领。考虑到这些因素，似乎不能断然认为"木头桌子"中的"木头"不能转义

_____

① 参看《马氏文通》卷三第五节论"静字"，黎锦熙（1924）§21 和 §88 论名词转用为形容词或转为形容词性。

为指"桌子"的性质。

这样讲，也许会被认为有为第二种解释方法张目的倾向。事实上不然，我们只是就事论事，慎于对有争议的问题做结论而已。为了排除不同观点的倾向性，我们不妨举英语的例子。

英语中的"wood"的意思大致相当于汉语的"木头"，在英语词典中标为名词。但是1979年版《Collins Dictionary of the English Language》在这个义项之外，又特别列出它用作修饰语时的几个义项，有一个义项是：

（14）　made of, used for, enploying, or handling wood

显然包括"木头制成的"意思。这表明当"wood"用作修饰语时，其所指已有变化，值得为它另立一个义项。

4.2　语言单位的意义：用法

当我们严格地考察语言单位的"意义"其物时，我们有必要考虑20世纪著名哲学家维特根斯坦（Ludwig Wittgenstein）的观点：

> 解释意义就是解释词的用法。
> 一个词在语言中的用法就是它的意义。
> 语法描述词在语言中的用法。所以它和语言的关系跟游戏的描述、游戏的规则同游戏的关系可说是一样的。（《Philosophical Grammar》59—60页）

事实上每一个语言单位都不是孤立的存在。我们承认它是一个语言单位，那是因为我们可以用它来做一些事情，最重要的事情就是用它在人与人之间进行语言交际。所以，学会一种语言实质上就是学会怎样正确地使用那种语言中的各个语言单位去完成语言交际行为。至于那些语言单位的"意义"是什么，我们是可以置之度外不予考虑的。事实上，"你好!""吃了吗?""还没睡?""早起了?"之类语句可以成为寒暄用语，那是因为它们在汉语中有这样的用法，而不是因为它们自身有这种意义。

不管我们对"意义"如何理解，用法即意义的讲法说出了一个真理：至少在人的母语习得之初，不是先学意义后学用法；即使在母语学会以后，仍然有许多语言表达式,例如许多感叹词语,尽管能恰当地运用,却未必讲得出它们的准确意思。归根结蒂,语言表达式是人类交际行为的一部分,判断语言表达式的使用正确与否的最终仲裁只是在其时其地发生的交际行为中,它是不是一个合式的(well-formed)成分。当我们把"吃饭"写成"乞饭"时,"乞"字本身并没有写错,只是它不应该出现在这里。当我们对人讲"我要一碗饭"时,南方人给我端来一碗米饭,山东人却可能给我端来一碗稀饭。如果那恰恰不是我们想要的东西,那也不能说是我们说错了,只能说是我们说的话在那个交际行为中不是一个合式的成分。学会一种语言就是要学会恰如其分地使用那种语言中的各个表达式,亦即把它们准确地镶嵌入谈话行为模式之中。

4.3　语言单位用法的递推原则

从"用法即意义"的观点出发,很容易推出一个结论:为了了解一个词语的意义,我们需要分析它在各种比它大的语言单位里的用法。从方法论或认识论的角度看问题,这是很正常的。因为它符合一个重要的原则:

(15)　任何一个单位或一个对象都是存在于一个包含着它的更大的单位或结构之中,要想认识它、理解它或使用它,就要分析它存在于其中的那些单位或结构的组成成分和结构模式。

这表明,如果 a_1 是组成 a_2 的语言单位,那么 a_1 的意义或功能就是它在 a_2 的总体意义或功能中所承担的份额。根据这个原则,我们就要到句子的意义中去寻找词的意义,到更大的语言单位或交际行为中去寻找句子的意义。

这样,如果下列语言单位的结构一个比一个大:

$$a_1, \quad a_2, \quad a_3, \quad \cdots, \quad a_i, \quad \cdots$$

即 a_1 可以组成 a_2 以下的各种单位,a_2 可以组成 a_3 以下的各种单位,a_3 可以组成 a_4 以下的各种单位,如此等等,那么我们要想确定 a_1 的意义或功能,至少要首先确定 a_2 的意义或功能;而要想确定 a_2 的意义或功能,至少要首先确定 a_3 的意义或功能,如此类推。我们可以用(16)表示这个分析过程:

(16) $\quad a_1 \in a_2 \in \cdots \in a_i \in \cdots$

这个结论给我们提供了一种工作程序:如果我们要确定 a_i,那么首先确定 a_{i+1} 的模型 a'_{i+1},然后分析 a_i 在 a'_{i+1} 的结构中的相对位置和价值,从而找出 a_i 的模型 a'_i。在可能的情况下,我们将用 a'_i 代替 a_i。一旦发现它不够精确、不能满足我们的需要时,就为 a_i 建立新的、更为精确的模型。讲得更明确一些,这种工作程序是:为了确定 a_i,首先找到若干 a_{i+1} 的实例,从实例中归纳 a_{i+1} 的性质集合 A_{i+1};然后把 A_{i+1} 中的一个子集合 A_i 分配给 a_i,作为对它的描述和解释。这个工作程序说明,一旦确定了 a_i,则可确定 a_{i-1},这实质是一种由 a_i 到 a_{i-1} 的算法。它表明为了确定 a_1,可以首先在序列中确定 a_i($i>1$),然后使用上述算法确定 a_{i-1};如果 $i-1>1$,则再次使用上述算法确定 a_{i-2};如此递推,直到最后得出 a_1 为止。这个递降算法跟逆向数学归纳法相似,它需要一个起点 a_i 和由 a_j($1<j\leq i$)确定 a_{j-1} 的一套算法 A。一旦确定了结构 a_i 和算法 A,通过逐步计算可以确定 a_1,然后反向使用算法 A,则保证由 a_1 计算出它在结构 a_i 中的位置和价值。如果对 a_i 的每一个组成成分都使用这种工作程序,则可求出 a_1, b_1, c_1 等成分单位,最终可以由 a_1, b_1, c_1 等单位通过一系列算法合成单位 a_i。

这个分析程序可以看作是对 a_i 进行的一种结构分析,也可以看作是为 a_i 构拟一个推演系统,最终得出一个以 a_1, b_1, c_1 等做基元,以算法 A 等做规则的推演系统。它强调的是上层单位确定下层单位的原则和结构分析或推演系统的非惟一性,也许还可以说它强调的是形式系统化。

值得注意的是这个分析程序告诉我们,为了构拟由下层到上层的合成过程,首先应完成由上层到下层的分析过程。无论是传统语法还是本世纪乃至近年新兴的一些语法模式,都会使人忽略由上层到下层的分析过程。如果以为所谓"用词造句"的语法研究就是首先确定词,然后再去造句,那就是误会。事实上,没有句子的概念,就无从谈造句。单词的意义和类别,组词成句的规则,都是以它们能组成那些等待描写的句子为前提,没有那些句子就没有单词的意义和组词成句的规则。这个分析程序提供了一个视角,以此为据可以观察和分析以往语言学者处理"意义"其物时具体的工作方法。

根据原则(15)建立的分析程序(16)有可能导出"不可知论",因为(16)

蕴含着一个无穷的递推过程。所以,无论我们多么强调程序(16)的正确性和普遍适用性,在从事实际工作时都必须适可而止。因为至少在现在讲话,我们对客观事物的描述归根结蒂都必须是可以通过有穷的步骤得出结论的,否则就没有实用意义。在理论上,我们可以说一个词 W 的意义体现在使用它的句子 S_1 之中,句子 S_1 的意义体现在使用它的语言片断 S_2 之中,语言片断 S_2 的意义体现在使用它的更大的语言片断 S_3 之中,如此以至无穷。但是语言学者在描述语言时,无论是为语言教学考虑,还是为信息处理考虑,都不能不让这个递推过程到某一步终止,绝不能无限地推导下去。这就是说,我们在描述一种语言时,必须确定一个最大的语言单位 I,规定 I 的用法。以 I 为基准,小于 I 的语言单位的用法需要——在不超出 I 的范围内——予以描述,大于 I 的语言单位的用法就不在这个描述范围之内。

具体地讲,这意味着对于语言单位 I 的用法只能做有限度的描述,不可能详尽无遗地描述它在更大的结构中的所有用法。例如在(17)中:

(17)a　甲:你买这本书吗?

　　　b　乙:没钱。

(17b)的意思实际是不买这本书,说话人可能是想买而没有钱买,也可能是根本不打算买,而不在于有钱没钱。我们要想全面掌握这个一问一答的语言交际实例,就不能不了解这些不同的可能性。但是,当我们只着眼于单个句子时,我们就可以把(17b)的用法限制在表示说话人没有钱这一种情况,不考虑(17b)在不同的场合可能出现的各种不同的用法。这样做,对于掌握(17b)的全部用法而言,当然是远远不够的。但是不这样做,我们就将陷入上述无穷递推之中,对哪一个语言单位也做不出明确的描述。

首先确立一个出发点,在此基础上,逐步深化我们对事物的认识和描述,这样做从我们对客观事物的认知方面讲,从我们对客观事物做科学描写的方法论方面讲,也是切实可行的必由之路。因为我们了解任何事物都不能不循序渐进地逐步扩大我们的知识,不可能一下子获得所有的知识;同样,我们要想把对事物的全部知识表述出来,也不可能不安排先后次序一古脑儿都端出来。所以,在语言学描写中首先确立一个最大的单位,然后以它做出发点,描述所有比它小的单位在不超过它的范围之内的用法,这符合我们认识客观事物的规律,也符合我们表述对事物的知识的方法论的要求。

我们之所以要反复说明这个原理,这是因为它蕴涵的一些结论虽然对解决语言学的根本问题有指导意义,却不是一目了然地呈现在我们面前的。最重要的一点是,这个原理表明我们进行语言分析时要首先确定最大的单位的用法,然后从大到小地逐层分析各级语言单位的用法。而我们平常说的用词造句的过程却是由词开始从小到大地逐层组成各级语言单位,二者的顺序恰好相反。乍看这个原理也许没有什么值得注意之处,实际却不然。因为按照这个原理的要求,我们就要从大单位中离析小单位的用法,如果考虑到"用法即意义"的观点,那么这样做等于说要首先确定大单位的意义,然后从大到小地逐层分析各级语言单位的意义。于是所谓一个词的意义,实际上就变成它在句子中的用法。这个结论肯定会使一些语法学者感到意外,因为汉语语法学者曾经主张首先根据词的意义确定词的同一性,然后根据用法确定一个词该归入哪一部词类之中。而按照我们的分析,语言学基本原理却是应该根据词的用法确定词的意义,而不是把词的用法跟词的意义割裂开来,使它们对立起来。我们的主张等于说,在确定词的同一性时就应该根据词的用法,而不是抛开词的用法谈词的意义其物。

这一点对于解决汉语语法问题至关重要,汉语语法的许多难题实际上都是未曾按照这个原理工作造成的。从逻辑上讲,离开一个词的用法谈词的意义,这是首先给那个词指定一个基本词项,而不去分析它在不同的用法中所起的作用是不是还会有这样那样的差异。这样做就会把本来有差异的东西看成同一个词,因而导出同一个词有多种用法的结论。事实确实如此,困扰汉语语法学者的一词多类或兼类的难题正是这种工作方法造成的,这个问题第七章将专门讨论。

根据原则(15)和(16),我们提出了分析语言单位的意义的工作程序。它告诉我们应该从大单位中离析小单位的意义,比如说从句子中分析单词的意义,但是没有说明我们所说的语言单位的意义是什么以及怎样把它表述出来。现在我们尝试对这些问题做较为具体的说明。

4.4　意义,信息,用法

为了使讨论过程简单明了,为了增加可读性,减少技术性,我们在上面的论述中使用了语言单位的"意义"、"信息"和"用法"等等词语,却没有给予任何解释。这在逻辑上是不严谨的。现在我们尝试对这三个词语做出较为明确的解释,同时对"意义即用法"的观点进行技术性的阐述。

从上文的论述中可以看出,"用法"这个词可以从构造性方面理解,把它看作指一个语言单位进入比它大的单位的方法,也就是指它可以用什么方式进入那些比它大的结构之中。准此而言,我们讲一个语言单位的用法时,只要能把它是怎样用在比它大的结构之中这一点讲清楚,就可以不谈它负载什么信息,也不说它具有什么意义。所以,讲语言单位的"用法",其实是看它怎样作为一个整体成为比它大的结构中的一个成分,而不是赋予它本身一个固定的价值。

而说语言单位负载的"信息"或"意义"则是非构造性的观点,它们都是赋予语言单位一个价值,这一点跟"用法"不同。尽管上文在谈语言单位传递的信息时,我们默认语言单位传递的信息跟它的使用场合有关,换句话说,跟它处在什么结构中有关,但是我们终究还是在讲一个语言单位传递的是什么信息,而不是讲它有什么用法。这就是说,尽管我们认为一个语言单位传递的信息可以随使用场合而异,这样讲毕竟多少还是有让它等价于这些或那些信息的含意,也就是还是要给它自身一个价值量。

语言单位所负载的"信息"和"意义"都是对一个语言单位自身的价值而言,宽泛地讲,二者可以指同样的东西,也就是指一个语言单位传递给对方的信息,或者说让对方了解的东西。如果让二者分工,那么"意义"可以指狭义的信息,也就是经过选择的信息,语言学传统中所讲的语言单位的"意义"就可以这样理解。

照这样理解,"用法"、"信息"和"意义"三者之间就有分工。一个语言单位 W 的"用法"是客观存在,掌握 W 所能进入的比它大的结构 S,也就掌握了 W 的用法。每一个结构 S 都传递一定的信息 $I(S)$,W 在 I 中负载的信息份额就是 W 在那个场合中的"信息量"$I(W)$。既然 W 的"信息量"要通过分析才能获得,它就不像 W 的"用法"那样客观。W 的"意义"就是为了把关于语言单位的结构的知识方便地描述出来而赋予 W 的一个信息值。跟"用法"和"信息"相比,语言单位的"意义"其物的客观性最弱,它是语言学者之间可能产生观点分歧的所在。

　　形式和意义本来就是语言学中的两大主题,而在汉语语法分析中,由于传统上鉴定的狭义的形式标记很少,意义的作用显得格外巨大,怎样分析语言单位的意义也就成为汉语语法研究的一个重要课题。下面我们将对语言学中确定词语意义的方法做进一步的讨论。

4.5　语言单位的信息量

　　为了讨论起来更方便、更明确,下文研究词语在信息交流过程中所负载的信息量,而不直接研究它们的意义。

　　观察词语在信息交流过程中传达的信息量时,不难发现它们的信息量是随着使用场合的不同而有所变化的。以代词"我"为例,且看老舍的《茶馆》中的对话:

(18)a　小宋恩子:哼! 你就跟他们是一路货!

　　b　王利发:我? 您太高抬我啦!

王利发说的两个"我"传达的信息量不同:第二个"我"只指称说话者本人;第一个"我"所传达的信息量则等于"您说的是我?"或者"(您是说)我跟他们是一路货?"

　　再看疑问代词"谁"。仍引《茶馆》中的对话:

(19)a　康顺子:没错儿! 有他在这儿,不会错!

　　b　王利发:您找谁?

(20)a　常四爷:王掌柜!

　　b　王利发:谁? 哟,四爷! 您干什么哪?

(21)a　王大栓:老师们,快走! 他们埋伏下了打手!

　　b　王利发:谁?

　　c　王大栓:小二德子! 他刚出去,就回来!

(19)中的"谁"只是指一个尚未确定的人。(20)中的"谁"传达的信息相当于"谁叫我?"(21)中的"谁"传达的信息相当于"谁埋伏下了打手?"或者"你说的是谁?"

　　这些例句都是人们日常使用的语言,它们表明在不同的使用场合词语所传达的信息量并不相同。

4.5.1　语言单位的场合信息量

词语在实际使用场合所传达的信息量可以叫作词语的场合信息量。如上文及下文所说,词语在不同场合的场合信息量可以互不相同,甚至可以没有上界。产生这种情况的原因是,一般地讲,传达同样的信息不止一种方法,而同一个词语也不只一种用法。试看下例:

（22）　　　甲:你找谁?

（23）a　乙:我找老张。

　　　b　乙:找老张。

　　　c　乙:老张。

作为(22)的答句,可以说(23a),可以说(23b),也可以说(23c)。三个答句形式不同,它们包含的单词数目不同,但传达的信息量相同。如果把这个信息量写作I,把(23)中的词语加上方框号表示它们在此场合所传达的场合信息量,那么在这个场合就有:

（24）　〔我找老张〕=〔找老张〕=〔老张〕=I

信息量I在(23a)中由"我找老张"三个词传达,在(23b)中由"找老张"两个词传达,显然"找老张",两个词在(23b)中负载的信息量大于它们在(23a)中负载的信息量。即:

（25）　（23a)的〔找老张〕<(23b)的〔找老张〕

同样,信息量I在(23c)中仅由"老张"一个词传达,显然有:

（26）a　（23a)中的〔老张〕<(23c)中的〔老张〕

　　　b　（23b)中的〔老张〕<(23c)中的〔老张〕

通过分析,我们得出信息量不等式(25)和(26)。这个例子从一个侧面解释了为什么看来是同一个词语,用在不同的场合中,它的场合信息量会有差异。

然而对这个例子还可能有另一种分析方法,不能不考虑。根据信息论原理,有可能认为:既然(23c)仅仅用"老张"这个词就足以回答(22),那么

(23a)中的"我找"和(23b)中的"找"就是冗余(redundant)成分,它们在这个场合不负载任何信息量,所以信息不等式(25)和(26)不成立。

这样理解看起来似乎也有理有据,甚至在语言学文献中也出现过类似的论证方式,但却是个严重的逻辑错误。因为在甲问(22)时,他要求乙把(27)中变量 X 的值确定为某个常量 A,这就是说,甲期待的回答是命题(28):

(27) 乙找 X

(28) 乙找 A

在这种情况下,(23c)作为一个命题讲出来,甲把它理解为(28),(23c)中的"老张"作为一个命题传达的信息量等于(23a)中的命题"我找老张"。而(23a)作为一个命题讲出来,甲也把它理解为(28)。如果我们说(23a)中的"老张"自身就负载着"我找老张"的信息量,那么(23a)的信息分布就将成为(29):

(29) 我找〔我找老张〕

我们不能想象(23a)会被理解为(29)。事实上在回答(22)时,甲听到(23c)被作为一个答句说出来,他需要把它理解为(28);而甲听到(23a)时,由于他已经听到"我找"这两个词,就不会再把第三个词"老张"理解为"我找老张",换句话说,他只能把(23a)中的"老张"理解为(28)中的 A,而不会把它理解为整个命题(28)。这是因为(23a)是以整句话作为一个命题,"我找"后面需要的是"找"的宾语 A,而不是整个命题(28)。如果在回答(22)时,所有的信息量都由"我找"后面的成分负载,"我找"是零信息,那么当乙用(30)作为(22)的答句时,就将得出(30)等于(31)的错误结论:

(30) 我找谁也不找你。

(31) 谁也不找你。

事实上,根据在回答(22)时(23a)和(23c)效果相同这一点就断言(23a)中的"老张"跟(23c)中的"老张"包含相同的信息量,这就关系到一个至为重要的前提:

(32) 单说(或单用)的"a"的信息量跟"a+b"中的"a"包含着同样的

信息量。

（32）不是处处成立的，不能引以为据。就（23）而言，在（23a）中"老张"是个句子成分，在（23c）中"老张"是个句子，二者词形相同，但功能不同，显然不等价。（32）是很容易把人引入歧途的逻辑陷阱，在汉语语法论著中不难看到包含这种逻辑错误的论证，得出的结论是不能成立的。在语言学研究中，特别是在论证词语的信息量和等价性时，不能不提高警惕，避免产生这种逻辑错误。[①]

4.5.2　语言单位的最小信息量

当我们观察一个词语用在不同场合负载的不同信息量时，不难看到它们在一般情况下都有一个比较固定的信息值。例如，名词性词语就是指示它们所指的那些实体，谓词性词语就是指示它们所指的那些动作或状态，而一个主谓完整的句子就是表示它所传达的那个命题，如此等等。这一切看起来非常自然。然而这只是它们在一般使用场合所能传达的最小信息量，在一些使用场合它们所传达的信息量可以大大超过这个最小值。在上文例（23）中，"找老张"可以传达"我找老张"的信息量，甚至"老张"这一个词也可以传达"我找老张"这个命题的信息量。

我们不难举一个更为典型的例子：

（33）　　甲：如果 A_1 则 A_2，如果 A_2 则 A_3，如果 A_3 则 A_4，…，如果 A_{n-1} 则 A_n，那么如果 A_n 呢？

（34）　　乙：A_{n+1}。

不难看出，（34）中乙的答句虽然只使用词语"A_{n+1}"，它传达的信息量却等于（35）：

（35）　　如果 A_1 则 A_2，如果 A_2 则 A_3，如果 A_3 则 A_4，…，如果 A_{n-1} 则 A_n，那么如果 A_n 则 A_{n+1}。

"A_{n+1}"这个词语在（34）中传达的信息量远远大于它在（35）中传达的信息量。

---

① 参看 §5.6。

由此可见,我们不妨说词语的场合信息量没有上界。然而在同一个词语所能传达的各种场合信息量中,我们却可以找到一个不变的信息量,它被包含在每一个场合信息量中。我们可以称它为词语的最小信息量或固有信息量。

词语所能传达的最小信息量就是它们作为其上层的一般形式(而非省略形式)的单位中的一个构成成分时所具有的信息量,这就是说,单词所能传达的最小信息量就是它们作为一个主谓完整的句子中的一个成分时所具有的信息量。例如"我"和"谁"的最小信息量等于它们在"您太高抬我啦!""您找谁?"中具有的信息量——也就是从整个句子中离析出来而分配给它们的那一部分信息量——而不是在"我?"和"谁?"中所传达的信息量。一个句子所具有的最小信息量就是它不依赖某个特定的上下文时具有的信息量,例如当甲问乙"你为什么没来?"时,乙可以简单地回答"我病了",也可以说"我病了,所以(我)没来"。二者传达的信息量相等,这时第二个"我病了"传达的是它的最小信息量,而第一个"我病了"所传达的就不是它的最小信息量。

一般地讲,一个由若干成分合成的单位,例如一个由各种成分组成的句子,其最小信息量等于其各成分具有的最小信息量的(算法)和,例如"我病了"的最小信息量应该等于"我"、"病"和"了"各自的最小信息量通过语法规则计算出来的信息和。

词语的场合信息量可以大于最小信息量实质上是众所周知的现象,然而以计量词语的信息量的方式提出来,特别是跟本书强调的分析和合成词语意义的基本假设联系起来,却值得语言学者认真思考如何处理这个问题。假如我们仅仅着眼于词语的结构形式,对于上文(23)中的三个答句可以分别称为"主谓句"、"单部句"、"独词句"。然而语言学的任务不止于此,仅仅告诉人家一种语言中有哪些形式,而不说每一种形式传达什么信息,这对使用语言传达信息的人毫无用处。

上述三个信息量相等的句子由于有句法关系,语法中如何处理呢? 后两句的场合信息量与第一句相等是明显的事实,但〔老张〕=〔我找老张〕这个信息量等式毕竟只在一定场合下成立,在别的场合还可能出现〔老张〕=〔我认识老张〕或者〔老张〕=〔老张值班〕等等。如果一一记录在案,那么

"老张"包含的信息量就不计其数。在一般使用场合"老张"都包含着它的最小信息量,即指示被命名为"老张"的那个人物。这可以说是一个不变量,也就可以被作为"老张"的基本意义而规定下来。场合信息量则可以在此基础上附加别的信息,其多于最小信息量的部分可以由空位成分负担,传统上就是为此而使用"省略"的讲法,说"(找)老张"是"我找老张"的省略形式。

形式地讲,"省略"是一种算法,它是在词语信息量保持不变的条件下删除词语中包含的某些成分的一种句法过程。它是使用系统的方法——即使用法则或规律——来解决词语的最小信息量和场合信息量的差异的一种措施。

4.6　语言单位的递归推演

4.6.1　句子的意义和单词的意义

习惯于从词典中查出生词的意义,特别是在学外国语时,也许会认为词义是天然存在的东西,跟句子没有关系。有些语言学知识的人也许会举出"我"为例,说明单词的意义跟句子的意义无关。《现代汉语词典》告诉我们,"我"的意义是"称自己"。但它作为句子可以表达多种意思,在回答"叫门的是谁"时说"我",意思是"叫门的是我";在回答"他跟谁去"时说"我",意思是"他跟我去",如此等等。然而从某种观点看它们并没有影响"我"的词义,所以词典里没有收入后面这些意思作为"我"的义项。

要彻底分析这个问题就需要讨论另一个重要的方法论原则,即由 a_j 到 a_{j-1} 的算法原则。如果我们认为词语是信息的载体,分析词语的意义就是分析它们所负载的信息量,那么研究单词的意义就是研究它们在各种场合中负载的信息量。如果我们以"我"为例,罗列它在各种场合下出现的情况,包括它作为句子的成分和单独成句等情况,那么正如上文所示,必然发现它在不同场合中的信息量负荷是个变量。这个变量可能取无穷无尽的值,根本无法作为它的义项——收入词典。如果我们用 $I(X)$ 表示 X 的信息量,那么"我"的信息量就是 $I(我)$,那么无论它在各种场合下所可能取的值组成可列集还是不可列集,我们总可以选出若干可以用规则控制或生成的子集。例如在"我值班"、"我吃饭"、"他跟我去"、"叫门的是我"之类句子中,整个句子指示一个事件或状态,在那些事件或状态中"我"都指示一个人。虽然在不同的场合,这个人可能是张三、李四、王五、赵六等不同的人物,但它们都有一个共同的性质,即话语的发出者。于是《现代汉语词典》就把它们归结为"称自己"的义项。这个义项控制或生成"我"的一个很大的用法子集,即在许多情况下把这个义项代入句子中就能推演出整个句子的意义。

在另外一些场合,例如在回答"谁值班"时所说的"我"包含着"我值班"的信息量,它是不能由"称自己"的义项直接推演出句子的意思的,传统语法就解释为"省略"现象,说它是"我值班"的省略形式。在这个解释中,

$$"我" = "我(\quad)" = "我值班"$$

其本质是把"我值班"这个信息分成两部分,一部分归给实际说出的"我",另一部分归给空位成分 X,让 X = "值班"。这个方法用于"我" = "叫门的是我"时,让 X = "叫门的是";用于"我" = "他跟我去"时,让 X = "他跟(\quad)去"。在这些情况下都由上下文确定 X 的值,显然它是个变量。由于引入变量 X,使"我"的意义保持"称自己"的义项不变,亦即使"我"在这些情况下都负载着固定的信息量值 I(我)。

这个方法之所以有益,在于让"我"保持固定的信息量 I(我),这便于进行语义合成计算。而它在各种场合下的变异则由 X 进行修正,修正值 X 可以用一系列法则得出。例如语法中的"主语省略"和"谓语省略"就是常用的求 X 的法则。

形式地讲,在我们确定了 a_j 的信息量 $I(a_j)$ 后,可以把 $I(a_j)$ 看成信息集合,然后把 $I(a_j)$ 的一个子集分配给 a_{j-1}。这样,如果我们找到 a_j 的一个实例 m_1,其中包含着 a_{j-1} 的一个用例 n_1,那么在确定了 m_1 的信息集合 $I(m_1)$ 后,可以从中选出一个子集作为 $I(n_1)$,把它分配给 n_1。如果我们找到 a_j 的若干实例 m_1, m_2, m_3 等,通过上述方法可以确定 a_{j-1} 的若干实例 n_1, n_2, n_3 等的信息集合 $I(n_1), I(n_2), I(n_3)$ 等,如果可能,那么求 $I(n_1), I(n_2), I(n_3)$ 等的交集 $I(n), I(n)$ 就可以作为 $I(a_{j-1})$ 的一个基本信息集合。$I(n)$ 跟 $I(n_1), I(n_2), I(n_3)$ 等的差异,分别由 $X_1 = I(n_1) - I(n), X_2 = I(n_2) - I(n), X_3 = I(n_3) - I(n)$ 等予以修正。

这里必须对"如果可能"做些说明。如果这些信息集合的交集为 0,那

么 I(n) = 0 就没有意义。例如按一般理解"打（人）"和"打（水）"的信息交集I(n)是0,词典中把它们分为两个义项——事实上由于I(n) = 0,这时修正值 $X_1 = I(n_1) - I(n) = I(n_1)$, $X_2 = I(n_2) - I(n) = I(n_2)$。而"打（人）"、"打（狗）"和"打（水）"的信息交集也是 0,但"打（人）"和"打（狗）"的信息交集有意义,所以词典中把"打（人）"和"打（狗）"合为一个义项,跟"打（水）"分开。这表明求交集时可以根据具体情况适当分组进行,也就是把 a_{j-1} 分为若干不同的意义单位,以免由于公共交集为 0 失去概括作用。

此外,各 $I(n_1)$,$I(n_2)$,$I(n_3)$ 等的交集 $I(n)$ 当然是它们的公共子集,所以它是 a_{j-1} 的最小信息量,而 $I(n_1)$,$I(n_2)$,$I(n_3)$ 等则可称为 a_{j-1} 的场合信息量,它们一般要大于 a_{j-1} 的最小信息量。

在分析词语的意义时,困难在于迄今为止我们还没有建立语义的完备的分析空间和元语言,所以还不能把各个句子包含的全部信息写成完备的信息集合,求交集的手续也就没有办法做到科学化。语义场(semantic field)分析和义素(sememe)分析提出了一些而不是全部语义分析维,只适用于有限的语义空间,用于全部词语还远不能胜任。所以,不仅形容词"白（水）"跟副词"白（吃）"的语义成分的异同并不清楚,即使同是副词,"白（吃）"的"白"意思是"吃者不付报酬","白（干）"的"白"意思是"干者不收报酬",二者是否应该看成一个语义单位,也没有明确的判断标准。《现代汉语词典》把两个"白"合为一个义项,用"无代价"和"无报偿"予以概括,然而这无法区分"白看"的歧义——"白看"可以有看者不付报酬和不收报酬两种意思,显然对应着两个不同的事件,若以事件类型为准,则当分为标示不同事件类型的两个单位。

4.6.2　语义分解原则

在从语言单位 a_j 的信息集合 $I(a_j)$ 中分析 a_{j-1} 的信息集合 $I(a_{j-1})$ 时遵循怎样的原则,这关系着整个分析模式的形式。如果合式的语言表达式 L 由 L_1 和 L_2 构成,L 的信息集合为 $I(L)$,而 L_1 和 L_2 的信息集合分别为 $I(L_1)$ 和 $I(L_2)$,那么可能有三种情况:

Ⅰ　$I(L) = I(L_1) + I(L_2)$;

Ⅱ　$I(L)$ 无法分解为 $I(L_1)$ 和 $I(L_2)$;

Ⅲ 介于Ⅰ和Ⅱ两种情况之间。

情况Ⅰ无须讨论,例如"张三工作","工作"这个动词指示一种行为,它联系着一个主体名物。这个分析已保证"张三工作"的信息可以简单地分配给"张三"和"工作",使 I(张三)+I(工作)=I(张三工作)。

情况Ⅱ中的 I(L)根本无法分解为 I(L_1)和 I(L_2),例如"雪里红"是一种植物,"驴打滚儿"是一种食品,形式上都像个小句,实际却仅是个名词。作为一种具体事物的名称,其信息是不能分解的,它们不属于句法分析的范围。

情况Ⅲ中的 I(L)一般都予以分解,不过分解的结果却是 I(L_1)+I(L_2)≠I(L)。汉语中有许多单位介于短语和合成词之间,传统上按照短语分析,结果就是这种情况。例如"方言调查"意思是"对于方言的调查工作",不等于常义的"方言"+"调查";"木头桌子"意思是"木头制成的桌子",不等于"常义的""木头"+"桌子";"美术出版社"意思是"出版美术书刊的出版社",不等于常义的"美术"+"出版社"。传统上一般是使用各种语义规则 R 调整 I(L_1)和 I(L_2),使 R[I(L_1)+I(L_2)]=I(L)。例如说"木头桌子"中的"木头"表示"桌子"的制作材料,这就是一种语义规则,通过它的作用使这时的"木头"="木头制作的",于是在这里的"木头"+"桌子"="木头制作的"+"桌子"。当然还可能有别的处理方法,例如:一种讲法是,这里的"木头"已经转为形容词,这多少像是在说这里的"木头"="木头的",于是"木头桌子"的语义分解就跟上文第一种情况相仿;另一种讲法是,把这种类型的组合归入合成词范畴,不分析为短语组合,这多少像是上文第二种情况的处理方式。

在词形变化和关联词语丰富的印欧语言中,句法组合几乎都可以分析为第一种情况。在汉语中,第三种组合传统上较多归入句法范畴。如上所说,经过语义规则处理后,它们也可以归入第一种情况。于是,至少就句法范围而论,信息分解的原则是当 L=L_1+L_2时,I(L)=I(L_1)+I(L_2)。

4.6.3 语义分解的形式描述

上文所述关于语义分解过程的观点和原则可以归纳如下:

Ⅰ　首先确定要予以描写的最高的语言单位层次 a_j 上的单位 $m_1^j, m_2^j,$ m_3^j 等

Ⅱ　利用求交集的方法确定各 m_i^j 的最小信息量 $I(m_i^j)$

Ⅲ　确定各 m_i^j 的组成成分 $m_1^{j-1}, m_2^{j-1}, m_3^{j-1}$ 等等和它们的组合结构

Ⅳ　把 $I(m_i^j)$ 分析为若干子集,分配给 m_i^j 的各个成分 $m_1^{j-1}, m_2^{j-1}, m_3^{j-1}$ 等作为它们的信息集合

Ⅴ　利用求交集的方法确定 m_i^j 的各个成分 $m_1^{j-1}, m_2^{j-1}, m_3^{j-1}$ 的最小信息量 $I(m_1^{j-1}), I(m_2^{j-1}), I(m_3^{j-1})$ 等

Ⅵ　按照Ⅲ、Ⅳ、Ⅴ的方式进行递归推演,直到得出 a_1 层次上的各个单位 m_1^1, m_2^1, m_3^1 等等和它们的最小信息量 $I(m_1^1), I(m_2^1), I(m_3^1)$ 等等为止

这个语义分解过程的逆运算就是一个语义合成过程:

ⅰ　首先给出通过上述分析得到的 a_1 层次的单位 m_1^1, m_2^1, m_3^1 等等和它们的最小信息量 $I(m_1^1), I(m_2^1), I(m_3^1)$ 等等

ⅱ　利用语义加法合成法则求出由 a_1 层次上的单位 m_1^1, m_2^1, m_3^1 等组成的 a_2 层次上的各个单位的最小信息量

ⅲ　按照ⅱ中的方式逐层推演,直到最后得出 a_j 层次上的单位 m_1^j, m_2^j, m_3^j 等等的最小信息量 $I(m_1^j), I(m_2^j), I(m_3^j)$ 等等为止

这个合成过程只使用了各级语言单位的最小信息量,而未涉及它们在不同场合使用时负载的各种可能的场合信息量。如上文 §4.6.1 所说,各级语言单位的可能信息量是由其最小信息量通过修正算法得出的。

4.6.4　信息量的算法

首先需要说明,上文讨论语言单位的语义时,是以它在各种场合的信息集合的交集也就是最小信息量作为它的标准信息集合,进行语义分解和合成都是以最小信息量为基本的运算单位。在特定的情况下,为了经济和操作方便,也可以采用某个非最小信息集合作为基本运算单位,这时只要调整有关的修正值 X,即可保证运算结果的正确性。由于其原理基本相同,所以本文不另讨论,下文所说的最小信息量一般也包括各种代替词语的最小信

息量的基本运算单位。

其次,最重要的问题是,如果我们只以最小信息量为单位计算各级语言单位的信息量,不使用各种修正值,就将得出一个整齐而系统的语义运算程序。然而这时各级语言单位在各种场合的实际信息量就不能通过这个程序计算出来,例如只能求出"我值班"的信息量,不能得出"我"≠"我值班"的信息量等式。

如果这个程序中包括各种计算场合信息修正值的算法,那么当最高单位是 a_i 层次时,从 a_1 到 a_{i-1} 各层次的单位在各种场合的信息量一般都能包括在内。然而当它们中的某一个单位 K 等价于一个 $a_{i+j}(j \geq 1)$ 层次的单位 M 时,由于作为语义分解起点的 a_i 层次的单位的信息量都以它们的最小信息量为准,所以一般无法得出 K 等价于 M 的结论。

例如在回答"明天要是下雨,老张就不去,谁去呢?"时说"我",它的意思是信息集合 I(M):

> 明天要是下雨,老张不去,(那么)我去。

它大于简单的"我去"所包含的最小信息量。如果上一节的分解步骤Ⅱ以"我去"的最小信息量为基点,它就不能保证求出"我"在这里的更大的信息集合 I(M)。当我们提高 a_i 的层次,把它从句子扩展为句组时,这时"我"的修正值就有可能保证 I(我)=I(M)。

这个分析表明影响上一节中的算法程序的还有两个重要的因素关乎语义系统的结构:

Ⅰ　语义分解的起点 a_i 的层次
Ⅱ　语义合成过程是否使用修正值

考虑到这两个因素,合成算法程序就有以下两种类型:

Ⅰ型:以 a_i 为最高层次,从 a_1 到 a_{i-1} 层次的单位都取最小信息量
Ⅱ型:以 a_i 为最高层次,从 a_1 到 a_{i-1} 层次的单位除使用最小信息量外,还有场合信息量修正算法

显然Ⅰ型是Ⅱ型程序的子系统。

传统语法是Ⅱ型算法,其 a_i 层次是句子,它的主体是Ⅰ型算法,它所讲

的省略、转义和变形等概念中含有求修正值的算法规则,可以用以求比句子小的单位在一些场合中的信息量的修正值。对于句子层次的单位,传统语法大抵是取最小信息量。因为,如果它要考虑句子在不同场合的各种可能的信息量,根据上文(15)和(16)所阐述的原则,它就要研究比句子更大的单位。事实上传统语法一般讲到句子为止,很少涉及更高的层次,这就不可能考虑句子在更高结构层次上的场合信息量。

对于修正算法可能有不同的讲法,例如说"我"在"我值班"中是一个词,用作句子成分;在"我"="我值班"时,它虽是一个词,但用作句子。然而这只是讲法形式不同,实质跟上文的讲法没有区别。因为作为句子成分,它要负载信息量;作为句子,它也要负载信息量。从信息量的角度来讲,二者本质体现为量的差异。所以当我们关注算法程序的本质和结果时,关注怎样求出它们的场合信息量时,形式上不同的讲法可以不再考虑。

4.7　弗雷格(Frege)原理

在两个符号的组合过程中,坚持符号形式结构和符号所指结构的同构原则向我们提出的问题是,在我们决定建立语法规则"a+b→ab"时,不是把两个符号形式简单地组合起来就算数,更重要的是必须分析怎样由 a 和 b 的所指推导出 ab 的所指,也就是必须分析怎样把 ab 的所指信息分配给 a 和 b,使得由 a 和 b 负载的信息能够恰如其分地组合成 ab 的所指信息。这就是现代逻辑所追求的理想目标,一般称为弗雷格(Frege)原理。

弗雷格原理的实用意义是很明显的。事实上建立形式语言的基本思想是,一种语言虽然看起来包含着无数语句,但它们实际上是由有限个词语和有限条规则组成的,所有的语句都是由那些词语通过规则指定的操作推演出来的,所以学习一种语言实质只是去掌握那些词语和学会怎样运用那些规则的过程。然而自然语言是一种符号系统,仅仅掌握语句的符号形式还不够,必须同时掌握语句的符号所指,否则知其形而不知其义,就无法进行语言交际,也就不成其为掌握了一种语言。

我们所以在讨论汉语语法问题之初就郑重地提出弗雷格原理,原因在于它是语法学必须遵循的基本原理。虽然传统语法没有这么明确地提出并命名这样的原理,但是传统语法实践表明传统语法学是以同样的原理为基础的。在现代语法理论中,从以形式主义闻名的转换生成学派以来,没有一种语法理论不把语义包括在语法模型之中。但是在汉语语法研究中,这个原理没有得到足够的重视,而汉语语法研究却比印欧语语法研究更需要切记这个原理。

我们这样讲,道理很清楚。众所周知,印欧语中的形式标志比汉语丰富,这样讲意味着印欧语中符号所指方面的区别比汉语更多地表现在符号形式方面。事实上,当符号形式 a 对应符号所指 A、符号形式 b 对应符号所指 B 时,如果我们用 c 表示 a 和 b 的形式差异,用 C 表示 A 和 B 的所指差异,那么可以用逻辑等式表示为:

(36) a　$a-b=c$

　　 b　$A-B=C$

这样,我们就可以把由 A 到 B 的所指变化 C 归因于由 a 到 b 的形式变化 c。这样,就有(37):

(37) a　$b+c=a$

　　 b　$B+C=A$

(37)表明符号形式 b 和 c 可以组合成符号形式 a,相应的符号所指 B 和 C 可以组合成符号所指 A,这符合弗雷格原理的要求。

在上面的论证中,假如符号形式 a 和 b 相同,那就变成一个符号形式 a 对应着两个有区别的符号所指 A 和 B。这样,在(37)中,$c=0$,所指从 B 到 A 时的所指变化 C 就没有形式上的载体 c。从逻辑上讲,要想满足弗雷格原理的要求,就只有两种可能性:或者把 C 归给零成分 c,或者直接给符号形式 a 两个所指 A 和 B。这就是我们在"木头桌子"中遇到的问题。当把"木头桌子"说成"木头的桌子"时,问题就容易解决。我们可以说在"木头的桌子"中,"木头"的所指仍是[木头₁],"桌子"的所指仍是[桌子₁]。而"木头的桌子"的所指跟"[木头₁]+[桌子₁]"的差异就可以归给余下的"的"字,比如可以说"的"字表示事物的材料信息,这就能顺利地处理用"木头"和"桌子"组合成"木头的桌子"时所指方面的变化。相反,在"木头桌子"中就找不到能够负载这个所指变化的载体"的"。

　　必须说明,我们这里讲的符号形式实际上是狭义的符号形式概念。上文说过,在用语言符号传递信息时,如果同一个符号形式 a 对应着两个有区别的所指 A 和 B,而且没有任何形式上的差异足以表明 a 在这里是指 A 还是指 B,那么听话人就无从了解说话人的意思,语言交际也就归于失败。"木头桌子"在汉语中虽然既可能指"[木头₁]和[桌子₁]",又可能指[木头的桌子],但是听说双方还是有办法把它们区分开来的,不会影响它的交际功能。

　　一般地讲,这种有助区别的信息可能在上下文中,也就是有远距离的环境形式指示它在这里何所指。如果上下文环境不足以提供这样的信息,也就是说环境形式不充足甚至缺如,那么说汉语的人会用重读"木头"轻读"桌子"来表示[木头的桌子];"木头"和"桌子"平均重读,中间再加上一点停顿,用来表示[木头和桌子]。这就是说,在众所周知缺少形式标志的汉语中,弗雷格原理也是能够成立的,只是对"形式"的认识不能像在印欧语中那样狭隘而已。

　　如果我们认识到弗雷格原理的重要性,对符号形式和符号所指就会有进一步的认识。因为在确定语法规则(38)时,

　　(38) a　a+b→ab

　　　　 b　A+B→AB

我们必须考虑"ab"的形式结构和"AB"的所指结构。这关系到怎样把符号所指"AB"划分成两部分、精确地分配给符号形式"ab"的两个成分,做不到这一步,这条语法规则就不成立。这迫使我们屏弃一切先入之见,重新审核我们对符号形式和符号所指的认识,以便为符号形式找到对应的符号所指,为符号所指找到对应的符号形式。而在汉语中后者更为重要,也更为困难。

　　看看目前的汉语语法论著不难发现,我们通常只着眼于语言符号的内部形式,也就是自身的词形变化,很少详尽地描述其外部形式成分。结果是语法规则给出(38a)的时候,没有给出精确的(38b)与其对应。在汉语语法研究中,如果把一些问题归于语义而不予以精确的描写,其结局必然是我们所谓的语法规则只给出一个词语组合形式,至于怎样从那些词语的所指中精确地演绎出整个组合的所指,学习语言的人只有自己去总结和归纳。这不仅大大削弱了语法规则的实用性,而且由于不密切结合符号的所指谈符

号形式,也会造成异说纷纭、难以判断其真实价值的局面。

例如,过去讨论"木头桌子"如何分析时,焦点集中在"木头"在这里是地道的名词还是由名词转化而来的形容词。从表面上看,这两种讲法似乎截然对立。然而根据上文的分析可以看出,从弗雷格原理的角度看,如果考虑一下从"木头"和"桌子"的所指怎样推导出"木头桌子"的所指,那么当两种讲法都必须从这个角度讲话时,它们本质上必然相通。说"木头"是名词,也需要把它的所指从[木头₁]引申和发展,把它所缺少的信息补充进去,才能最终知道"木头桌子"到底是什么东西。

从我们关于弗雷格原理的论述中可以看出,在确定符号形式跟符号所指的对应方式时,我们强调二者之间有一对一的关系。如果我们着眼于语言教学和自然语言信息处理,这个原则的重要性是不言而喻的。如果我们给出一个符号形式时,仅仅说它有几个所指,却不说明它在何时指此,何时指彼,这样的东西无法用以进行语言交际,就不成其为语言。从事自然语言信息处理工作时,对这一点有最深刻的认识。因为,若不给出明确的指令,机器不会像人一样把语法规则中缺少的所指信息自行补充进去,也不会从上下文中选取必要的信息给一形多义的符号找到正确的所指。即使在语言教学之中,能够把语法规则的形式和所指两部分描述清楚,学生们不需要去自行摸索和归纳,也有利于更自觉地运用语法规则。

在语法研究中,坚持一符一指的原则也有好处。因为我们在运用语言时,归根结蒂是按照一符一指的原则办事。遇到有可能产生一符多指的歧义时,为了语言交流能正常进行,我们必须保证有足够的信号去消除歧义。既然如此,那么不论我们遵循哪一种语法理论办事,讲到语言交际时头脑中具体的编码和解码的思维活动,应该是基本相同的。语法学者要想使自己构拟的语法模型符合人们的心理,就不能不立足于描述这个思维过程。于是林林总总的语法理论表面上看来千差万别,实质上不可能有很大的差异。

这跟当代的电子计算机科学中的情况相似,尽管已经为计算机设计出许多互不相同的高级语言供人们编写程序,但是机器所能理解并执行的机器语言却是一样的。不管用什么语言写出来,都是叫机器去进行那几种基本操作,最终都要落实为电子计算机能懂的机器语言。

反过来,如果我们不坚持这个准则,对一符多指的现象不加分析,不描述听话人怎样才能在众多的歧义之中选取那惟一正确的所指,这就必然要忽略听话人解码过程中的这个或那个环节。这样,一个完整的理解过程就将由于有各种各样的"节选"方式,出现各种各样的描述方法。如果我们能够意识到这样的语法模型互有差异的原因在于对语言理解过程的节选方式不同,在很大程度上不是对与错的问题,那么我们还有可能开辟新天地,构拟其他的语法模型。否则就会使我们的语法研究墨守成规,使我们的语法模型单一化。这一点清楚地表现在汉语语法研究的发展进程之中。

在分析怎样确定符号形式和符号所指时,在进而分析怎样确定符号形式跟符号所指的对应关系时,我们从语言学描述要反映听说双方在编码和解码过程中所必需的信息这条准则出发,阐述了语法规则应该符合形式结构和所指结构同构的要求,最后推导出语言符号一符一指的对应原则。这无疑是对语法模型的最高要求,因为,如果我们能给每一个特定的语言符号形式找到惟一的一个特定的所指,这就意味着我们已经能把所有彼此有别的语句区分开来,已经满足了语言交际的需要。有此为基础,加上必要的百科知识和背景知识,这已经可以胜任人类语言交流的全部工作。

一符一指原则在语言符号形式和符号所指之间建立起一对一的对应关系,它无疑正确地描述了语言交际的实际情况。但是这跟§3.3.4提出的第三个问题,也就是怎样确定语言符号的同一性,还不是一回事。从一符一指原则出发,我们不仅可以把"木头桌子"和"这是木头"中的两个"木头"区分开来,说不定还可以把"木头桌子"、"木头眼镜"、"木头脑袋"中的三个"木头"都区分开来,说它们是三个符号形式。然而在语法模型中是不是要把它们看作各不相同的符号,却是另一个问题。因为把有区别的语句区分开来,这是语言交流的必要条件,不能达到这个要求,语言分析就不彻底。而怎样把语言分析得到的全部结果按照一定要求表述出来,或者说得更具体一些,怎样把有区别的语句安排成有层次的系统,这就关系到方法论问题。没有一定的方法论技术,即使掌握了所有的汉语句子,也不可能把它们安排成有秩序、易学习的语句系统,甚至会不知道怎样才能把那无限多的语句记录下来。所以强调一符一指原则并不意味着需要把一个个语句都作为各不相同的独立的符号一一记录在案。上文讲过,把所有的细节一古脑儿端出来,这将使语言科学化为乌有。为了把无限多各不相同的符号形式表述为有限多的单位,这显然需要研究怎样对若干符号形式加以认同,也就是需要研究怎样确定语言符号的同一性。这也是影响汉语语法研究的难题之一,需要认真地进行方法论的分析。

5　语言单位的同一性

5.1　同一性概念和莱布尼茨（Leibniz）定律

"同一"（identity）是关于"存在"的基本认识之一，它是哲学和逻辑学中的重要概念之一，从古希腊学者亚里士多德的《论题篇》以来，哲学和逻辑学工作者已经从种种方面分析了这个概念的涵义和所涉及的问题，做出了种种解释，积累了大量的文献。在语言学中，尽管语言单位的同一性是语言学理论的基本问题，尽管对语言单位同一性的认识决定着语言学者所构拟的语言模型的样式和性质，语言学者却没有充分研究这个问题渗透在语言学各个方面的种种表现和可能采取的种种处理方法。语言单位的同一性问题在汉语中的表现特别典型，也特别复杂，汉语语法的难题几乎都能直接或间接地追溯到我们对语言单位同一性的认识。我们不妨从莱布尼茨（G.W.Leibniz）的同一定律出发，讨论一下对语言单位同一性可能有哪些不同的认识，产生这些认识的理论根据是什么，它们作为每一个语法模型的基石又是怎样决定着我们对同样的语法问题采取不同的处理方式，最终决定着我们所构拟的语法模型的不同样式。我们只能论证汉语学者在处理汉语语法问题时面对着种种可能性，不同的选择可能决定着不同的语言模型，但是不能断言哪一种选择是惟一真理。不同的语言模型可能有不同的逻辑基础，但是同样的逻辑基础也可能产生不同的语言模型。

莱布尼茨定律是现代逻辑的基础,有多种表述方式①,一种形式是:

(1)如果 X 具有 Y 的每一个性质,Y 也具有 X 的每一个性质,那么 X 和
　　 Y 就是同一个东西;反过来,如果 X 和 Y 是同一个东西,那么 X 将
　　 具有 Y 的每一个性质,Y 也将具有 X 的每一个性质。

莱布尼茨也曾认为:

(2)如果 X 和 Y 相互替换后并不能使任何真命题变成假命题,X 和 Y
　　 就是同一个东西;反过来,如果 X 和 Y 是同一个东西,那么 X 和 Y
　　 相互替换不能使任何真命题变成假命题。

不难看出(1)和(2)两种形式并不等价,但它们却从不同的角度揭示了
同一概念的可能具有的涵义。

5.2　从同一律看语言单位的同一性

在用(1)来判断 X 和 Y 同一与否时,首先需要列出 X 和 Y 的全部性质
表,比较表中所列性质的数目和内容是否相同,然后才能断言 X 和 Y 是否同
一。没有这样一个性质表,或者表中所列性质数目无穷而无法一一核对,判
断也就无法进行。事实上现实世界中的事物有多种多样的性质,任何观察
和分析都不能不限制在一定范围之内,不可能对所有的性质进行穷尽的比
较。于是我们比较哪些性质和不比较哪些性质,就可能影响得出的结论。

例如在判断什么是词、什么不是词时,著名的例子是“鸡蛋”和“鸭蛋”
的比较。“鸡蛋”的两个成分“鸡”和“蛋”都可以单用,而且中间可以插进
“的”说成“鸡的蛋”;而“鸭蛋”的第一个成分“鸭”一般不单用,一般也不说
“鸭的蛋”:这是二者的不同之处。但二者的两个成分都不能自由扩展,例如
“蛋”本来可以扩展为“大蛋”、“小蛋”,但在“鸡蛋”和“鸭蛋”中就不能说
“鸡大蛋”、“鸡小蛋”、“鸭大蛋”、“鸭小蛋”,这又是它们的相同之处。这时,
根据它们不同的一面就可以说二者不是同一种东西,根据它们相同的一面

---

①　参看哲学或逻辑学书籍的有关论述,如:《A Dictionary of Philosophy》(A.R.Lacey
编)或《逻辑与演绎科学方法论导论》(A.Tarski 著,周礼全等译)。

就可以说二者是同一种东西:结论完全决定于我们认为哪些性质是词的必要性质,哪些性质不是词的必要性质。这个例子表明,我们所讲的同一性是相对于某个性质表而言,不同的性质表可能得出不同的结论,世间没有无条件的同一。所谓语言单位的同一性,只在相对于语言学者设计的某个具体的语言模型而言时,才有意义。

如果说同一律(1)告诉我们,语言学者所确定的语言单位的同一性本质上是他的理论根据的一部分,那么同一律(2)提出的替换操作显然是 20 世纪兴起的结构主义学派的音位原理、emic/etic 分析方法乃至分布原则的理论基础。这里我们要特别注意的是,当判断 X 跟 Y 是否同一时,(2)告诉我们第一要对 X 和 Y 进行替换,第二要看这种替换是不是会使原来的真命题变成假命题。第二步中隐含的方法论涵义十分深刻,却很容易被人忽略。它实际是告诉我们,要想判断 X 和 Y 是否同一,首先要找到一批跟 X 和 Y 有关的命题,我们不仅能判断它们的真假,而且在作出判断时也不需要以事先知道 X 和 Y 是否同一为前提,否则就是无效的循环论证。

结构主义的音位理论正是同一律(2)的一种表现形式。例如在判断某一种语言中的音素[t]和[d]是不是同一音位时,首先找一批包含着它们的语素,看相互替换后会不会使原来的语素变为跟它不同的语素,从而决定[t]和[d]是不是同一音位。在英语中,把[t]换成[d],[bet](打赌)变成了[bed](床),影响了语素的正确性,所以[t]与[d]不是同一音位。在判断[bet]变成[bed]性质有无变化时,我们是从语素本身考虑,并不是以[t]跟[d]相同与否为根据。正因为如此,尽管不送气的[t]跟送气的[tʰ]有所不同,而且在汉语中它们也确实是不同的音位,但在英语中它们是同一音位,因为在英语中二者相互替换不会使一个语素变成另一个语素。

美国结构主义学派用测试槽(slot)和分布来鉴定语言单位的性质,也是同一律(2)的一种体现。Fries(1952)第五章给词分类时,首先选出几个句子,在其中留出空位,看看哪些词填进去会使句子的结构意义发生变化,哪些词填进去不会使句子的结构意义发生变化,从而确定哪些词同类,哪些词不同类。这里我们特别要注意这个程序是首先确定一批作为仲裁的句子,而且在判断那些句子的结构意义有无变化时,并不需要事先知道填进去的是不是同一类词。

　　同一律(2)中提到的"命题"的性质也是值得注意的。命题的真假值决定于它所描述的世界中的种种事态跟命题内容是否符合,既然如此,关乎命题真假值的因素就是命题的构成成分和鉴定命题真假的标准。前者关乎命题的形式,后者关乎命题的所指。改变命题的形式或内容的直接因素就是命题内部成分的改变,所以在判断 X 和 Y 是否同一时,用作仲裁的命题中很重要的一类命题就是以 X 和 Y 为成分构成的各个命题。这就是说,定律(2)确定的 X 和 Y 同一与否实际表示在用 X 和 Y 做成分构成更大的单位时,X 和 Y 是不是有通用性。定律(2)给出的结论显然决定于我们用作仲裁的是哪些更大的单位,我们对那些单位的性质改变与否采用什么判断标准。

　　正是因此,判断两个音素是不是同一音位时,我们使用以它们为成分的语素做仲裁。使用英语语素为仲裁时,不送气的[t]和送气的[tʰ]是同一音位,使用汉语语素做仲裁时,[t]和[tʰ]不是同一音位。

　　正是因此,在判断两个词是不是同类时,结构主义学派使用以它们为成分的句子做仲裁。显然,这时选择哪些句子做仲裁就决定着词类系统的样式和词类的数目。而词类问题比音位问题复杂之处在于,对于音位来说,语素的数目是有穷的,可以逐一检查,只要能找到一个最小对比组[bet]和[bed]就能够确定[t]和[d]不同位。而对于词类来说,句子的数目是无穷的,而句子的结构意义是否改变更是难以客观测试的事情,所以在"这个学生的体育好"改为"这个学生的游泳好"以后,我们只知道句子的意思改变了,至于结构意义改变与否,不同的学者可以有不同的看法。[①]

5.3　关于同一定律的方法论思考

　　莱布尼茨同一律(1)更明显地体现在传统语言学的观点之中,它要求我们在确定语言单位的同一或同类时,以它们的性质是否相同为准,只是没有说明所谓性质可能包括哪些具体内容以及何以要包括那些内容。

　　莱布尼茨同一律(2)更明显地体现在结构主义语言学观点中,它不是以语言单位自身的性质为准,而是以它们在使用时的等价性为准,但也没有说

---

① 　参看杨成凯(1979)。

明可能包括哪些具体内容。它是同一律(1)的一个推论,有明显的形式性和可操作性。

通过分析,我们看到根据莱布尼茨同一律鉴定语言单位 X 和 Y 的同一性时,至少有两条方法论原则值得注意:第一,首先要——当然不能不是有选择地——列出被鉴定单位的性质表,以便确定比较和观察的角度;第二,要确定由 X 和 Y 可能组成哪些更大的单位,以便观察在那些更大的单位中它们是否可以做等值替换。这两条原则实际奠定了现代语言学的基础,蕴涵的精神体现在语言学的各个方面,值得我们注意。

从索绪尔的"语言"和"言语"的区别到 Chomsky 的"语言能力"和"语言运用"的区别中可以看出,语言学者都试图阐明语言的本质。从这种观念出发,很容易把语言学者对语言单位的描述和处理方式看成语言单位本来如此,只要有不同的观点,那就必然是一正一误,至少也是一优一劣。于是,同一时期只能有一种惟一正确的观点。然而语言学的发展史证明,无论在某一时期一种语言学观念或语言学理论多么令人信服,历史进入下一时期总会有一种不同的观点来挑战和否定它的惟一正确性。正是因此,根据本书坚持的根据总体结构处理个别问题的系统性原则,在讨论语言单位的同一性时,我们只研究处理这个问题有哪些可能性,每一种可能性的合法身分是以什么为前提,而不研究它的对错。

事实上从关于同一性的方法论原则中可以看到,所谓语言单位的"同一",其实只是对于事先指定的某个性质表或某些更大的单位而言,而不是在任何情况下都无法区别开来的单位。这里不能不指出,第二条原则尤其值得注意,因为它跟我们看到的语法模型顺序相反。语法模型都是由词的形式和意义开始,讲它们怎样组合成短语和句子,给我们的印象是先确定小单位才能确定大单位。如果有人以为语言学者在分析语言的结构时,是从词开始,像搭积木一样一层一层堆上去,最后才看出现了一个什么东西,那就错了。事实上语言学者在构拟语法模型时,首先有句子的观念,然后有句子结构的观念,最后才处理词的观念。这样才能保证从词开始,利用句子结构规则,组合成句子。如果事先没有句子的观念,也就不会知道用词组成的东西是不是句子;如果事先没有句子结构的观念,也就不会知道哪些词以哪些方式能组合成句子。语言学者的工作过程恰恰说明,在语言模型中,为了最终能用某些小单位构成大单位,必须首先有大单位的概念,然后根据某些原则把它离析为若干成分,得出一些小单位,最终才能构拟出用小单位组成大单位的语言模型。上文研究语言单位的意义时,我们已经看到这种工作方式,下文所着重论述的也正是这种方法论原则。①

5.4 语言单位的狭义同一和广义同一

我们说过,语言是一种符号系统。一切符号都由符号、所指、解释者三个基本因素构成,如果不考虑语言使用者的个体差异,简化我们的讨论,那么语言单位至少有形式和意义两个侧面。对于语言单位的形式和意义,上面两章已经进行了专门的讨论,而且尽可能做出形式化的分析。简单地讲,形式就是语言符号本身,意义就是它所指涉的东西,也就是它能使语言使用者即刻想到的东西。

既然如此,根据同一律,关于语言单位的同一性应该有下述原则:

(3) 语言单位 a 和 b 同一的充分且必要的条件应该是,在任何使用场合,用 a 代替 b 都不会使语言使用者感到语言符号的形式和意义有什么值得注意的变化;反之,以 b 代替 a 亦然。

事实上只要使用者能感觉到 a 和 b 是两个东西,它们就不会绝对同一。即使是一个字,写得潦草和规矩就不相同,给人的印象也会有差异,但一般讲来这种差异是人们所忽略不计的,这就是上述关于 a 和 b 同一的充要条件中要加上修饰语"值得注意"的原因。

尽管这个充要条件有理论根据,然而符合这个条件的 a 和 b 既然在使用时处处可以不加理会地相互替换,它们就只能是索绪尔所说的 parole(言语)范围中有差异的东西,在 langue(语言)范围中是绝对等同的东西。研究语言系统的学者对这种单位的同一性不会有多大兴趣,语言学者所研究的是,在某个语言系统或语言模型中根据某种特殊的原则才可以被看作同一的东西。所以在音位学中,同属一位的各个音素既有可以相互替换的自由变体,又有不可或不宜相互替换的条件变体,而音位学者更为关注的是条件

---

① 参看杨成凯(1979)和(1990)。

变体而不是自由变体。语言学者确定为同一的 a 和 b,实际上是在某一个——是某一个,而不是所有的——结构系统中根据特定的原则所鉴定的同一个单位的不同成员。

看看西方语言的语法分析方式,对语言单位的同一性会有进一步的认识。在英语中,很多形容词跟副词同形,例如:"a fast train"(快车)和"The train ran fast"(火车跑得快)中的两个"fast",一个是形容词,一个是副词。我们也许看不出它们的意义有什么不同,但在英语语法中二者不同类。吕叔湘(1979:17 页)说,"一般认为词类不同就得算两个词",如此说来它们就不是一个词。同样,英语中也有不少动词跟名词同形,用汉语语法学者的眼光,大概也看不出它们的意义有多大差别。然而英语词典中还是毫不犹豫地一分为二,一个归动词,一个归名词。如果说动词和名词同形时,英语词典的释义多少还能有所不同,那么在形容词与副词同形时可能一点区别也看不出来。孤立地看,不妨说这些词同形同义,但在英语语法中未尝因此就把它们看作同一个词。

相反,英语的一个动词有限定式、不定式、现在分词、过去分词、动名词等几种不同的形式,它们不仅词形有别,意义也不完全相同。我们只能说它们的形式和意义都可以从一个基本格式通过转换法则推演出来。通过这个转换,基本格式的形式发生了有规律的变化,意义也发生了有规律的变化。应该承认,语言单位变形之后形式和意义都会有所不同,一般不能相互替换。然而英语语法却把它们统一在一个动词词条之下,说它们是同一个动词的不同形式。如果说这是绕着弯子肯定了它们的同一性,这显然是一种广义的同一,跟上文所说的可替换的同一不是一个概念。我们借用 emic 分析的术语,可以称它为同位关系。

广义的同一关系跟狭义的同一关系不同,它不是以绝对的同形同义为语言单位同一的充要条件。英语中有不少形容词在我们看来是以原形原义转为副词,还有大量形容词可以加上词尾"-ly"转为副词,词义没有多大变化,词典中一般不另给释义。既然如此,那么为什么不把这些副词跟它们所对应的形容词统一在一个词位之中,却要分归两个词类,而动词的几个变形分明是形义都能看出差异却还要归为一位,不分归几个词类呢? 到底语言学者处理这些问题时态度忽此忽彼有什么根据呢?

如果仅仅看这些单位自身是不是同形同义，这确实是个问题。但是当我们把这些单位自身是否同形同义跟语言系统的整体情况联系起来时，不难发现促使学者作出抉择的显然只是语法模型整体的系统性，而不是个别语言单位孤立的自身性质。事实是，英语动词都很整齐地包含那几个变形，而形容词却只有一部分可以用原形转归副词，另有一部分可以加上"-ly"转归副词，这些情况不是形容词的普遍性质。其次，英语动词的几个变形即使独立出来，也归不到一个现成的词类之中，而形容词以原形或以加"-ly"的形式转化的单位却可以归到现成的词类之中。事实上，英语语法中把动词的限定式、不定式、动名词、分词等形式合并在动词条目之下，也仍然要分开讲，跟独立的词类相去不过五十步与一百步的差别而已。①

总而言之，照语言学的传统看，狭义的同一性——即可替换的同一——不是语言系统研究的内容，语言学者关注的是广义的同一，即从系统地处理语言现象角度看，哪些语言单位可以看作是同一个单位的若干变体。即使它们在形式和意义方面有一定的差异，如果能用整齐的转换规则予以概括和推演，也不妨归纳在一个单位之中。相反，如果这仅是少数单位的个性现象，不是普遍现象，那就不一定拘泥，即使似乎同形同义的单位也可以一分为二。

由此看来，语言学中研究的语言单位的同一性已经不是个别单位偶然的同形和同义，而是语言学者为描写自然语言而构拟的语言模型的系统性的一部分。在汉语语法模型中，由于语言单位的内部形式变化较印欧语为少，所以语言单位的同一性问题比西方语言要复杂。汉语语法的许多难题直接或间接地关系到我们对语言单位同一性的认识，这典型地表现在汉语的单位定性、词类划分和句法分析方面。

5.5　语言学中的同一概念

以上面的讨论为基础，我们可以进一步分析并归纳语言学研究中所涉及的同一性概念。根据语言单位具有形式和意义两个要素这一点，我们可

---

① 关于这些问题，参看下文对词类问题的讨论。

以得出结论,如果两个语言单位 a 和 b 具有某种相同之处,那么它们只能属于下列三种情况之一:

(4)a　形式的同一:形式相同,意义不同。

　　b　意义的同一:意义相同,形式不同。

　　c　绝对的同一:形式和意义都相同。

除了第三种情况可能得出 a 和 b 二者同一的结论外,第一和第二两种情况就需要研究。

按说在第一和第二两种情况中,a 和 b 都不能算同一个语言单位。但是在语法分析中经常产生麻烦的是,判断相同与否的标准不同。事情往往是,尺度严一点可以说它们不同,尺度宽一点也可以说它们相同。汉语学者常常说根据意义确定词的同一性,而按照我们的分析,在许多情况下,所谓 a 和 b 的意义相同,其实只能说它们的词根意义相同而已,全面考虑就很难说意义相同。而且,语言学者在用句法转换或者词语省略去解释语言现象时,经常遇到意义似乎相同而形式绝对不同的情况。仔细分析一下到底意义是不是确实相同,也很难说。我们举过下面这样的例子:

(5)a　甲:我来拿我的书。

　　b　乙:书已经让张三拿走了。

当我们说(5b)中的"书"的意思在此时此地是"你的书"时,我们就必须对所谓"一符一指"原则做一定的保留,把它解释为尽管"书"跟"你的书"形式不同,甚至在表达色彩方面也有些差异,但在这里二者传达的信息基本相同。在做语言分析时,为了达到概括和以简驭繁的效果,可以在一定层次上把它们认同。

我们平时做语法分析时所说的"形式",往往只是注意语言符号的内部形式。如果照我们上文所说的那样,把语言符号的外部形式也考虑在内,那么肯定在判断语言单位形式相同与否时,就要考虑更多的因素,做结论更需要慎重。

符号的内部形式是符号的内部结构形式,它决定于符号包含的形式成分和它们形成的结构,符号的外部形式则包括符号作为一个整体跟其他成分形成结构方式。如果语言单位的意义是指它的最小信息量,它也属于语言单位的内部结构意义,无关乎那个单位跟其他单位的组合方式。而我们所讲的语言单位的场合信息量就是它在一个更大的结构中作为一个成分单位时负载的信息份额,这是跟它的外部形式对应的外部结构意义。所以我们所说的词语的最小信息量跟词语的内部形式对应,词语的场合信息量跟词语的外部形式对应。

我们讨论语言单位时,有时也提到它的功能如何。一般讲来,A 系统的一个单位的功能是指它进入或映射入 B 系统(或结构)中的位置,包括它或它的对应单位进入同一系统的不同层次之后的位置,或者进入不同系统之后的位置。比如在词类平面上是名词,进入句子平面是主语或宾语,这是名词在句子平面上的功能;它在意义系统中对应于名物,这是名词在意义系统中的功能。通俗地讲,一个单位的功能可以看作它的使用价值。

像这样直接比较两个语言单位 a 和 b 的形式或意义相同与否结论是狭义的同一与否,广义的同一概念是根据事先制定的公式对单位 a 和 b 进行有规则的转换,然后再比较二者的形式或意义是不是狭义的同一。例如在比较英语名词"love"和形容词"lovely"时,根据狭义的同一观念可以断言二者形式不同。但是由于有:

$$(6) \quad love+ly \rightarrow lovely$$

我们可以建立一条规则:

$$(7) \quad R: [+ly]$$

这样就有:

$$(8) \quad love \xrightarrow{R:[+ly]} lovely$$

我们可以说"love"和"lovely"是对转换规则(7)而言的同一单位。同样,英语动词"make"(制造)和名词"maker"(制造者),从狭义的同一角度看,不仅词形不同,词义也不同。但是我们可以建立一条法则:

$$(9) \quad R: [+(e)r \rightarrow 行为者]$$

这样就有:

$$(10) \quad make \xrightarrow{R:[+(e)r \rightarrow 行为者]} maker$$

我们就可以说动词"make"和名词"maker"是对规则(9)而言的同一单位。

　　狭义的同一观念和广义的同一观念可以统一在映射的同一概念之中，所谓映射的同一就是一个单位跟另一个单位之间的对应关系。不经转换或变形，直接比较两个单位是否相同，这是狭义的同一概念；经过转换或变形，然后比较两个单位是否相同，就是广义的同一概念。

　　把上述分析概括起来，对于两个语言单位 a 和 b 的同一性，我们可以分析出下列几种概念：

　　第一种概念是内部结构的同一，它是以两个单位自身的成分结构相同与否为准。例如：

　　（11）a　这是我的。

　　　　　b　这是我的书。

（11）中的两个"我的"都是由"我"和"的"组成，显然它们的内部成分结构同一。再如"吃米饭"和"穿外衣"都是由一个动词加一个名词组成，这也是内部结构同一的例子。

　　第二种概念是外部结构的同一，它是以两个单位跟其他单位的组合结构相同与否为准。例如"鸡蛋"和"鸭蛋"的内部成分结构可能有这样那样的差异，但是作为一个整体使用，如果不考虑语义限制，那么可以说"鸡蛋"能进入的结构"鸭蛋"就能进入，"鸭蛋"能进入的结构"鸡蛋"就能进入，二者的外部结构有同一性。

　　第三种概念是映射结构的同一，它是把两个单位用映射法则处理之后再比较它们是否同一，可以分为同步映射和异步映射。像（11）那样直接比较两个"我的"的成分是否相同，是同步映射。把"吃米饭"和"穿外衣"二者都转化为词类成分再比较它们相同与否，这也是同步映射的例子，因为被比较的对象经历的是同样的映射处理。如果它们经历不同的映射法则，例如上面所说的英语例子"love"和"lovely"以及"make"和"maker"，被比较的两方要做不同的处理，这就是异步映射的情况。

5.6　语言单位的同一性和语言单位的定性

　　通过上文的分析可以看出，同一概念可以做多种理解。当我们要鉴定语言单位 a 和 b 有无同一性时,必然要首先确定一种鉴定原则,不存在完全客观的工作方式。肯定这一点,我们就能认识到,任何关于语言单位同一性的鉴定都是相对于一定的前提而言:承认那些前提结论就成立,不承认那些前提结论就不一定成立。带着这种观点,我们不妨分析一下汉语语法研究中曾经引起争议的问题,看看它们的论证前提和逻辑结构。

"的"字是汉语中十分活跃的结构成分,它可以跟许多单位组成"的字短语"。在"的字短语"中,它是词尾还是词,是介词还是助词,这是有不同看法的。在对"的"字的研究中,朱德熙(1961)一文用分布理论把"的字短语"定为副词性、形容词性和名词性三种,第三种引起了较多的讨论。该文认为"白的纸"中的"白的"是名词性,因为它既可以用在名词性的中心词前面,如(12c);也可以不接中心词而单用,如(12a)和(12b):

(12) a　这张纸是白的。

　　b　白的好。

　　c　我要白的纸。

"白的"可以用作主语、宾语和定语,跟名词性成分的分布相同,这证明它是名词性。这里肯定了"白的"单用时跟后面接中心词时是同一个"白的",理由是:在这两种情况下,"白"是同一个单位,而"的"字从分布看,也可以证明是同一个单位,所以它们所合成的单位"白的"就是同一个单位。

黄景欣(1962)采用不同的论证方法,得出了不同的结论:首先肯定"白的纸"跟"白纸"相当,然后去掉其中共有的有同一性的"纸",那么"白的纸"中的"白的"就跟"白纸"中的"白"相当,因而是形容词性。

根据上文的分析可以看出,这两种观点的本质差异是判断同一性的标准不同。前者的论证相当严密,整个过程使用两个前提:首先根据我们所说的内部结构的同一观念证明(12)中的三个"白的"是同一个单位,然后以句法分布相同的单位的性质相同为前提证明"白的"具有名词性。后者则以我们所说的外部结构的同一为前提,由"白的纸"跟"白纸"同一证明"白的"跟"白"有同一性,得出"白的"是形容词性的结论。二者的结论不同,这表明语言单位的内部结构同一跟外部结构同一不是一回事。

然而这些论证都有逻辑问题。第一,我们无法证明(12)中的三个"白的"是同一个单位,所以不能由它们三个的分布总和相当于名词断言它们都是名词性的单位。这是因为,一则我们已经多次强调语言符号有形式和意义两个因素,证明它们同一不仅要看形式,还要看意义;二则语言符号不仅有固有的最小信息量,而且在不同场合还会有不同的场合信息量,所以不仅要看内部结构成分,还要看外部结构形式。当我们仅仅以内部结构为准断言(12)中的三个"白的"是同一个单位时,我们没有考虑(12)中的三个"白的"的意义是否相同。事实上,(12a)和(12b)中的"白的"都可以理解为某种白色的东西,但是对"白的纸"中的"白的"能不能这样理解,我们可说是毫无所知。诚然,我们都知道"白的纸"一语整体是什么意思,但是无法肯定其中的"白的"的准确意思,否则也就不会出现到底是名词性还是形容词性的争论。连它们的语义相同与否都无法鉴定,也就无从谈它们同一与否。既然无法证明后面有中心语的"白的"跟后面没有中心语的"白的"是同一个单位,也就不能由它们的分布跟名词相同断言它们三个都是名词性的单位。

第二,即使能够肯定"白的纸"跟"白纸"的整体功能相同,也无法肯定它们作为组合体是否有相同的成分和相同的结构,所以不能用"等量减等量,它们的差相等"这条公理推出"白的纸"中的"白的"等于"白"的结论。

其实更符合经验事实、也更符合逻辑要求的讲法是,"白的"单用而不接中心语的形式是带有中心语的形式的变体,它出现在语境中隐含着一个明确的或含糊的名词做它的中心语的场合。典型的例证是,当我们不了解它的中心语时,可以反问一句"白的什么?"肯定了这一点,就可以看出"白的纸"这个短语不能解释为"名词性成分+名词";因为在这里"白的"单用时的名词性本质在于它相当于"白的纸",而不是仅仅相当于"白的纸"中的"白的"。事实上,当"白的"单用时,听话人会根据语境给它补充一定的场合信息量;而后面有中心语时,听话人就无需做这种补充。二者的信息量并不相等,也就不存在简单的同一关系。

再看一个例子。以往汉语语法论著大抵肯定汉语的语气助词"呢"用于句末有疑问信息。邵敬敏(1989)否定了这种观点,断言用在句末的"呢"都不带有疑问信息,论证过程如下:首先肯定(13c)中的"你台甫?"有疑问信息:

(13) a　甲：你贵姓？

　　　b　乙：姓 X。

　　　c　甲：你台甫？

然后开始论证：

(14) a　因为"你台甫"在"你台甫？"中有疑问信息

　　　b　所以"你台甫"在"你台甫呢？"中有疑问信息

　　　c　因为"你台甫呢？"中的"你台甫"有疑问信息

　　　d　所以"你台甫呢？"中的"呢"没有疑问信息

　　引起我们注意的是，这个论证要想成立，需要下述三个前提：第一，必须证明"你台甫？"中的全部疑问信息都包含在"你台甫"之中；第二，必须证明"你台甫呢？"中的"你台甫"的疑问信息等于"你台甫？"中的"你台甫"的疑问信息；第三，必须证明"你台甫呢？"中的疑问信息都包含在"你台甫"之中。这三个前提有一个不成立上述论证就不能成立。

　　在这里最为重要的是，我们必须注意词语的固有信息量和场合信息量的差异。首先必须看到 (13c) 虽然带着问号，而且它也确实可以起到要求对方提供信息的作用，但它是不是疑问句还需要研究。因为陈述句和祈使句也可以起要求对方提供信息的作用，不一定要用疑问句。

　　即使 (13c) 中的"你台甫？"确实是疑问句，那也不等于说其中的"你台甫"三个字就有疑问信息，更不等于说它包含"你台甫？"的全部疑问信息。因为"你台甫？"是个句子，"你台甫"是个短语。同样是这三个字，作为句子包含的信息量跟作为短语的信息量并不是必然相等的，我们讨论语言单位的固有信息量和场合信息量时已经阐明了这一点。事情很明显，独词句"飞机！"的意思可以是"飞机来了！"但是我们不能由此得出结论说"飞机！"中的"飞机"两个字就有"飞机来了"的意思，更不能进而说"飞机来了！"中的"飞机"两个字就表示"飞机来了"。这个道理不难理解，当说话人说出"飞机"二字戛然而止时，听话人会当做句子接收，给它补出未尽之意。说话人已经说出了这层意思，也就没有需要听话人补充的信息。

　　具体地讲，我们知道"你台甫呢？"是什么意思，也知道"你台甫？"在这个场合是什么意思，但是"你台甫？"有疑问信息，不等于说其中的"你台甫"

有疑问信息,更不等于说"你台甫呢?"中的"你台甫"有疑问信息。所以(14)的论证逻辑是不成立的。

泛泛地讲,出现这种问题是没有注意词语的固有信息量和场合信息量的关系,然而这多多少少要归因于以往我们对句子和短语的区别缺乏足够的研究。尽管汉语语法论著中既讲句子,也讲短语,但是始终没有讲清二者有什么本质差异。我们也许会说句子有表述作用,短语没有表述作用,然而我们不知道所谓表述体现为什么东西。我们都知道短语加上语调就是句子,然而我们不知道语调到底给短语带来哪些东西。

上面两个问题的论证过程有一个共同之处:(12a)和(12b)中的"白的"后面没有中心语而单用,(12c)中的"白的"后面有中心语,确认它们是同一个语言单位,这关系到命题(15);(14a)中的"你台甫"是单说,(14b)中的"你台甫"后面有"呢"而非单说,在这里用"等量代换"法则需要以(15)为前提。可见二者都或直接或间接地关系到命题(15):

(15)单说(或单用)的"a"的信息量跟"a+b"中的"a"包含着同样的信息量。

通过我们对词语固有信息量和场合信息量的研究可以看出,这个命题一般地讲是不成立的,需要慎重对待。我们不妨看一个简单的例子。在英语中,形容词带上定冠词可以用作名词,例如"the rich"是富人,"the poor"是穷人,"the old"是老人,等等。当然它们后面都可以补出中心语"man/men"(人)。然而我们不能因为"the rich"单用可以表示富人,就说"the rich men"中的"the rich"跟单用的"the rich"是同一个单位,也是名词性成分,而且不能说"the rich men"中的"men"并不表示"人"的意思。

值得注意的是,由于在语言学研究中经常接触跟(15)有关的问题,所以许多语言学论证或明或暗地使用这个前提。不论它们的结论是不是正确,逻辑上都是不成功的。这是个潜藏的逻辑陷阱,若不提高警惕,很容易出错。事实上,语言单位的同一性是非常复杂的问题,所以我们强调语言单位的表现形式有内部形式和外部形式之分,负载的信息有固有信息和场合信息之分。

5.7　语言单位的同一性跟汉语的词类
和句子成分

50年代关于汉语实词能否分类的辩论显然起因于对于汉语实词的同一性的看法不同,然而尽管多数学者否定了高名凯先生的结论,却未从根本上解决汉语词的同一性问题,所以一直受到一词多类和兼类问题的困扰。

说汉语实词不能分类的根据是汉语的一个实词可以用作几种不同的句子成分,体现不同的句法功能,那些句法功能按西方传统语法的观点是分归几个不同词类。既然汉语的一个实词能体现几个词类的功能,那就不能把它分到一个词类中,所以没有词类区别。

不同意这种看法的学者似乎并不否认用作不同句子成分、体现不同句法功能的词是同一个词。这样,若承认传统的词类范畴与句子成分的对应关系,就必须承认汉语实词一词多类或兼类。若不想让它一词多类或身兼数类,就只能否认传统的词类范畴与句子成分的对应关系,对可以用作不同句子成分、体现不同句法功能的词只给一个词类标签。例如:在承认"这本书出版了"和"这本书的出版"中的两个"出版"是狭义同一时,只有两种选择,要么说"出版"兼动、名二类,要么说二者相同,都是动词。①

然而从论证逻辑上讲,把用作不同句子成分、体现不同句法功能的词看作同一个词这一点不过是一种理论假设而已,并不是绝对真理。事实上,它们用作不同的句子成分,这表明它们所处的句法环境不同,也就是说它们的外部形式不同。句子成分是分析命题结构的产物,不同的句子成分的命题结构功能不同,负载的信息就有所不同。尽管我们不妨根据广义同一观念把它们归并在一起,却不能当真认为它们就是一个东西。说汉语的人都能够感觉到(16a)跟(16b)意思不同:

(16)a　我们要公平地竞争。

　　　b　我们要公平的竞争。

我们做语法分析时,如果认定(16)中的两个"公平"同一,两个"竞争"同一,

---

① 参看朱德熙等(1961)以及高名凯和计永佑(1963)。

把"公平地竞争"跟"公平的竞争"都看作形容词修饰动词,就不能不考虑这样分析是不是符合人们说话时的心理。

事实上,按照上文对语言单位同一性的讨论,我们可以考虑把两个"公平"或者两个"竞争"区分开来。至于区分为两类词还是作为同一词位的两个变体,那就要对各类词的性质作出精细的定量分析,然后根据系统性的要求做出抉择。如果只看词形和词根意义就肯定它们的同一性,以下怎么解释也跳不出圈去:归入同一词类,就是汉语的词类跟句子成分不对应;归入不同的词类,就是一词多类,或者无须分类。所以如此,根源就在于对词语的同一性的鉴定过于简单化,对用在不同场合的同一个语言形式没有进行必要的分析,忽视它们之间的差异。

语言单位的同一性跟句法分析也有密切的关系,这典型地表现在句子成分的鉴定方面。我们且看一个经常引用的例子:

(17)　主席团坐在台上。

(18)　台上坐着主席团。

例句(17)和(18)显然代表"坐"的两种用法。两个句子都表示"主席团坐在台上"的意思,这表明两个"坐"描述的是同一个情景。但是"主席团"跟"台上"的语序不同,这表明两个"坐"的外部形式不同,两个句子不能用同样的方式去理解。既然如此,把两个"坐"看作同一个单位,它们的形式却有不同之处;把两个"坐"看作不同的单位,它们的所指却有相同之处。按照我们的分析,两个"坐"的性质在相同与不同之间,有是一是二的问题,不能想当然地认为它们是同一个单位。如果说它们是同一个单位,那么把(17)中的"主席团"和(18)中的"台上"都看成主语就很难说明这两句话如何理解。如果把它们看成不同的单位,说它们前面的成分都是主语就没有这个困难。

汉语句子的理解依赖于语境,同样的词语在不同的上下文中可以表达不同的意思。例如:

(19)　张三骑着马上山。

这也是个有争议的句子,现在一般归入"连动式"。然而它在一定的上下文中可以表示三种意思:

（20）a　甲：张三骑着马干嘛？

　　　b　乙：张三骑着马上山。

（21）a　甲：张三怎么上山？

　　　b　乙：张三骑着马上山。

（22）a　甲：张三在那儿干什么？

　　　b　乙：张三骑着马上山。

在（20b）中"上山"表示"骑着马"的目的，跟（20a）比较，可以看出"上山"相当于"骑着马"的后附加语。在（21b）中"骑着马"表示"上山"的方式，跟（21a）比较，可以看出"骑着马"相当于"上山"的前附加语。在（22b）中"骑着马"和"上山"并列，不一定有前轻后重或前重后轻的附加关系。事实上汉语句子中连用的动词之间也有修饰和附加关系，传统汉语语法中的处理方法是符合实际的。有些句子这样分析可能会遇到一些困难，但是为了分析起来省事而把它们归并为一个格式，这就抹煞了它们之间实际存在的区别。

　　像这样一些句子，孤立地看只是同一个形式，然而跟上下文联系起来就可以看出它们在不同的场合表达的意思是不同的。不同的使用场合是它们的外部形式，不同的意思是它们的信息负荷。既然如此，我们就不能把它们简单地看成一个单位。事实上，说汉语的人正是根据它们的外部形式的差异分辨它们所指的差异，而不是一成不变地理解为同一个意思。这样去看汉语的语句，汉语语言单位的形式和意义就不是简单的对应关系，也就不能孤立地谈它们是不是同一个语言单位。看看语音学中的例子就可以明白，即使两个音素同形，如果它们分属不同的音位，我们在做音位分析时也不把它们看作同一个单位。这是因为我们分析和归并它们的目的是为了把它们用在更大的结构之中，它们在不同的场合有不同的使用价值，就需要予以分辨。完整的语法分析对它们的不同的使用价值不能不加分析混为一谈，也不能不说明它们的使用条件。

　　语言单位的同一性是汉语语言学中棘手的问题，几乎所有的难题和争论都源出于此。事实上，当我们确定两个语言单位是不是同一个单位时，既要看它们自身的形式，也要看它们使用的场合，更不能不注意它们在其时其地所负载的信息量。从莱布尼茨的同一律中可以引申出一些观念和方法，特别要强调的是传统语言学和现代语言学中以语言模型的系统性控制语言单位的同一性的思想。我们研究汉语中词与非词的区别、词性、一词多义以及句法分析中的典型疑难问题，不能不以此为基础，离开用法谈意义、离开系统谈同一就将陷入两难境地。汉语语法研究要想另辟蹊径，必须强调本世纪的系统观念，以及由此衍生的用法即意义的观点。

6 语法的最小单位:词

6.1 语法和语法单位

如果我们要论述汉语语法,那就不能不首先明确语法是什么;如果我们要解决汉语语法中的难题,那就不能不首先明确汉语语法何以要这样讲,而不那样讲。这个道理很简单:如果语法有好几种样式,汉语语法学者大可各行其是;如果既往的汉语语法研究遭遇不可逾越的难关,那么汉语语法学者除了在原来的道路上继续走下去以外,更重要的是需要深刻反省自己对语法研究的既有观念到底是以哪些原则为基础,把那些原则更改一下是不是会出现另一种局面。用一句形象的话讲,我们不仅要低头拉车,还要抬头看路,特别是在遇到巨大的困难的时候。

从事科学研究工作,谁也不能不首先确定自己的工作原则和工作方法,谁也不能在没有任何前提的条件下白手起家论证出各种结论。中世纪哲学家 Nicolaus 指出,演绎论证得到的结论实质上不过是已经蕴涵在前提中的东西而已,换句话说,有什么样的前提,就有什么样的结论。关于几何学基础的研究最明显地向我们揭示,几何图形的性质决定于作为前提的公理体系,改变一下平行公理会得出不同的几何学。这些情况表明,我们事先假定了一些前提作为论证基础,于是得出了本来就蕴涵在前提中的结论,更改那些前提就有可能得出不同的结论。

汉语语法学者也许要对这个结论表示异议,因为语法要描述语言事实,事实是不能更改的。"我是中国人"是正常的汉语句子,无论怎样讲,汉语语法都需要承认它的存在,无论如何也不能建立某种前提去否定它的正确性。

这种讲法确实有一定的道理,尽管对某些词语的用法合不合语法,语法学者之间有时会有争议,但是就总体而言,在汉语中可以说哪些话,不可以说哪些话,一般还是有共识的。把这些东西看作事实和客观存在,要求汉语语法予以承认,这也是可以理解的。

但是稍稍一想就会发现,如果汉语语法是直接去一一罗列汉语中哪些话可说,哪些话不可说,恐怕大家编写出来的汉语语法不会有多大出入。汉语词典就是个例子,尽管目前有若干种不同的汉语词典,但是它们收录的词条和做出的解释没有多大差异。然而目前所有的语法都是使用一些术语和法则去推演语句,而不是逐一罗列语句。通过推演得出的语句应该在语言事实范围之内,而那些术语、法则和推演过程却不属语言事实的范围。如果不然,为什么会说汉语的人竟可以完全不懂那些术语和法则呢?为什么不同的语法学者会用不同的术语和法则去描述汉语呢?为什么由于大家翕然信从而风行一时的语法体系会在另一时期遭到质疑甚至遭到否定呢?

事实上我们上文通过论证得出的一些结论已经跟某些汉语语法学者的认识有所不同,例如我们认为"白的纸"中的"白的"到底是名词性还是形容词性、"呢"字有没有疑问语气、"木头桌子"中的"木头"跟"这是木头"中的"木头"是不是同一个词,本质上都是不能证明的问题,事先确立什么样的前提就能推出什么样的结论。重要的不是孰正孰误,而是通过争论,语言学者需要弄清当大家看法不同时是不是彼此遵循的前提不同,或者说需要弄清是不是彼此建立的公理系统有所不同,而不是简单地做出肯定或否定。因为,一旦大家按照不同的论证前提办事,得出的结论可以截然不同;即使截然不同,也不一定就不能相安共存。

正是因此,在我们着手严格地论证汉语语法体系的大问题之前,必须首先讨论语法是什么这个问题。事实上,上文已经对语法工作方式做出明确的阐述,我们分析的结果是,从方便学习者学习一种语言出发,自然语言的语法可以使用形式语言的语法模型。这就是说,要为语法确立一批基本语言单位和一批语法规则,以便学习者使用那些基本单位和那些语法规则推演出他可以使用的全部语句。我们也说明,所谓语法规则只有(1)和(2)这两种形式:

(1)　　a→b

(2)　　a+b→ab

我们也曾说明(2)这种形式的语法规则更为普遍,不妨作为语法规则的主体加以讨论。

事实上无论传统的西方语法,还是20世纪以来方兴未艾的种种从表面上看来崭新的语法模式,本质上都遵循我们描述的这种工作原理,基本操作方式都是利用若干小单位组成大单位的方法去推演语言中的所有语句。

使用这种方式讲语法是语言的性质所决定的。从形式语言的定义可以知道,如果一种形式语言 L 使用下列方式构成语句:

(3)a　a 和 b 是 L 的语句

　　b　如果 x 和 y 都是 L 的语句,那么 xy 也是 L 的语句

　　c　L 仅有上述两种语句

那么记住(3)中的三条规则也就掌握了语言 L 中的所有语句。用这种方式可以达到以简驭繁的效果,比一个一个地去记忆那无穷无尽的语句要方便得多。

相反,假如 L 是由下列方式定义的:

(4)a　a 和 b 是 L 的两个单位

　　b　a 加上 b 形成的 ab 是 L 的语句

　　c　L 仅有上述语句

这时记住(4a)和(4b)对掌握 L 语言就没有任何积极作用,因为 L 中实际上只有"ab"这个语句,直接记住它比记住(4)中的三条规则要省事。

自然语言的语法之所以能写成近似(3)那样的形式,显然是因为自然语言在很大程度上类似于(3)所定义的形式语言。当然,这个结论是不是正确,只能从我们使用语言的实际经验中去体会,还不能从逻辑上予以证明。不过至少在语言教学中,用(3)这种定义形式语言的方式去讲语法还是有效果的。我们把使用形式语言的定义方式去描述自然语言的方式叫作用形式语言模型去描述、模拟或"逼近"自然语言实体,或者说是为自然语言构拟形式语言模型。

　　在论证语言单位的意义观时,我们得出的结论是,要想定义语言单位的意义,就必须确定一个最大的语言单位的意义,以它为基础定义比它小的各种语言单位的意义。既然语言是符号系统,所有的语言单位都是符号,都需要有符号形式和符号所指两个因素,那么在用形式语言的语法去描述自然语言的语法时,就必须首先确定一个最大的语言单位。这表明在用来模拟自然语言的形式语言模型中必须有最小单位和最大单位,此外还要有用最小单位组成比它大的各级单位、直到组成最大单位的组合法则。把这个结论形式地表述出来,那么一部完整的语法给予我们的是:

(5)a　一个基本语言单位构成的集合{I}

　　b　一个规则集合{R}:集合中的每一条规则都是对某些语言单位进行语法操作以得出另外一些语言单位的操作指令

　　c　利用上面a和b两项生成的各种语言单位构成的集合{I′}

　　如果把(5a)中的基本语言单位叫作"词",把(5c)中的最大语言单位叫作"句子",那么(5b)中的规则就是由词得出各种语言单位、直到得出句子为止的操作指令。传统西方语法包括:

(6)a　词形变化的规则

　　b　用词造句的规则

　　(6)实际上是(5)的一个实例。跟完整的形式语言的语法相比,(6)中所缺少的是跟(5a)相当的基本语言单位集合,这一点由词典予以补足。这就是西方传统语言教学法讲究通过一部词典和一部语法书去学习一种语言的缘故,这也就是从 N.Chomsky 开始的一些语法学派要把"词库"(lexicon)包括在语法之中的缘故。形象地说,西方传统语法是不备物料,只讲烹调方法;而现代的一些语法模型则既讲烹调方法,又备有物料。不同的语法模型之间当然会有或大或小的差异,但是这个基本原理却是相同的。

　　必须注意,(5)并没有断言语法中的最小单位是词,也没有断言语法中的最大单位是句子。往比词更小的单位说,汉语语法学者中有人主张汉语语法应该从"字"讲起,而不应该从"词"讲起,西方学者也有人主张语法应该从音位或音素讲起。① 往比句子更大的语言单位说,现代语言学中也已出现研究超句单位结构的篇章语法。无论这些研究是不是都很成功,它们都遵循(5)的要求则是明显无疑的。所以,我们只能说当我们按照传统的方式把语法理解为从词开始描述到句子为止时,它仅仅是(5)所定义的形式语言之一而已。(5)还可以定义其他的形式语言,至少在语法的最小单位和最大单位上还有拓展领域的可能性。

6.2　语法对象的最大单位和最小单位

当我们准备以(5)为基础讨论汉语语法时,不能不首先规定语法中的最大单位和最小单位,以限制我们的讨论范围。现在我们就来看一下把印欧语的传统语法的观点用于汉语的可能性。

传统语法中确认的最大语言单位是句子,得出这个结论的前提是语言交际中能独立运用的基本单位是句子,也就是说,如果我们想用语言单位向对方传达一个完整的意思,最低限度也要使用一个句子。这一点关乎我们对句子的观念,要想肯定它,在很大程度上要靠约定,而不是靠某一个简单的定义。我们可以描述句子具有什么性质,但是不能给予严格而具体的定义。句子在语法中具有元语言的身分,然而从下文关于句子的性质的讨论中可以看出,尽管印欧语学者也对如何定义句子感到棘手②,句子的概念在印欧语中还是比在汉语中要明确。不过无论怎样讲,汉语中到底还是有句子这个概念。即使对语言学和语法毫无所知的人,也知道话是一句一句地说出来的。所以当我们使用印欧语传统语法的定义方式研究汉语语法时,仍然可以用句子做汉语语法的最大单位。

传统语法中确认的最小单位是词,得出这个结论的前提是语言中具有意义的最小单位是词。从书写系统上讲,印欧语中所谓的词相当于汉语中

---

① 早期汉语语法学者多论述文言语法,以字为语法单位是很自然的。在词的概念已经通行后,论述白话和口语语法时则很少仍主张以字为语法单位,但可参看景幼南(1957)。西方学者则较多主张语法可以从比词更小的单位讲起,例如 Sanders(1980)就有较为完整的设想。

② 参看美国学者 Fries(1952)第二章。

的字,二者基本上都是必须连写在一起的最小单位。印欧语的句子要一个词一个词地写下来,汉语的句子要一个字一个字地写下来。印欧语中的词一般靠书写方式规定,汉语的字也是靠书写方式规定,二者都是用逐一列举的方式给出,而不是靠什么推演法则去辨认。所以,在印欧语中辨认哪些单位是词时,除了不连写也不加连字符的合成词以外,一般没有困难;而在汉语中辨认哪些单位是字就更为容易。但是在汉语中没有用逐一列举的方式给出的词这种语言单位,这是汉语跟印欧语的最大区别之一。所以,要想把西方传统语法定义引入汉语之中,首先就要确定汉语语法中的最小单位是什么。

6.3　语法研究和词汇研究的关系

在研究汉语语法中的基本语言单位集合{I}应该包括哪些成分时,或者说在研究汉语语法中的最小单位是什么时,最重要的是重新分析语法中的最大单位 S、最小单位 W 和语法规则 R 的关系。事实上,如果不考虑三者的关系而孤立地给汉语语法确定一种最小单位,那么"字"就是首选。因为我们说过,字是用逐一列举的方式给出的语言单位,不必为怎样给它下定义为难。然而从字开始讲语法,汉语语法会是什么样子,却不能不预先设想一下。

当我们考虑 W、S 和 R 三者的关系时,不妨首先看看它们在印欧语中,比如说在英语中的情况。传统英语语法的最大单位是句子,最小单位是词。句子由语法规则生成,词由词典逐一罗列给出。然而当我们观察英语词的时候,单纯词也许还不明显,合成词却不能不引起我们的注意。英语中合成词都是由本身就是单词的成分组合而成,以由两个词组成的合成词而言,两个成分之间有的要连写,有的有连字符,有的分写而没有连字符。从形式上看,分写而且中间没有连字符的合成词分明可以看成两个词;中间有连字符的可以把连字符看成一个造句成分,仍然不妨看成两个词;即使连写在一起的也可以看成由两个词组合而成。而且在英语中确定哪些组合要看成合成词,哪些组合要看成短语,也不是划一不二的。

B.Evans 和 C.Evans 的《A Dictionary of Contemporary American Usage》(108

页以下)在讲合成词时,简要地总结了英语中怎样确定由两个单词构成的组合是不是一个词:

第一,看它们在语法上的表现。例如"old(老)"是形容词,"man(人)"和"age(年纪)"都是名词,但是"old man"跟"old age"不同。在"old man"中,"old"可以接受副词"extremely(极为)"修饰,可以说"an extremely old man(极老的人)"。而"old age"中的"old"就不能接受"extremely"修饰,不能说"an extremely old age"。这表明后者中的"old"已经失去作为独立形容词时可以接受副词修饰的性质,整个组合可以看作一个词,而前者就不然。

第二,看它们的语音模式。例如"a brown horse"指棕色的马,"horse(马)"有自己的重音。而"a sea horse"指海马,"horse"就没有这样的重音,有如双音节词的第二音节。

第三,看它们的意义是不是已融合在一起。例如"goldfish(金鱼)",由"gold(金)"和"fish(鱼)"组成,但它跟两部分分离开来时意思不同,不是由金子制成的鱼。

这样一些标准,或者说是判定方法,只能说是一些原则而已,它们彼此也不完全一致。例如语音模式受语境的影响,可以变化。意义是不是已经一体化,也没有明确的尺度。而且从整个语法系统考虑,或者从教学需要考虑,语法学者往往也有自己的处理方法。例如我们在 G. O. Curme 的名著《Syntax》第 30 章中看到"group"和"group-word"这样的单位,前者可以译为"词组",后者就是"词组性的词"。Quirk 等(1985)中则使用"phrasal"这个形容词表示"短语性的"单位,例如"短语动词"和"短语形容词"等等。

既然如此,那么语法学者为什么要把语法学跟词汇学区分开来呢? 我们且看 Quirk 等(1985)的论述:

> 语法学与词汇学都让我们去研究无数表面不同的单位。在语法学中,这些单位是短语、分句和句子;在词汇学中,这些单位是词,或者更精确地说是词项(lexical item),因为其中有些单位包含一个以上的词。语法学主要是对有关单位作一般的和抽象的陈述,描述它们的共同结构,尽管它们在形式上有差异。词汇学主要是对一个个单位作具体的陈述。因此,一种语言的语法最好是在分章论述不同结构类型的书中处理,而一种语言的词汇照例是在按字母顺序排列的词典中处理,一个

> 词条论述一个不同的词项。
>
> 但是,有一个领域是语法学和词汇学的共有地界:在这个领域里,像在语法学中那样加以概括是适当的;但是各个单位的特性也加以描述。这一领域就是构词法。在语法学和构词法中存在着若干性质相似的规律性,并且在有些情况下,这两种规律性有直接联系。(1517 页)

既然构词法跟语法学有性质相似的规律,那么为什么 Quirk 等(1985)还是把构词法从他们的语法书主体中分隔出去呢?看来道理在于他们所说的二者有概括和具体的差异。说得更明确一点,语法规则的概括性强,适用面宽,例外容易处理;而构词规则概括性弱,适用面窄,例外不好处理。

6.4 语法规则和语法单位

现在我们就汉语材料较为深入地阐述这个问题。在汉语中,有些多字组合,例如"蝙蝠"、"牢骚"、"流连"、"爬山虎"、"穿山甲"等等,是作为一个整体由词典给出解释,而不是通过什么法则由组成它们的单字的字义去推演它们。这就是说,它们在语法中是基本单位,而不是用语法规则推导出来的衍生单位。之所以这样做,是因为我们无法为它们制定组合法则。例如我们说过,无法由"蝙"和"蝠"推导出"蝙蝠"这个组合,只能把"蝙蝠"当作一个整体记在脑海中。如果问这是因为什么,那么回答是:我们无法给"蝙"设立一个解释,给"蝠"设立一个解释,然后从这两个解释中推出"蝙蝠"其物来。"爬山虎"倒是可以分拆开来讲一讲每个字是什么意思,但是把它们的一般意思组合起来,不等于爬山虎其物。

汉语语法学者在确定哪些单位是词、哪些单位不是词时,特别注意是不是能由各个成分的一般意义合成一个组合的整体意思。例如王力(1953)曾说:

> 在单词和仂语之间,有所谓"复合词"的存在。在汉语里,典型的复合词是"火车"和"铁路"等。它们不是纯粹的单词,因为"火"和"车"、"铁"和"路"都是有独立运用的可能的;它们也不是仂语,因为"火车"不单纯是烧火的车,"铁路"不单纯是铁造的路。复合词似乎是词和仂

语的"缓冲地带"。但是，复合词在原则上应该是词之一种，它不应该是和词及仂语鼎足而三的东西。（引自王力1980:550页）

由我们上文阐述过的原则可以看出，这些组合之所以不再分析，原因是把它们拆开以后，再用规则简单地组合起来，那些组合规则就不符合Frege原理的要求，不能由各部分的意义构成整体的意义。也许我们可以为"火"设立"用火发动其他事物的方式"这样一个义项，甚至给"火"设立"与火有关的"这样一个更为涵盖的义项，用这种义项也许勉强可以由"火"和"车"推演出原始的"火车"其物来。然而记住这种义项对了解"火车"其物有多大帮助呢？它既不具体，也不能普遍适用。使用价值可疑，这使我们不去考虑怎样用组合规则由"火"和"车"两个单字把"火车"这个整体推演出来。

然而我们这样讲，看起来是很严谨的论证，其中却包含着非逻辑的成分。因为我们不是根据纯逻辑的理由证明"火车"不能由"火"和"车"用规则组成，而是以实用效果和操作难度为依据，然后做出结论，说即使有那样的规则也没有多大价值。换句话说，我们实际上只是说不宜那样做，而不是说不可能那样做。最重要的是，我们没有给出绝对客观的判断标准，说不出不宜和不可能中间截然的界限在哪里。事实上把句子分拆开来会得出各种各样的多字组合，到底哪些组合宜分拆开来，哪些组合不宜分拆开来，若没有界限就没有划一不二的一定之规，很可能不同的人有不同的看法。"火车"不宜拆，那么"火苗儿"和"火光"如何呢？"羊肉"和"鸡蛋"都有看成短语的可能，如果这是因为羊有肉、鸡有蛋，那么火有光，"火光"也可以看成短语。"金鱼"不是金子制成的鱼，但是在《现代汉语词典》中，"金"有"像金子的颜色"和"比喻尊贵、贵重"这样的义项，跟"鱼"合在一起，似乎可以生成"金鱼"这个组合。照这样看，"金鱼"很有资格由"金"和"鱼"用规则生成。如果要在这些组合中间做出抉择，以什么作为尺度就成为举足轻重的大事。

事实上，通过上文对词语意义的论述已经表明，要想把"ab"拆成"a+b"，在绝大多数情况下，总有办法把ab的整体信息分成两部分，然后分配给a和b两个成分。所以，Frege原理是很容易满足的要求。我们不把"火车"拆开，关键还不是不能拆，而是我们觉得把它拆开多少像是在做赔钱的买卖，没有什么收获。从这个角度看，不妨说怎样确定语法中的最小单位，这多少还是有任意性的。

　　说到这里,我们不能不再次强调,即使语法本身,何尝没有任意性! 如果语法中没有一定的任意性,为什么中外语法学中都有不同的观点,甚至有针锋相对的观点呢? 如果讲客观规律,世间哪一种自然语言中都会有形形色色的概括程度高低不同的客观规律。它们纵横交错,数目繁多。语法学者只能根据个人的理论前提和实际需要去挑选其中的一部分"规律"构拟自己的语法模型,却无法把它们全部收录在自己的语法书中。这是颠扑不破的真理。

　　要想决定一个语言单位在语法中是看成一个组合单位为好,还是看成一个整体单位为好,最终的仲裁只能是看把它拆开来的效果如何,符合不符合我们讲语法的实际需要。吕叔湘(1954)论及词类概念时曾说:

　　　　区分词类,是为的讲语法的方便。……说区分词类是为了讲语法,我想这句话并没有说错。……要是说"词类"这种分别是客观存在的,那我完全同意。但是还是不能离开分类的目的来谈词类的分别,因为一切分类都是有一定的目的的。(引自吕叔湘 1984:233 页)

事实上我们可以同样地说,把哪些单位看成语法的最小单位决定于讲语法的方便。离开这个前提去寻求语法的最小单位是没有意义的。如果我们设想某一天会一下子发现一个十分明确的标准把汉语语法中的词找出来,那就太天真了,因为那样的性质必须符合讲语法的方便的需要。否则要找一个一刀切的辨认"词"的标准并不难,大可说汉语语法中的"词"就是一个个汉字。用这条标准去确定汉语中的词倒是十分简捷明了,可是用字作基本单位讲起语法来很不方便。因为如上所说,有许多单位很难由它包含的那些字通过语法规则推演出来。勉强做下去,语法规则系统就会变得琐碎庞杂,不便于学习和使用。

6.5　词、句子和语法规则的推演关系

　　从这种认识出发,我们就可以从另一个角度分析汉语中的最小语法单位,最小单位确定下来,就可以按照印欧语命名方式把它叫作"词"。这样一来,当我们把汉语语法理解为上文(5)所定义的那样一种语法模型时,汉语

语法规则就应该像(6)那样,包括词形变化的规则和用词造句的规则,而且主要是用词造句的规则。

严格地讲,我们必须首先证明汉语中确有那样的语法规则,才能证明汉语语法确实存在。然而从实用上看,只要我们能找到对于学习用词造句有帮助的语句构造规则,使我们讲出的语法能解决实际问题,我们就可以不去追究那是不是汉语语法规则,或者汉语语法规则是不是应该那样讲。对所有这样拟定的语法规则都不必持绝对化的观点,一旦发现它不能满足我们的需要,大可用新规则去取代它,只要那新规则更能解决实际问题。

根据我们学习语言的经验可以知道,自然语言中确实存在有助于我们掌握和运用语言的语法规则。肯定这一点,我们就可以来分析汉语中的词、句子和语法规则三者的关系。

从演绎科学方法论讲,若甲乙两个概念出现在同一个系统中,那就可能有两种情况。第一种情况是,二者在定义时有先后关系,即首先定义一个概念,然后用它去定义另一个概念;这时前者就是在前的概念,后者是在它之后的概念。第二种情况是,二者相互无关,即哪一个概念也不需要用另一个概念去定义。

在仿照(6)的样式建立汉语语法模型时,我们也需要考虑"词"和"句子"这两个概念可能有什么关系。这就是说,我们需要考虑三种可能性:

(7) a　首先确定词,然后用词去定义句子。

　　 b　首先确定句子,然后用句子去定义词。

　　 c　相互无关地定义词和句子。

6.5.1　用词定义句子?

在(6)中有"用词造句的规则"一语,这似乎意味着词在句子之先,或者说句子可以用词来定义,然而这只是个假象。因为§4.3已经说明,小单位的价值决定于它在大单位中的用法。没有句子,我们就无法了解一个词的意义和作用是什么。这一点在汉语中表现得尤其明显,因为句子是说汉语的人的固有概念,而词不仅不是一般人所熟悉的概念,甚至语法学者对它也没有十分明确的观念。而且从组成上看,固然绝大多数句子要包含几个字,但是有时仅仅一个字也可以成为一个独立的交际单位,我们也不得不承认它是句子。例如(8b)：

(8)a　甲：明天你来吗？

　　b　乙：来！

如果事先只有词的概念，而没有句子的概念，对于(8b)之类只有一个字的单位，我们就无法判断它们是不是句子。总而言之，确定单词的意义要从分析句子入手，"句"是说汉语的人习用的现成词语，而"词"就不是习用的现成词语，句子的组成无法用词的概念去说明，这种种情况都表明当我们讲汉语语法时，不考虑句子其物而首先确定词，然后用词去定义句子，这是行不通的，所以用(7a)的方式讲语法是不成立的。

6.5.2　词跟句子无关？

我们跳过(7b)，先讨论(7c)。从理论上讲，(7c)能够成立，我们完全可以相互无关地独立定义词和句子的概念。然而从上文对语法规则和构词法规则的讨论中可以看出，这种定义方法会给语法规则系统带来麻烦，甚至带来无法克服的困难。事实上，我们已经证明，有些语言单位从形式上看可以拆开，但是拆开以后，怎样以符合 Frege 原理的语法规则把它们组合起来，这将成为难题。不仅许多近乎联绵词的单位不能拆开，即使一些从构词法上看有规可循的组合单位，要想用语法规则去描述怎样把它们组合起来，也有困难。

例如汉语中"热爱"这个组合很像是动词"爱"前面加上一个修饰语形成的，然而，如果我们试图用语法规则去生成这一类单位，那就要在生成"热爱"的同时，排除"冷爱"这个组合；但在生成"热战"时，必须保留"冷战"。在用对称字"上"和"下"构成的组合中，有"上山"和"下山"，"上楼"和"下楼"，"上台"和"下台"，如此等等。但是只有"上路"，没有"下路"；只有"下海"，没有"上海"；只有"下意识"，没有"上意识"，如此等等。

这些现象非常繁杂，很难用语法规则去描写有哪些组合和没有哪些组合。如果勉强用语法规则去处理它们，结果将是得不偿失，给语言教学带来许多麻烦。说不定为学一个词，要记住好几条语法规则。这个道理很简单，(6)所定义的语法模型实际上一端是词，另一端是句子，而语法规则就是从词这一端走到句子那一端的路径。说得形象一些,语法规则就是在词和句子中间搭起来的桥梁,它们需要保证能从一端走到另一端。这表明一旦把词和句子的概念规定下来,语法规则也就随之确定下来。因为不管困难大不大,不管合算不合算,我们都必须拟定出相应的语法规则,以保证从词这一边能走到句子那一边。正如架桥,如果不考虑建筑起来方便与否就确定桥的两端应该在何处,那就说不定会把桥造在河面最宽、水流最急、最难施工的地方。反过来,如果事先考虑一下施工的可行性,就有可能大大地减少建桥工程的难度。所以,完全不管拟定语法规则时有没有困难就确定词和句子这两种单位,会给随后的工作带来困难,这是不难想象的。

我们这样讲,并不意味着语法规则可以随心所欲地拟定,毫无客观性可言。事实上,承认语法规则有客观性不仅不会妨碍我们的论述,反而能给我们提供论证基础。当我们进一步分析我们所谓的语法规则的性质时,这一点就能得到证明。

6.5.3　用句子和语法规则定义词

对于一种语言 L 而言,如果用(6)定义它的语法,那么在我们定义形式语言时已经分析过,(6)所定义的语法规则的基本形式只能是(9)：

(9) a　$R_1 : a \rightarrow b$

　　b　$R_2 : a+b \rightarrow ab$

在这两种形式中,(9b)是语法规则的主要形式,因为所谓用小单位组成大单位,实质上都是进行(9b)形式的操作。我们分析语法规则的性质,也就主要是分析(9b)的性质。

在传统西方语法中,当某一条语法规则说两个单位 a 和 b 可以组合成第三个单位 ab 时,ab 一般都是语言 L 中合式的词语,也就是说,ab 这种语言单位实际存在于 L 之中。在仿照这种模式而建立的汉语传统语法中,情况仍然如此。比如当我们说定语可以修饰中心语、状语可以修饰动词、动词可以带宾语或补语时,我们实际上是说用两个实际存在的单位 a 和 b 组合成一个实际存在的单位 ab。

但是照当前语言学发展情况看,当(9b)断言两个单位 a 和 b 可以组成第三个单位 ab 时,ab 就可能仅仅是一系列语法操作过程的中间产物,而不是 L 中实际使用的词语。比如利用转换生成语法模型来描写汉语时,我们就能看到下面这种词语组合形式:

（10）

```
                        S₁
           ┌───────────┼───────────┐
          NP₁         VP₁          F₁
           │      ┌─────┼─────┐     │
           │     V₁    NP₁   结果₁  │
           │      │     │     │     │
           │      │     │    S₂     │
           │      │     │  ┌──┴──┐   │
           │      │     │ NP₂   V₂  │
          张三    吃    饭   饭    完   了
```

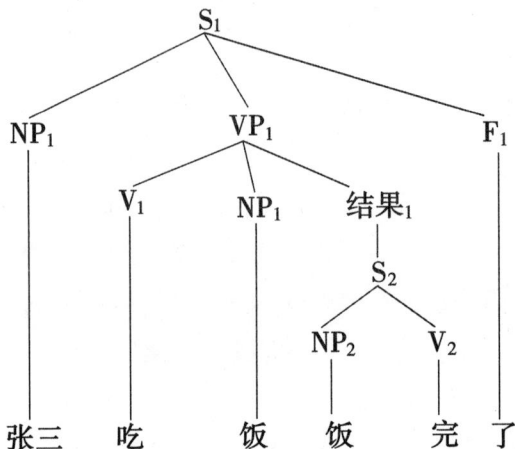

（11）　张三吃完饭了。

（10）是（11）的所谓深层结构。这种形式的句子显然并不出现在汉语中,必须经过语法模型中另外一些规则的调整,才能成为汉语中实际出现的句子。例如（10）中的语言形式经过（12）中的一系列操作,最终得出（11）,这才是我们平时所说的话:

（12）a　删除相同的成分:

　　　　　张三吃饭〔饭完〕了→

　　　　　张三吃饭〔（ ）完〕了

　　　b　补语变形:

　　　　　张三吃饭〔（ ）完〕了→

　　　　　张三吃完饭了

出现这种情况是因为在一些现代语法模型中,为了追求操作的机械性和系统性,允许出现理论上假设的中间单位。经过一些语法规则的调整,中间单位最终就成为语言 L 中固有的合式的语句。例如为（11）设立深层结构（10）,目的是从动词的基本用法格式中推演出复杂格式的结构和意义,用

"吃"的基本用法"A 吃 B"和"完"的基本用法"A 完"来解释汉语补语结构"吃完"的来历。当然,允许不允许语法过程产生语言中并不出现的中间单位,不同的语法学者可以有不同的观点。但是无论怎样,当语法规则(9b)断言由 a 和 b 组合成 ab 时,它都是在断言 ab 单位的存在。所不同的是,有些ab 是语言 L 中实际使用的单位,有些 ab 是语言学者的理论假设其存在的单位。即使是语言学者假设其存在的 ab 单位,促使语言学者做出这种假设的缘由仍然是语言单位本身在组合上的可能性。例如上文假设(10)的存在,显然是因为汉语中有"张三吃饭"和"饭完了"这种组合,只是在这个结构中它们不能并合为一句话而已。

组合和分解互为逆过程,(9b)在断言 a 和 b 可以组合成实有的或假设的 ab 单位时,等于在断言 ab 单位可以离析为 a 加 b 形式:

(13) a　$a+b \rightarrow ab$

　　　b　$ab \rightarrow a+b$

例如,当我们断言定语可以跟中心语构成一种具有定中结构的组合时,等于在断言语言中有一种具有定中结构的组合,它可以分解为定语和中心语两部分。所以,每一条所谓用词造句的规则,逻辑上都蕴涵着一条析句为词的规则。当我们相信有一套客观的语法规则,可以通过(14)那样的过程最终把词组成句子的时候,无疑在断言反过来,运用这同一套语法规则可以通过(15)那样的过程把句子分解为词:

(14)　　$a_1 = 词, b_1 = 词$

　　　　$a_1 + b_1 = a_2$

　　　　$a_2 + b_2 = a_3$

　　　　………

　　　　$a_{n-1} + b_{n-1} = a_n$

　　　　$a_n = 句子$

(15)　　$a_n = 句子$

　　　　$a_n = a_{n-1} + b_{n-1}$

　　　　$a_{n-1} = a_{n-2} + b_{n-2}$

　　　　………

$$a_2 = a_1 + b_1$$
$$a_1 = 词, b_1 = 词$$

这表明,在我们采用(6)所定义的语法模型去描写自然语言时,一旦确定了句子是什么和语法系统中应该包括哪些语法规则,也就确定了词这个单位。因为:

(16)　用词造句的规则蕴涵析句为词的规则,利用它们分解句子,最终得到的语言单位是词。

这事实上已经证明(7b)所定义的语法模式是存在的。(7b)模式的可行性在于只要有句子和用词造句的语法规则其物,那么在语法中讲话,词就是用它们推导出的语言单位,而不是离开这个前提根据别的什么性质去辨认的东西。换句话说,如果一个语言单位 X 是词,那么至少在一个使用 X 的句子中,通过析句为词的语法规则把句子离析开来,最后得到一批无法再用规则予以分解的语言单位,在那些语言单位中就会有 X 这个单位。否则,X 就不可能是词。

当然我们必须说明,按照合成与分解的观点理解语法规则,只能证明利用语法规则去分解句子最终可以得出§6.1 中(5a)所说的基本语言单位集合{I}。至于这个集合中的成员是不是应该叫作词,是不是都应该叫作词,这就是另一个问题。不过我们可以相信,凡是我们不愿意用语法规则加以分解的单位大多数可以看作传统意义的词。另外一些单位可能包括成语和习用的有特殊意义的短语或句子,它们都需要作为一个整体在有关的辞书中处理。按照传统,它们无词之名,然而在一定程度上却有词之实。

6.6　关于词的鉴定

6.6.1　词和构词成分

我们这样讲肯定有理论意义,但是无论在理论上还是在实践中,事情都可能并不这么简单。第一个问题是,当 X 不只用于一个句子时,使用上述析句过程去判断它是不是词时,会不会出现 X 在这个句子中是词、在那个句子中不是词的情况。这又有两种情况。一种情况可以用"打"字在"打击人"

和"打人"中的用法为例,假定我们的语法规则分拆的结果是"打击人"只能分解为"打击"和"人",而"打人"可以分解为"打"和"人"。根据(16)的标准,能不能说在"打击人"中"打"不是词,在"打人"中"打"是词呢?

这个问题不能简单地做出回答。因为上述分解过程只能表明,根据(16)"打击"和"打"都有资格被看作词。至于"打击"中的"打"是不是词,不进一步明确(16)的涵义就不可能得出结论。事实上,如果"打击"不能再加分析,那么(16)将断言"打击"是词。但是(16)的管辖范围到此为止,对词中的成分再加分析,那就不是它的任务。因为(16)仅仅在断言符合这种条件的语言单位是词,从逻辑上讲,这并不蕴涵不符合这种条件的语言单位都不是词。所以,要想根据"打击"不能再分析推出"打击"中的"打"不是词,那就必须使用别的规定。

比如陆志韦等(1957:1页)断言(17):

(17)　同一个语言成分可以在某处是词,在别处不独立,甚至于不能独用。它有时是词,有时不是词,可不能同时又是词又不是词。……我们不说词素+词=词,或是小词+小词=大词。

如果以(17)为前提,那么在断言"打击"是词时,同时也就在断言"打击"中的"打"不是词,因为词中不能包含词。

相反,如果我们的公理系统允许(18):

(18)a　小词+小词=大词

　　　b　词+非词=词

那么"打击"中的"打"仍然可以看作词,而不是非叫作"构词成分"不可。

(17)和(18)都是一种假设,实际上具有公理的性质,说不上哪个对哪个不对。二者相比,(18)更为平易近人。如果折衷一下,那就不必把词跟构词成分对立起来,不妨说词可以用作另一个词的构词成分,或者说词可以作为造句成分进入造句规则,也可以作为构词成分进入构词规则,这就能够涵盖各种情况。否则要想让学习者记住"火车"中的"火"和"车"都只是构词成分,而不是词,理论上未见有所得,实践中却增加了不少麻烦。试想:(17)断言大词中不能包含小词,那么把这个原则推广开来,大短语中就不能包含小短语,大句子中就不能包含小句子,讲语法就很麻烦。

　　一个语言单位不仅用在不同的句子中可能产生有时是词、有时不是词的疑问,即使用在同一个句子中,也会出现这种疑问。例如"走钢丝"指在钢丝上行走时可以拆开,在指像走钢丝一样的处境时可能不便拆开,于是后者就有是不是一个词的问题。这种情况可以跟下面的问题一起考虑。

6.6.2　词和短语

　　用(16)来辨认词时,可能出现的第二个问题是,在按语法规则分解句子时,会不会出现拆不拆两可的情况。"走路"、"吃饭"等组合,恐怕就是这种例子。从理论上讲,这完全决定于我们的语法规则,没有这样的规则另当别论,若有把它们拆开的规则就可以把它们拆开,一直分析到无法再拆为止,然后再作决定。然而实践中是不是要绝对遵照这种理论办事,却是个问题。因为有些语法规则本身的价值有多大不好判断,是不是要把它算作语法规则有时也踌躇难决。对汉语语法中的"鸡蛋"、"羊肉"等是不是词的老问题如何处理,就值得讨论。

　　要想解决这些问题,第一个要点是,我们必须坚持(16)的观点,因为上文的论证已经表明,不坚持这一点,不考虑语法系统中要哪些语法规则和不要哪些语法规则去孤立地寻找词其物,那就很可能使语法规则复杂至不可控制,使我们的语法无法为学习语言的人所接受。所以,我们必须根据使用者的需要和方便去考虑要哪一条语法规则和不要哪一条语法规则。这一点确定下来,考虑"鸡蛋"和"羊肉"是不是词就有基本的出发点。

　　如果把"鸡蛋"这个组合看成造句过程,那么一般讲来,"鸡"和"蛋"都必须是词,而且语法中必须有造句规则把它们组合成"鸡蛋",说明怎样由"鸡"和"蛋"的形式和意义推演出"鸡蛋"的形式和意义。如果把"鸡蛋"看成词,那么语法中就不必建立这样的规则。而语法中要不要建立这条规则,关键在于建立这条规则的价值如何。这就要考虑这条规则使用起来好用不好用,它能管多少同类组合,它能不能把可以这样组合起来的单位组合起来,把不可这样组合起来的单位排除出去。

　　在考虑这样一条规则的取舍时,首先需要注意一条语法规则能管多少实例,使用范围有限的规则不一定非作为规则列入语法系统不可,这个道理上文已经说过。其次需要注意一条规则不光有正面效果,还有负面效果。

所谓语法规则的正面效果是用它把该推演出来的单位推演出来,所谓语法规则的负面效果是用它把不该推演出来的单位排除出去。西方传统语法主要考虑语法规则的正面效果,但是从 Chomsky 的转换生成语法模式开始,国外语法学者在总结语法规则时,不仅注意哪些组合能够出现,而且以同样的注意力观察哪些组合不能够出现。而汉语语法学者往往停留在传统西方语法考虑问题的阶段,较少注意语法规则的负面效果。

具体地讲,当我们决定建立规则(19)时:

(19)　一个名词可以用作定语修饰后面的中心名词。

不仅要看到由它可以生成许多正确的组合,而且要看到由它可以生成许多不正确的组合。以"鸡蛋"为例,"鸡"能修饰的名词数目大大少于它所不能修饰的名词,能修饰"蛋"的名词数目大大少于不能修饰它的名词。如果再考虑给(19)加上关于意义的说明,以便符合 Frege 原理的要求,不难发现要想使(19)成为一条精确可用的语法规则,必须加上许多说明,绝非三言两语可了。

要想对这条规则的实用价值做出准确的判断,首先要对它所能涉及到的各个由名词加名词形成的 N_1N_2 组合做出全面分析,看看哪些组合容易用规则合成,哪些组合不易用规则合成。例如从 N_1 所指事物跟 N_2 所指事物的关系看,在这种组合中最常见的情况,N_1 跟 N_2 有物料组成关系,如"铁门、纸花、金表、铜尺"等;或者 N_1 和 N_2 有全体和部分关系,如"羊头、象牙、牛毛、书皮儿"等。若把这两条列为规则,它们的适用面就很宽。相比之下,N_1 表示 N_2 的属性的组合,如"人鱼、牛脾气"之类,数目就不多,若列为规则,适用面就窄。从理论上讲,它们都反映客观事实,也都有一定的概括性,所以都有资格被列为组合规则。但从实用上讲,二者的适用面宽窄不同,而且在具体说明怎样由两个成分的意义推出整个组合的意义时,难度也不相同,后者是不是必须列为规则就需要通盘考虑。

6.6.3　理论和实用

这里把理论和实用分开考虑,原因是二者的目标并不完全相同,所以有时它们的要求就不一致。上文讲过,对于严格的逻辑系统讲来,其公理系统越经济越好。如果三条公理就能解决问题，那就不要用四条。可以由其他公理推导出来的命题就不要列为公理，这一点在公理法学派对几何学基础的研究中表现得极为典型。若根据这个原则办事，那么凡是可以用语法规则合成的单位都要用规则去生成，而不作为整体放在词典中。然而在实际工作中追求的是效率和方便，只要结果正确无误，不会产生矛盾，大可因地制宜地决定以哪些公理或规则为基础。

就语法中确定哪些单位是词、哪些单位不是词而言，可以用语法规则很方便地予以合成的单位当然可以作为集合 $\{I'\}$ 中的一个单位由语法规则组合生成。然而即使把它作为一个整体放在辞书中予以解释，这不过是给集合 $\{I\}$ 增加了一个可以在集合 $\{I'\}$ 中得到解释的单位而已，并不会给语法系统带来矛盾。例如，如果我们有由"鸡"和"蛋"生成"鸡蛋"的语法规则，那么"鸡蛋"就可以不再作为词条收入词典之中。但是，即使仍然把"鸡蛋"收入词典，也仅仅是给词典增加了一个词条，不会影响语法模型的正确性。

在严谨的逻辑学者看来，既然"鸡蛋"不必在词典中出词条，那么让它出词条就会破坏整个系统的完美性和经济性。然而在实用中，容许集合 $\{I'\}$ 中的一些衍生单位在集合 $\{I\}$ 中重复出现，并不是一件坏事。从理论上讲，几乎所有不只包含一个词的句子都可以看成由词组合而成，然而从我们使用语言的经验可以知道，在说话时许多句子我们是脱口而出，跟说一个单词一样，根本感觉不到其间还有什么组合过程。上文已经讲过，这是因为在我们日常使用语言的过程中，有些句子由于经常使用，在我们脑海中逐渐凝固成一个"集成"单位，使用时不再需要临时组合。再如用电子计算机输入汉字时，用逐字输入就足以解决一切问题，然而目前几乎所有的汉字输入软件在基本的逐字输入方法之外，都不忘记加上把整个词甚至整个短语或短句作为一个单位输入的方法。从理论上讲，这是叠床架屋，完全没有必要。可是，一旦我们发现简单地敲几个键就能把一串汉字输入电子计算机之中，谁也不会把词组输入摈斥在大门之外。而我们从理论上考虑问题时，往往会忽略实用中的方便和效率。

6.7　词典、构词和语法的关系

也许有人会想，把本来可以做词组看的单位作为词条，将人为地增加词典的臃肿性，根本行不通。说到这里，我们不能不看到，在汉语语法中对用字组词的过程缺乏细致的研究。上文的讨论似乎是在否定汉语语法可以从字讲起，然而我们并没有忽视用字组词的过程在汉语结构分析中的重要地位。古人讲文言句子时有"积字成句"的观念不足为怪，现代汉语语法研究中也不断地有学者提倡从字讲起，这就不能不发人深省。这种呼声一方面表明"词"在汉语中始终没有明确的概念，另一方面是不是也表明被我们看作"词"的东西在汉语中可以进一步分析，而且它们的构成方式跟造句方式有许多共同之处呢？惟其如此，它们的组成才会受到一些学者的重视，甚至认为它们应该放到汉语语法中讲。其实即使在词的概念远比汉语明确的印欧语中，词的构成方式也受到语法学者的关注，上文引证的 Quirk 等（1985）的附录讲构词法，就是一个例子。按说英语动词后面带介词或副词的组合可以看作词组，然而英语词典都要收录一些这种组合，甚至编成专门解释这种组合的词典。可见有些语言单位即使可以看作短语，靠语法书用语法规则做概括的解释，也不能完全解决问题。

当我们决心把大量单位放到语法主体之外交由词典处理时，我们就不能不首先分析它们的组成方式，然后考虑怎样由词典中的条目和构词法规则二者联手去处理它们。如果一个单位要放在{Ⅰ}中，那就需要列举它。若不在词书中直接出条，就要用构词法规则生成，没有第三条路可走。这样看来，说汉语中构词法的研究亟待开展，汉语词典的体制亟待改进，就是必然的结论。而汉语语法学者不能把这个问题推给词典编纂学者解决，这也是显而易见的。因为汉语中的词的概念没有确定，用上文（16）来定义的词需要首先把语法规则确定下来。这是语法学者的任务，不是词典学者的分内之事。

6.8　从构词到造句

当我们观察语法单位的组合方式时，至少有三种情况引起我们的注意。

第一种情况是,有些单位很难用规则去说明它们是如何由几个成分组合而成,联绵词就是一个例子。再看下例中的"鸡蛋":

（20）　张三今天考得太糟了,得了大鸡蛋。

(20)中的"鸡蛋"的意思是零分。很难想象怎样建立一条规则由"鸡"和"蛋"的意义中推演出这个意思来,所以谁也不会主张用规则去生成它。

　　第二种情况是,有些单位的组合方式很容易用规则概括,为它们拟定的组合规则是活用规则,生成能力很强,几乎可以随心所欲地使用。"鸡的蛋"就是一个例子,"鸡"是物主,"蛋"是物主的所有物。像这种由"的"做中介组成的单位是汉语的活用规则的产物,谁也不会把它当词条收入词典之中。因为这种组合不计其数,收不胜收,而且拟定为组合规则使用起来没有任何困难。

　　第三种情况是,有些单位的组合方式介于前两种情况之间。它们的组成可以分拆,拟成规则也有一定的适用范围,但说不上是可以完全活用的规则。一般意义的"鸡蛋"就是这种情况,在使用时,它在我们心目中有时有明显的组合意味,如(21a);有时近乎一个整体,感觉不到有组合意味,如(21b)：

（21）a　鸭蛋不好吃,你吃个鸡蛋。

　　　　b　牛奶还没热好,你先吃个鸡蛋。

在(21a)中,"鸡蛋"跟"鸭蛋"对比,显然有"鸡的蛋"的含义,在(21b)中它就没有这种意思。然而这种不用"的"做中介的组合方式显然不如有"的"的自由。至少有两点值得注意：

　　第一,在"鸡的蛋"中,"鸡"和"蛋"都保持着相当自由的身分,我们为它们规定的其他语法过程在这里仍然可以进行。例如,它们都可以单独接受定语的修饰：

（22）a　这个鸡的蛋大。

　　　　b　这个鸡的这个蛋大,那个鸡的那个蛋大。

但是不能作为一个整体接受定语的修饰。试比较(23a)和(23b)：

（23）a　大鸡的蛋

　　b　大鸡蛋

（23a）中的"大"只能修饰它后面的"鸡"，不能修饰后面的中心语"蛋"。而（23b）中的"大"一般是修饰中心语"蛋"，较少修饰"鸡"。这表明"鸡蛋"比"鸡的蛋"要凝固，它们在跟其他单位组合时近乎一个整体，跟"鸡的蛋"不同。

　　第二，用"的"字做中介的单位，两边的成分一般都是可以独立的词语，它们都可以作为一个独立的单位进入其他的语法规则。例如"鸡的蛋"中的"鸡"和"蛋"都是我们公认的词，也就是我们公认的造句单位。而不用"的"字做中介的单位就不尽然。"鸡蛋"的组合方式跟"鸭蛋"相同，但"鸭蛋"中的"鸭"就不是标准的造句单位，因为它作为词单独使用时有限制。在"鸡、鸭、鱼、肉都好吃"中，"鸭"好像跟其他三个标准的词地位相等。但是"鸭"较少单独使用，说"这个鸭"、"那个鸭"、"鸭跑了"和"我吃鸭"都不那么稳当。这表明"鸭"作为语法单位可以进入词所能进入的某些造句过程，不能或不宜进入另外一些造句过程。无论我们同意不同意把"鸭"看作词，它都要在词典中作为一个特殊单位处理，不能跟普通的词等同看待。既然如此，"鸭蛋"的组合方式就不能算标准的造句过程。不用"的"做中介的组合方式可以用于非标准造句过程，这是它跟有"的"做中介的组合方式的重要区别。

　　如果推广开来，观察更多的不同类型的组合单位，我们可以看到，汉语中凡是使用虚词做中介的组合，例如定语和状语，虚词两边的单位都保持着相当自由的身分，一般都可以进入给它们规定的一些造句过程。① 而没有虚词做中介的组合过程就有两种类型：造句过程中的主谓组合和动宾组合是一种类型，它们相当自由，两个成分一般都可以自由地加上各自的修饰语；而定语、状语和只能插入"得/不"的补语情况就不然，它们实际上处于典型的造词过程和典型的造句过程之间。对后者可以进行句法分析，把它们的组合方式拟成规则也有一定的适用范围，但是包含较多的例外情况，使用效率不如典型的造句规则高。而且它们显然跟造词过程相通，例如"鸭蛋"跟"日光"相仿。但在《现代汉语词典》中，"鸭蛋"不做词条，"日光"做词条。

————————

　　① 加"得/不"的动补结构例外。

这表明没有虚词作中介的组合很难在造词和造句之间划清界限。

　　事实上所谓造词和造句,其界限本质上决定于我们前面提出的条件(6):对于一个组合单位 ab,我们决定用语法中的合成规则"a+b=ab"去生成,它的组合过程就是造句过程;我们决定不用造句规则生成它,它的组合过程就不是造句过程。主宰它的命运的是我们的决定,而促使我们做出决定的是它的组合过程能不能拟成方便可用而且有相当普遍性的组合规则。

　　面对上述第一和第二两种情况之间种种难以决断的中间例子,从表面上看似乎有两个解决办法:或者把这些组合分成两种,一种归入造句过程,一种归入造词过程;或者把它们归在一起,统统归入造词过程,或统统归入造句过程。若使用第一种方法,困难在于我们拟定什么样的规则才能一方面让语言学习者据以判定一个 ab 组合是造句组合还是造词组合,另一方面让词典编纂者据以判断一个 ab 组合该不该收入词典——即使像我们上文所说,容许词典跟语法书在二者相接的边缘地带有一定的重合部分,也还是需要有标准把二者的主体部分划分开来。最简便可用的区分标准是看 ab 组合的字数,比如说规定凡字数不大于 n 者都归入造词范围。尽管由于用这种标准划出来的单位可能有的确实像汉语语法学者心目中的词,有的不大像,语法学者肯定会表示异议,但是不失为可行的办法之一。只是为了把它用得妥帖,使它得到大家的认可,还要在处理技术上打主意。当然我们还可以拟定其他的区分标准,这里不再深论。

　　若使用第二种方法,恐怕都归入语法书用规则去处理是行不通的,都作为词条,词典的篇幅也会大到令人难以忍受的地步,何况有许多组合不必作为词条处理。跟上面用字数做标准的情况差不多,这个方法简单易行,但是需要动脑筋解决技术问题。

　　我们这样分析问题,多少表现出一种无可无不可的心态,或许为注重"正名"的学者所不取。然而,我们都承认英语语法比汉语语法概念明确得多,而词的概念在英语中却也不见得没有疑义。前面已经讲过,英语中动词后面经常跟着一个介词或副词之类小词,这种组合还不能紧密到中间不能插进任何成分的地步。但是若用语法规则去描述哪些动词后面可以跟哪些小词组合以及组合起来表示什么意思,却是既麻烦,又不准确,不能给学习者明确的认识。于是,英语语法书中固然会讲到这种组合,而英语词典中也往往要收入它们,甚至还出版作为词条逐一讲解这种组合的专用词典。这种组合也有好几种名称,可以叫 verb(al) phrase(≈动词短语),也可以叫 phrasal verb(≈短语动词)。可见中外一样,都有介于词和短语二者之间的中间例子。为满足学习者的不同需要做出灵活的处理,比起以不变应万变执一而论来,应该是明智而现实的选择。对于公认难以处理的汉语语言单位而言,这一点尤其重要。

我们的论证说穿了,只是这么几句话:颠扑不破的真理是,语法书中不能做出精确处理的词语,就需要放到辞书中讲,辞书忙不过来,就要请构词法之类东西帮助分流,怎样在二者之间划定疆界是技术问题。一言以蔽之,语法大,词典小;词典大,语法小。二者可以有多种方式进退揖让,不必执一而论。从汉语语法研究的历史来看,过去的注意力一直集中在句法方面,缺乏构词方面的相应工作与之配合,词的概念始终不能确立,造成词典和语法脱节,无法形成完整的系统。为汉语语法建立坚实的基础,第一步就要从研究汉语的构词问题下手,建立跟语法系统配套的词的概念。尝试填补语法和词典中间的空白地带,是汉语语法研究的一个有希望的发展方向。

7　语法规则的基本结构单位：词类

7.1　语法规则和语法关系

上一章的论证表明,词的概念决定于句子的概念和语法规则系统。既然如此,我们就有必要认真地研究语法规则的性质。我们说过,语法规则的主要形式是：

（1）　R：a+b→ab

根据 Frege 原理,规则 R 在断言由语言单位 a 和 b 的形式可以推演语言单位 ab 的形式时,它也断言由 a 和 b 的意义可以推演 ab 的意义。所以规则 R 实质上断言在语言单位 ab 中,a 和 b 之间存在一种由 R 所定义的结构关系,不妨把它命名为语法结构关系 R。例如,当语法规则说（2）时：

（2）　定语加中心语可以构成一种语言单位。

它断言语言中有由定语加中心语形成的单位,这种单位的两个成分之间存在一种关系,它可以称为"定语·中心语"关系。

同样,当语法规则说（3）时：

（3）　主语加上谓语可以构成一种语言单位。

它断言语言中有由主语加谓语形成的单位,这种单位的两个成分之间存在"主语·谓语"关系。

语法关系 R 有双重含义：从分解的角度看,它表明语言单位 ab 的两个成分之间具有关系 R；从组合的角度看,它表明语言单位 a 和 b 可以形成关系 R,组成两个成分之间具有关系 R 的语言单位 ab。这无疑在说语法组合过程对应着语法关系,有一种语法组合过程,就有一种对应的语法关系;有一种语法关系,也就有一种对应的语法组合过程。

7.2 语法关系之间的蕴涵和层次

语法规则是一种命题,命题与命题之间可能存在包含关系,或说蕴涵关系。若干条语法规则之间有相互包容的蕴涵关系,就会体现出序次和等级差异。试看(4)、(5)和(6):

(4) R_1:人称代词(+的)+名词

→定语(人称代词)·中心语(名词)组合

(5) R_2:名词(+的)+名词

→定语(名词)·中心语(名词)组合

(6) R_3:数量词语+名词

→定语(数量词)·中心语(名词)组合

R_1、R_2 和 R_3 三条规则代表三种组合过程,参加这三种组合过程的第一个成分 a 是三种类型的词语,所以可以说它们对应着三种不同的语法关系。然而从另一方面看,它们也有相同之处。人称代词的所指是人或物,名词的所指也是人或物,从它们的所指来看,名词可以涵盖人称代词,于是(5)就可以涵盖(4)。再看(5)和(6)。虽然名词和数量词是性质不同的词语,但是当它们用作名词中心语的定语时,它们的作用都是限制中心语所指的事物的范围。用技术性的话讲,它们都是在中心语所指事物的集合中指定一个具有某种属性的子集合。从这一点看,(5)和(6)也可以归并在一起。这样,从三者具有的共性方面着眼,我们就可以把(4)、(5)和(6)归并为同一类语法关系,统一在"定语·中心语"关系之下。

这个例子表明,每一条"a+b→ab"形式的语法规则,都可以说是规定了语言单位的一种组合关系。不同的语法关系之间可能存在隶属关系,我们有可能把若干有共同之处的语法关系 R_1、R_2 等归并为一种更为涵盖的语法关系 R,也有可能把一种语法关系 R 分析为若干种管辖范围小于它的语法

关系 R_1、R_2 等。

我们已经论证过,为了可操作,语法规则的数目必须有穷;为了实用,语法规则不能过分琐细,也不能过分概括。既然如此,那么由语法规则所定义的语法关系实际上跟语法规则一样,也有层级关系:有的较为概括,有的较为具体。至于一部语法书要向读者介绍哪些语法关系,这决定于读者的需要。

必须说明,我们这里所说的是广义的语法关系。"grammatical relation"一般译为"语法关系",而在现代语言学文献中,"grammatical relation"往往指传统西方语法中的主语和宾语等语法关系,比我们这里说的语法关系的所指要狭窄。事实上,主、谓、宾、补、定、状之类传统句法关系是传统语法学者从众多语法关系中筛选出来的最为重要的语法关系,它们具有的概括力和解释力体现了它们的重要性。然而,既然不同的语法关系之间有概括和具体的差异,有层次和等级关系,上述传统句法关系也就不是不可再加概括和再加分解的终极概念。例如,只要有必要,定语和状语跟中心语的关系可以概括为主从关系或向心关系。向心关系就是比它们更为概括的语法关系,也就是更高层次上的语法关系。

7.3　语法规则的范畴性

语法规则是对语言单位进行语法操作的规则,我们讲过,它必须具有一定的概括性。在(7)中:

(7)　R:a+b→ab

a 和 b 二者可能都代表一批语言单位,例如(8):

(8)　动词+名词→动宾组合

a 和 b 二者之中有一个是具体词语的情况也是可能出现的。例如在印欧语附加词尾的词形变化规则中,词尾"s,'s,ed,ing"等就都是固定的语言形式,如(9):

(9)　名词+'s→所有格名词

在汉语中也有（10）那样的语法规则：

（10）　名词+"的"→"的"字结构

然而，如果在全部语言单位中，只有唯一的一对单位能进入（7）中 a 和 b 的位置，那么（7）就不是语法规则。这表明在语法规则（7）中出现的 a 和 b 中，至少要有一个代表一批语言单位，而不是都只代表一个特殊的语言单位。

既然如此，当我们确定（7）是语法规则时，无疑在断言可能有两批语言单位｛A｝和｛B｝，｛A｝中的单位可以进入 a 位，｛B｝中的单位可以进入 b 位；也可能有一批语言单位和一个特定的语言单位，比如说是｛A｝和 B，｛A｝中的单位可以进入 a 位，语言单位 B 可以进入 b 位。

这就是说，如果 R_i 是一条语法规则，它就定义了一个甚至两个语言单位集合。我们把由 R_i 定义的语言单位集合标为 $R_i\{a_i, b_i\}$，它可能是一个语言单位集合和一个特殊的语言单位，也就是说是一个多元集合和一个单元集合，也可能是两个或更多个多元集合。

这样，语法中的全部语法规则 $R_1, R_2, \cdots, R_n$ 等就将定义若干语言单位集合 $R_1\{a_1, b_1\}, R_2\{a_2, b_2\}, \cdots, R_n\{a_n, b_n\}$。因为语法规则数目 n 有穷，所以这些语言单位集合的数目也是有穷的。这就是说，当语法规则数目 n 增大时，由它们定义的集合 $R_i\{a_i, b_i\}$ 等的数目也会增大。但是只要 n 不是无穷大，集合的数目就不会无穷大。

这表明，如果语法规则系统包含 n 条规则，那么由全部语言单位构成的全集合内部就将出现一个个子集合，它们的形式是 $R_i\{a_i, b_i\}$。每一个子集合中的成员都至少能适用于一条语法规则。我们要想正确地使用语法规则 R_i，就必须知道它所定义的语言单位集合 $R_i\{a_i, b_i\}$ 中包括哪些成员。如果我们把这样的语言单位集合叫作由语法规则定义的语言单位范畴，那么我们得出的结论是：

（11）　语法规则在规定语法操作的同时，确定语言单位的范畴。

这种范畴跟语法规则对应，有什么样的语法规则，就有什么样的语言单位范畴。掌握了所有这样的语言单位范畴，知道每一个范畴中有哪些语言单位，也就能够正确地使用语法系统中的所有语法规则。

7.4　词类的概念

利用上一节的结论,我们可以推导出词类的概念。事实上,根据我们的定义,一个大于词的单位必然能被反向语法规则分解为两个或几个比它小的单位,逐层分解得出的最小单位是词。① 既然我们所定义的词是用语法规则去分解某一个句子得出的最小单位,那么它要参与造句过程,就必须进入某一条语法规则之中,而这条语法规则就要把它归入某一个语言单位范畴之中。所以任何一个词,至少也要隶属于一个语言单位范畴。这表明为了使用语法规则去"用词造句",词必然要被分成若干类别。词不分类就不能使用语法规则,没有语法规则,也就没有语法。

在吕叔湘、朱德熙合著的《语法修辞讲话》中说到,"区分词类,是为的讲语法的方便"。在 20 世纪 50 年代《中国语文》期刊上展开的关于汉语实词能不能区分词类的讨论中,有些学者,曾对这种讲法提出质疑。吕叔湘(1954)对此做了进一步的解释:

> 说区分词类是为了讲语法,我想这句话并没有说错。……要是说"词类"这种分别是客观存在的,那我完全同意。但是还是不能离开分类的目的来谈词类的分别,因为一切分类都是有一定的目的的。为了不同的目的,咱们可以有不同的分类:为了编词典,咱们按字母次序分类;为了编"义典",咱们把意义关联的词编在一起,如英语的 Roget's Thesaurus;为了做诗,咱们编韵书,如《中华新韵》;为了讲修辞学,咱们分别旧词、新词、俚语、方言、同行语、书卷语、外来语;为了讲语句组织,咱们分别"词类"。(引自吕叔湘 1984:233 页)

现在我们通过逻辑分析已经阐明,如果我们承认有用词造句的语法规则其物,那么它们必然要把语言单位(包括词)区分为种种类别,没有类别也就没有办法表述那些语法规则。这就给"区分词类是为了讲语法"这句话做出了明确的解释,因为按我们在 § 6.1 中(5)和(6)的讲法,归根结蒂讲语法就是

---

① 这里没有考虑不便分拆的词语组合,例如成语,应该如何命名。

讲语法规则。

　　得出语法中的词必须分为若干类别这个结论以后,下面的问题就是这样的词类会有多少,会不会一个词类中只有一个词。既然我们这里所说的词类是由语法规则定义的语言单位范畴,那么词类的数目和每个词类中可能包括哪些成员,这就完全决定于它们是由哪些语法规则定义的语言单位范畴。

　　显然,当每一条语法规则"a+b→ab"都只能适用于一对特定的〈a,b〉时,由它们所定义的语言单位范畴就都只能包含一个特定的语言单位,换句话说,每一个语言单位都自成一类。既然我们在论述语法规则的性质时排除了这种情况,那么所有的语言单位都自成一类的情况就不可能出现,但是个别语言单位自成一类的可能性从逻辑上无法排除。事实上汉语中的"的,地,得"虽然被归为结构助词,却没有多少有实用意义的共性,还是需要个别学习。而印欧语中的冠词虽然自成一类,却没有几个词,一般不过包括定冠词和不定冠词这两个单位而已。种种事实表明,也存在一个词类中只有一个词的可能性,不过在语法中一些共性并不明显的词还是尽可能求同存异,归为一类。

　　词类的数目是多还是少,这完全决定于我们用哪些语法规则去定义语言单位范畴。我们说过,语法规则可以区分出层次和等级,一条语法规则有细分为几条的可能性,几条语法规则也有概括为一条的可能性,这完全决定于我们在哪个层次上讲话。上文§7.2的(4)、(5)、(6)可以看作三条不同的语法规则,也可以看作一条对应着语法关系"定语·中心语"的规则。把它们看作三条语法规则,由它们就可以定义人称代词、名词、数量词等三个语言单位范畴。把它们归并为一条规则,由它们就只能定义一个可以修饰名词中心语的语法单位范畴。

　　既然语法规则可以概括到只有一两条,也可以具体到一个词也有几条用法规则,那么在讲语法时怎样确定词类呢? 一个可能的办法是,先从概括到具体把语法规则按照层次排队,它可能呈现(11a)那样的形式。这样,各个层次的规则所定义的词类也将按照由大到小的顺序呈现(11b)那样的层次和等级关系:

（11）a

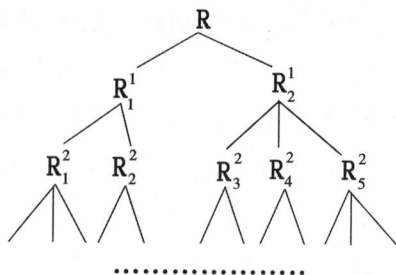

　　b

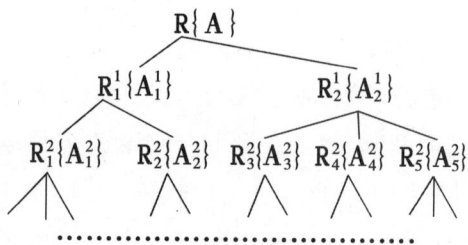

　　这样,$R\{A\}$ 中的单位都能使用规则 R;$R_1^1\{A_1^1\}$ 中的单位除都能使用规则 R 外,还都能使用规则 R_1^1,但不一定能使用规则 R_2^1;同样 $R_2^1\{A_2^1\}$ 中的成员除都能使用规则 R 外,还都能使用规则 R_2^1,但不一定能使用规则 R_1^1,依此类推。

　　于是,由于 $R_1^2\{A_1^2\}$ 中的单位都能使用规则 R,R_1^1 和 R_1^2,我们可以把它标为（12a）;而 $R_3^2\{A_3^2\}$ 中的单位都能使用规则 R,R_2^1 和 R_3^2,我们就可以把它标为（12b）:

（12）a　$A_1^2 \in (R,R_1^1,R_1^2)$

　　　b　$A_3^2 \in (R,R_2^1,R_3^2)$

　　用这种方法显然可以把词分成有层次关系的若干类别,然而它的操作前提是,我们必须首先把语法规则排成有层次的等级系统。语法规则不成系统,由它们所确定的语言单位范畴也就不成系统。所以我们必须首先考虑语法规则的系统性,也就是语法规则之间的层次和等级关系。

7.5　语法关系和句子成分

我们已经说明，造句规则可以琐细到一条规则只能生成一个特定的组合，也可以概括到一两条规则就足以涵盖所有的句子的组成方式。但是为了给学习语言的人使用，语法规则就必须编排成一个有层次的等级系统，以适应不同学习阶段的不同需要。而任何一部语法书都只能在这个层次系统中从概括开始，讲到某一层次为止，不可能具体到精确地列举出语言中的全部语句的程度。

既然如此，那么从句子出发，把它逐步分解开来，就将形成一个由大单位到小单位逐步离散化的过程。描述这个过程的各个步骤，就将形成一个由概括到具体的规则系统，显然这是建立语法系统的一个可行的办法。而当前的语法模型确实都是在走这条路，而且迄今为止，也都是从传统语法的主语、宾语等相当概括的语法关系出发，做较为具体的描述。

传统语法确定的主语、宾语等语法关系是对语法规则做出的归并，句子内部所有重要的组合规则所定义的组合关系都可以概括在这些语法关系之中。跟它们对应的语法规则是有相当概括性的、层次和等级最高的语法组合规则：

（13）　R（主·谓）：主语+谓语→句子

　　　　R（动·宾）：动词+宾语→动宾组合

　　　　R（定·中）：定语+中心语→定中组合

　　　　R（状·中）：状语+中心语→状中组合

　　　　R（动·补）：动词+补语→动补组合

在这些组合中，有几个组合成分没有专用的句子成分名称，我们论及它们时暂且用"定语的中心语"、"状语的中心语"、"动宾组合的动词"等表示。

我们都知道，美国描写语言学派使用直接成分（immediate constituent）分析句子的结构，可以把句子切分为若干片断。这种方法看起来相当科学，给汉语语法学者留下深刻的印象，甚至引发了句子成分分析法和直接成分分析法孰优孰劣的讨论。然而从逻辑上讲，把一个句子切分为若干片断是一回事,分析那些片断之间的关系是另一回事。直接成分分析法关注的是怎样把一个语言单位切分开来,而句子成分分析法关注的是怎样把切分下来的片断归并为若干类型。二者的目标不同,有如接力跑,不存在孰优孰劣和能否取代的问题。正因为切分不是目的,所以在用直接成分分析法把一个句子切分为若干片断以后,仍然需要归纳各直接成分之间的关系。而当我们试图把直接成分之间的关系归纳起来时,却会发现算来算去也不外乎传统语法所鉴定的这几种语法关系而已,并没有发现什么新的语法关系。事实上,我们不能不承认,传统语法所区分的几种语法关系是自然语言语法分析的基石,它本身就蕴含着直接成分分析原理。所谓直接成分分析法不过是一种切分方法,充其量也不过是对分析句子结构有一些辅助作用而已,谈不上取代句子成分分析。

关于直接成分分析的作用,国外学者还是了然于中的。美国学者 D. Bolinger 认为:[①]

> 直接成分分析法能告诉我们一串话语的层次如何,但是它不能告诉我们成分的性质以及它们组合的方式。例如 behind the house 同 only a few,它们直接成分的图解是一样的:

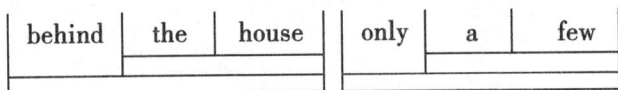

| behind | the | house | | only | a | few |

> 可是第一个短语实际上同 in back of the old stone house on the hill 这个结构更接近,用图解来表示,乍一看似乎很不相同:

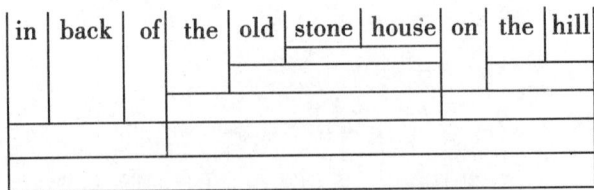

| in | back | of | the | old | stone | house | on | the | hill |

> 这类图跟过去在学校里教语法时所画的图有明显的相似之处,这就给我们一个启发,要完成分析还需要做些什么:关于词类,关于主语、

---

① 见《语言学动态》1978 年 2 期。

谓语、修饰语,等等,即关于词类的功能。一旦我们在这些空白的格子里标上了这些,看起来就更面熟了(见下图)。

It	grows	in	back	of	the	old	stone	house	on	the	hill
							复合名词				
						名词被形容词修饰			内层名词短语		
					内层名词短语				前置词短语		
	主要动词	复合前置词			外层名词短语,前置词的宾语						
		前置词短语,主要动词的补语									
主语	谓 语										
句 子											

7.6 语法关系和词类

既然(13)是层次最高的语法规则,那么把这个结论跟上文说到的词类表示式(12)结合起来,显然我们会得出下列结论:

(14)任何一类由语法规则定义的词 A,只要它能用作传统的句子成分 X,它就必然可以表示为 $A \in (X, R^1, \cdots, R^n)$ 的形式,也就是说,A 首先要能使用 X 所对应的语法规则。

这无疑表明,最为概括的词类可以按照它能用作什么句子成分来区分,根据次级语法规则可以把它们划分为若干次级类目。

从词类表示式(12)可以看出,词类分得越细,对每一类词能使用哪些语法规则和不能使用哪些语法规则的描述也就越详尽。我们决定把某一类词 A 分为 A_1 和 A_2 两类,其原因只能是它们对某一条语法规则 R_i 的反应不同,比如说 A_1 能使用 R_i,A_2 不能使用 R_i。明确这一点,我们就可以来讨论 §2.2.3引证过的 Sledd(1955)在评论美国学者弗里斯的《英语结构》时对词类的看法:

原则上,一个语法学家应该承认多少词类,要看他是否能用这些词类去说明这个语言里的大多数话语,要看他承认更多的词类是否就会在说明问题的力量上出现报酬突然缩减的情况。

　　根据我们的结论,把词分为多少类,这本质上决定于我们准备使用哪些语法规则和语言单位对这些规则的反应如何,而要不要使用某一条语法规则决定于把它加进语法系统中是不是方便和有没有必要。增加一条语法规则就会加重语法系统的复杂程度,为此要付出一定的代价。例如学习语法的人要为此花费一定的精力,处理语言信息的电子计算机要为此扩充软件或硬件。然而增加一条语法规则也会提高语法描写的精确性,这是它给予我们的报酬。于是,要不要这一条语法规则,最终要在繁杂性、精确性、必要性之间权衡利弊,做出决定。

7.7　句子成分确定词类

　　我们的论证结果表明,尽管执行起来可能还会有许多技术问题需要解决,但是大方向已经明确,按照一个词能够用作什么句子成分去划分词类的原则符合逻辑,无可非议。然而在 20 世纪 50 年代汉语语法界就汉语实词能不能区分词类问题进行大规模的讨论时,有些学者对这个原则直接或间接地提出批评,甚至予以否定。对此,我们不能不进行必要的分析。

　　我们知道,除去一个词绝对独立于句子之外的情况不论,任何一个词在句子中都是跟其他的一个或几个词构成一种组合关系。这种组合关系必然要归入传统语法所鉴定的那些语法关系之中,而那些语法关系又是用句子成分的形式予以命名,所以一个词在句子中必然是单独充当或与其他单位一起充当一种句子成分。

　　我们不妨看一下传统语法对句子的分析方法。根据传统语法,把一个句子逐层分解开来,每一次分解所得出的两个或几个片断都是可以用组合关系或句子成分命名的,最后分解出的词也是带着句子成分标签的词。

　　我们以(15)为例,具体看一看这个分解过程:

　　(15)　语法指用词造句的规则

语　法　指　用　词　造　句　的　规　则

主	谓			
	动	宾		
		定	（的）	中
		状	动	（的）
		动　宾	动　宾	

（15）可能有不同的分析方式，这里仅仅是示意而已。例如"用词造句"可以分析为状动结构，也可以分析为连动结构，因为"用词"中的"用"有动词和介词两种分析方法。而"造句"中的"句"是不是词，也可能有不同处理方式，我们不再深论。

在（15）中，名词"语法"用作句子的主语，动宾组合"指用词造句的规则"用作句子的谓语。动词"指"是动宾组合中的动词，"用词造句的规则"是它的宾语。名词"规则"是定·中组合中的中心语，"用词造句（的）"是它的定语。"用词"是状动组合的状语，"造句"是状动组合中的动词。"用"是带有宾语的动词或介词，"词"是它的宾语。"造句"也可以看作动宾组合。

从（15）的分析过程可以看出，当我们按照语法规则逐层分析一个句子的构成方式时，每一次分解得到的两个或几个片断之间必然构成一种语法组合关系。最终把它分解为若干在语法中不能再予离析的片断以后，每一个片断都跟另外一个或几个片断构成一种语法组合关系 R，关系 R 一般可以用传统的句子成分予以命名。例如在（15）中，名词"语法"是单独用作一种句子成分；名词"规则"是带上附加成分"用词造句（的）"以后用作一种句子成分，而这种附加关系又是可以用定语予以命名的。

根据我们的定义，语法中所有的词都是像（15）这样运用语法规则分解句子最终得出的语言单位。既然（15）表明这样一些语言单位都是单独地或跟其他成分一起充当着句子成分，那么所谓用词造句其实是用词去充当句子成分，由句子成分组成句子：

（16）　词→句子成分→句子

(16)表明,尽管我们讲用词造句,然而词仅仅是构成句子的最基本的语言单位而已。句子是由句子成分构成的,句子成分是由词构成的。

既然如此,那么以描写用词造句的方式为鹄的的语法,就要描述怎样用句子成分组成句子和怎样用词组成句子成分。这就是说,描述一类类词能够充当什么句子成分也就是描述怎样用它们去造句,而不描述它们能够充当什么句子成分也就等于没有描述怎样用它们去造句。所以,若要描述一类词怎样参与组词成句的过程,就要说明它们能够以什么形式充当什么句子成分。

我们肯定根据能够以什么形式去充当什么句子成分是划分词类的基本方式,这样做并不等于说要求词类跟句子成分绝对地一一对应,而不允许一类词充当两种句子成分。即使在我们认为句子成分跟词类相互对应的印欧语传统语法中,也没有因为名词既能做主语又能做宾语而把它们分成两类。

另一方面,断言应该以能够充当什么句子成分为根据去区分词类,也不等于说不能根据某种规则把能做同一种句子成分的词区分成两类。我们知道,名词和代词都能用作主语和宾语,然而在印欧语传统语法中还是根据其他规则把它们区分为两类。同样,印欧语中的动词一般都能做谓语中心词,但是传统上还是把它们区分为及物动词和不及物动词,因为进一步区分便于更为精细地描述它们的用法。所以用可以充当什么句子成分为划分词类的出发点是具有逻辑必然性的,不必回避,更不能否定。

从逻辑上讲,任何分类都必须遵循一定的分类原则。传统的句子成分分析法奠基于命题结构分析,具有坚实的哲学和逻辑基础。经过千百年的实践,无论我们如何诟病,也只是对它做一些局部调整而已,从总体上讲还没有任何理论能取代它。直接成分分析法无论看起来多么科学,并没有拿出跟传统的句子成分完全不同的一套崭新的句子成分,甚至于没有拿出一套句子成分名称。这是因为我们不能否定传统的命题结构观点,也就不能否定传统语法对句子成分所做的概括和归类。只要传统的句子成分分类存在,为解释用词造句的方式而分词类就不能不以它为基础。

事实上,如果照时下的通例,仅仅说汉语要根据词的结合能力去划分词类,在理论上是无可挑剔的,但是在实际操作时,我们就要问词与词之间有哪些结合能力,能不能罗列出来让大家有所依据呢?

　　当我们看到一个词 A 时,要看它的结合能力,势必要拿它跟其他的词一一组合,然后再看结果如何。如果我们事先对其他的词没有任何类别观念,那么这种工作将是既繁重,又无效果。

　　例如面对"猫"这个词,我们看到可以说"猫头,猫腿,猫脚,猫耳朵,猫鼻子,……",但似乎不大能说"猫人,猫天,猫地,猫太阳,猫月亮,……"。这两个单子可以拉得无限之长,其结局我们会得到什么东西呢? 当我们去分析它们何以能说、何以不能说时,我们会发现自己还在传统定义的那些语法关系的掌握之中。迄今为止,无论学者之间对划分词类的主张有多大差异,大家分出的类别大同小异,传统的几部词类仍然是词类系统的主体,这足以证明传统的句子结构观点仍然是我们今天讲语法时的基本出发点。而我们的论证表明,传统的句子结构和句子成分的观念,实际上已经限制着甚至规定着词类系统的基本格局。

7.8　词例和词位

　　上文的论述已说明,除了个别虚词未曾给予句子成分名称以外,一个词在句子中作为一个组成成分时,它是处在一个特定的上下文中,充当一种句子成分;而它在词典中作为一个词条时,它是独立的存在,并不充当任何句子成分。为了把这两种不同状态的词区分开来,我们称前者为词例,称后者为词位。

　　我们可以把词位看成一个集合,它的成员是带着各种句子成分标签的词例。例如在"人民"这个词位中,包含着在句子中做主语的"人民"、做宾语的"人民"、做定语的"人民"等等词例。根据这种定义方式,我们可以写出传统语法的基本公式:

（17）　传统语法的基本公式:
　　　　词位→词例→句子成分→句子

对于(17)是可以做种种理解的,不妨打个比方。我们可以认为词位中的词是洁白无色的,进入句子以后就被染上各种颜色。它们可能是在准备进入句子时被染上颜色,也可能是在进入句子之后被染上颜色,这无关紧要。当然我们也可以认为一个词位本来就是一个包罗万象的大本营,它收容了一批带有各种颜色的词例,需要什么颜色的词例就到词位中去取。这几种看法的区别在哲学上和在心理学上都可能引起研究者的浓厚兴趣,但在语言教学中就可以不去深究,不妨采用后面这种看法。

我们可以解释一下这个道理。当我们观察一个词用在句子中的不同位置上跟不同的词语组合的情况时,可以发现它的语法性质会发生各种变化。试比较(18)和(19):

(18)a　书→一本书

　　b　张三在看书→张三在看一本书

(19)a　球→一个球

　　b　张三在打球→ ？张三在打一个球

(18)跟(19)是对应的。在对书计数时,我们说"一本书"、"两本书";在对球计数时,我们说"一个球"、"两个球"。然而(18b)中"看书"的"书"可以扩展为"一本书",而(19b)中"打球"的"球"不可扩展为"一个球"。这表明仅仅说"看书"和"打球"是及物动词带名词宾语还不够,因为"书"和"球"在这里的语法性质不同,笼统地称为宾语不能予以精确的描述,否则学习者就有可能造出(19b)右边的句子。为了描述"打球"的特殊性,我们可以说"打"在这个意义上后面不能带给个体球计数的数量名组合,也可以说名词有几个不同的词例形式,其中有一个是光杆名词,有一个是带不同数量组合的名词。前者往往能进入各种句子位置,而后者就受到较多的限制。例如在(19b)中,"张三在打球"可以扩展为"张三在打一场球",而一般不能扩展为"张三在打一个球"。这个例子表明同一类的词,用作同样的句子成分时,其语法性质也会有差异。

再比较(20)和(21):

(20)a　我们决定调查。

　　b　我们决定调查一下/清楚/问题。

(21)a　我们进行过调查。

　　b　？我们进行过调查一下/清楚/问题。

(20)和(21)也是对应的。但是,如果我们仅说(20a)和(21a)都是及物动词带动词宾语"调查"就不够。(20a)中的"调查"虽然是做宾语,但它还有动词的许多性质,(20b)表明它可以带宾语和补语。而相比之下,(21a)中的"调查"就没有这样的能力。学习者要想正确地使用这两句话,就必须认识到,表面上看来二者是用同一个"调查"做宾语,实际上这两个"调查"的语法性质很不一样。即使把它们归入同一个动词词位"调查",也需要分为两个不同的类型,学习者需要掌握这两个类型的"调查"各有哪些语法性质。这个例子表明,形式上似乎是同一个词,而且用作同样的句子成分,其语法性质也会有差异。

比较(22)和(23):

(22) a　这本书出版了/过

　　　b　这本书在两年后出版

　　　c　这本书可以出版一下

(23) a　? 这本书的出版了/过

　　　b　? 这本书的在两年后出版

　　　c　? 这本书的出版一下

"这本书的出版"中的"出版"仍是动词还是已有不同程度的名词性,这是一个著名的问题,汉语语法学者对它的观点很不一致。我们不想进行很多的理论分析,只是用(22)跟(23)的对比说明"出版"在做谓语时和做定语的中心语时有很不相同的性质,不加分别就无法正确地反映这个事实。即使把(23a)中的"出版"归入动词,也需要说明它跟(22a)中的"出版"有哪些差异。一旦做到这一步,一旦把用作定语中心语的"出版"跟用作谓语的"出版"区分为性质有所不同的两个类型,那么说它还是动词跟说它已经名物化就纯属名目之争,没有什么实际意义。

通过这些实例,我们可以知道,要想精确地了解词的用法,简单地贴上有限的几个词类标签并不能解决问题,我们还必须掌握用在句子的不同位置上的词其时其地有哪些具体性质。当我们描述某一个词类的性质时,我们所描述的可能是它们在各种位置上都具有的性质,也可能是它们在某一个特定的位置上才具有的性质。根据它们在不同位置上可能出现哪些性质,可以把它们划分为若干词例类型。掌握这些词例类型有助于正确地遣词造句,因为归根结蒂用词造句就是把词放到句子中的某个位置上,而它一旦进入那个位置,也就变成某一类型的词例,而不再是身分暧昧的词条。

7.9 "入句辨品"之说

现在我们可以来分析黎锦熙(1924)在处理汉语的词类问题时提出的"入句辨品"说。虽然这种讲法在20世纪50年代展开的关于汉语实词能否分类的辩论中遭到否定,然而从上文的论证来看,它不是不可理解的。

从用词造句的观点来看,词都是要进入句子的,而词一进入句子就变成我们所说的"词例"。为了把用在句子中的词跟词典中的词区分开来,我们称前者为词例,后者为词位。一个词位可以收容若干个词例,它们可能属于同一个词类,也可能分属不同的词类。即使同属一类,上文也已证明它们的语法性质可以有或大或小的差异,要想造出合式的句子有必要掌握每个词例的具体性质。

我们这样讲,事实上已等于在说词典中的一个词条进入句子之中就分化为不同的类型,不妨说这跟一个音位进入语流中要分化为不同的音位变体情况相同。既然如此,我们就可以说词典中的词其实包含着若干词位变体,不进入句子就不知道它是哪一个变体,因为它是所有变体的总代表。

"入句辨品"说之所以会引起学者的争论,关键之一在于同一个词位可以不可以包容两个或几个分属不同词类的词例,或者说,两个词类不同的词可以不可以看作同一个词。

吕叔湘(1979:17 页)认为:

> 有时候一个语素可以用于两个词类,意思密切相关,例如一把锁和锁上门的锁,一个姓和他姓姚的姓。是一个语素、一个词呢,还是两个语素、两个词? 一般认为词类不同就得算两个词,可是基本意义不变只是一个语素,这样就该作为一个语素、两个词。

以此为前提,如果让词位跟"词"划等号,即一个词位只能包含一个词,不能包含两个词,那么立刻可以推出一个词位只能收容同属一类的词例。这样,不必入句,就能知道一个词位所包含的词例进入句子是哪一类词,于是不必入句就可以把这个词类标签归给那个词位。

然而,如果让词位跟"语素"那样处理,那么一个词位就可以收容不同词类的词例,情况就有所不同。这时若把词例的词类标签标在词位上,这个词位就将有两个或更多个词类标签,在它入句之后才能成为只带一个词类标签的词例。

还是举英语的例子。在一些英语词典中,例如《The Concise Oxford Dictionary》,"look"(看)是一个词条,下面注有"v.& n.",意思是它属动词,也属名词。如果我们把这个词条看成一个词位,那么在不入句之前,孤零零地写出一个"look",我们就无法断定它是动词还是名词。但是把它放到句子中,身分立刻明确。例如(24a)中的"look"是动词,(24b)中的"look"是名词:

(24)a　I want to look at it.(我要看看它)

　　b　Let me have a look at it.(让我看一看它)

这就是"入句辨品"的例子。

但是还有一些词典,例如《Oxford Advanced Learner's Dictionary of Current English》,把"look"分为"look¹"和"look²"两个词条,前者注动词,后者注名词。这就不用入句,就能断定它的词类。照这样看,"入句辨品"纯属技术问题,无所谓对与错。

然而"入句辨品"在汉语语法界成为问题的关键之二是它跟鉴定词类的标准的关系。主张"入句辨品"的学者鉴定词类的标准比较严格,只有语法性质十分相近的词例才可以归为同一词类。相反,反对"入句辨品"的学者鉴定词类的标准就比较宽泛,允许语法性质有较大差异的词例归入同一词类。

例如上文举的"木头桌子"的例子,按黎锦熙(1924)的讲法,"木头"已有形容词性,所以孤零零地写出"木头"二字,就不能确知它是名词还是形容词,必须"入句"才能"辨品"。而按朱德熙等(1961)的讲法,"木头"仍是名词。这就不必"入句"就能断定"木头"是名词,因为入句之后也没有形容词那一说。

根据我们上文的论证,"木头桌子"中的"木头"确实跟单用的"木头"有所不同,可以分两个词例。至于把这两个词例都归入名词,还是分归名词和形容词两类,这既跟语法描写所要求的精确程度有关,也跟处理上的方便与否有关。我们下面还要讨论。

7.10　"汉语实词不能区分词类"之说

现在我们可以进一步讨论汉语实词不能分类的讲法,这是 20 世纪 50 年代汉语词类争论的主题。上文的论证已说明,要想使用用词造句的语法规则就必须给词分类,于是使用上一章(6)定义的那种语法模型讲语法要给词分类就是颠扑不破的真理。这个问题既然已有定论,汉语实词是不是能分类似乎已经无须讨论。然而利用上文引入的词位和词例的概念,可以进行必要的逻辑分析,使我们对这个问题有更为明确的认识。

认真地考虑每一位学者在每一篇文章中的观点究竟如何,他对问题的认识有怎样的变化过程,这是史家的工作。我们这里只想就高名凯、计永佑(1963)的观点进行讨论。

根据高名凯和计永佑(1963)的讲法,汉语的实词进入句子之后就进入一个确定的词类范畴,但是孤零零的一个词是不能分类的。现在的问题就是,所谓的词类范畴具有哪些语法性质。如果我们能够给每一个词类范畴确定一个语法性质集合,使得我们可以把各个词类范畴区分开来,那么当一个词 W 可以进入句子中的词类范畴 A 时,用我们的话讲,就可以说 W 词位包含一个具有性质 A 的词例;当 W 可以进入句子中的词类范畴 B 时,可以说 W 词位包含一个具有性质 B 的词例。这样,说 W 没有词类 A、B 的区别,其理由只是因为 W 包含着两个词类不同的词例。把 W 归入 A 类就漏掉有性质 B 的词例,把 W 归入 B 类就漏掉有性质 A 的词例。

既然如此,那么上面举的英语例子"look"有动词和名词两用,是不是也可以说它没有词类区别呢? 高名凯(1963)认为:

> 我们要看某一语言里的同一个词干在语法变体上到底有哪些词类意义的体现,去确定这一语言中的一个一个的词可以在词类范畴上归成几类或能不能归成词类,而不是看这一语言里是否有词类范畴的存在。

> 汉语的情形是:一个词的词干就是一个词位,它在词类的语法范畴

上可以在言语里体现为不同的变体,这就是说,汉语的同一个词干或词可以在不同的场合具有不同的词类意义,因此,汉语具有词类范畴,但正因为这些不同的词类意义可以是汉语的同一个词干所有的不同变体,所以汉语的实词不能依照其所具有的词类意义的情形而被分成名、动、形等词,正如俄语的形容词不能依照其所具有的"性"的语法意义的情况而被分为阴性形容词、阳性形容词、中性形容词。(引自高名凯1990:330页)

汉语的情况何以如此呢? 高名凯(1957)有进一步的说明:

> 词类功能和词类是两个不同的概念。要规定词类必须说它是哪一种词,我们显然不能够把同时可能具有不同词类功能的词说成某一固定词类的词,正如我们不能说某人又姓张,又姓黄,又姓李,又姓赵,而让人家知道他是姓什么的。但这没有固定词类的词却可以在不同的场合下由于不同的句法作用具有不同的词类功能。有形态变化的词,已由形态把它固定在某一种词类之上,因此,这种词在句子里只能担任某一固定的词类功能。(引自1986版80页)

原来从高名凯(1953)到(1963)一直是把印欧语中的词形变化规则跟用词造句的规则分开,于是词形变化就归为词位自身的变化形式,不算入句以后的变化形式。这样,凡是有词形变化格式的词就根据它有哪些词形变化归类,而不根据它在句子中跟其他词之间的语法关系归类。这就是高名凯(1953)坚持说汉语实词不能区分词类的原因。我们不能不承认高名凯(1957)和(1963)的讲法是有道理的,然而我们也不能不认真地研究词形变化规则跟用词造句的规则之间的关系,以及把二者如此截然地区分开来意义何在。从逻辑上讲,词形变化规则跟用词造句的规则是对应的,是一而二、二而一的东西。英语动词"look"有"look,looks,to look,looking"等词形变化形式,这些变化形式是为"look"这个词进入句子充当某一个句子成分服务的。这些变化形式对应着"look"跟其他词构成的语法关系,反过来,"look"跟其他词构成的语法关系也对应着这些不同的形式。所以,根据一个词的词形变化格式分类,等价于根据它在句子中可能构成的语法关系分类。

印欧语中需要以不同的词形进入不同的语法关系,而汉语词则往往能以同一词形进入不同的语法关系。这确实是汉语跟印欧语的差异之一,然而这仅仅是表面现象,而不是本质所在。事情的本质是,印欧语的词使用不同的词形,其作用主要是标示它处在什么语法关系之中或者有什么特殊的含义,而汉语的词虽然使用同一个词形,但用其他手段同样可以标示它处在什么语法关系之中或者有什么特殊含义,否则说汉语的人就不可能知道那同样的一个词形到底在句子中承担着哪一种语法关系。

既然如此,汉语的词能不能区分词类的前提就不是有没有传统意义的词形变化,而是有没有那些词形变化为之服务的那些语法关系和特殊含义。从这个角度看,汉语跟印欧语本质上是相同的,其原因当然要追溯到它们的语句都遵循同样的命题结构原则,可以分析出同样的一些语法关系。一言以蔽之,语法中的词类,归根结蒂是语法规则所定义的词类,而不是其他东西定义的词类。

从高名凯(1953)到(1963),之所以认为汉语的实词不能区分词类,根据只是一条:汉语的实词以同一词形在不同的句子中体现不同的词类功能。关于这一点,高名凯(1963)有明确的解释:

> 和有词类分别的语言不同,汉语的每一个词位都在词类的语法意义上具有多义性,也就是某些人所说的"一词多类",汉语的任何一个词位都具有两个以上的词类意义,即具有名词和形容词的词类意义或更多的词类意义。……从个别的词位来说,这情形也并不是汉语所特有的,英语就有许多词是这样的情形。霍克特(Hockett)在他最近一部著作里,认为词类是词干的分类,并把英语的词列为 N(名),V(动),A(形),NA(名形),AV(形动),NV(名动),NAV(名形动)和 particles(虚词)八类,其中除 N、V、A 和虚词是固定的词类之外,其他的词都是一词多类的。汉语不过是没有英语中前几种情形罢了。(引自高名凯 1990:331—2 页)

按照这种观点,英语中的"look"是一词多类,大概也是不能归类的。

通观高名凯(1957)和(1963)不难发现,文中的一些观点和处理方式跟本书并无二致。但是在导出结论时,作为唯一重要根据的"一词多类"观点则跟本书不同。

高名凯(1963)说：

> 我认为，一个词之所以成为一个词，这是因为它是一个词汇单位。因此，是不是同一个词决定于词的词汇部分，不决定于词的语法部分。一个词的语法变体可以是无限的，甚至可以是绝对的。俄语同一个动词的语法变体可以是第一人称、第二人称或第三人称，而第一人称、第二人称与第三人称则是彼此相对立的。尽管词的语法部分彼此相对立，这都不影响其为同一个词。从来也没有人否认其为同一个词。究竟是不是同一个词，要看它们的词干是否具有同一性，因为词干是词的词汇部分，词的代表，词干具有同一性，就是同一个词，尽管词干的语音结构和语法结构也可以有变体，词干的意义也可能在不同的言语中不完全相同，但只要这些不同的意义之间有直接的联系而没有失去其语音的同一性，它们就仍然是同一个词干的语义变体，也就是词干所代表的同一个词的语义变体，不能因此而说它们就是不同的词干或不同的词。(引自高名凯 1990:329 页)

这一段论述所表明的恰恰是本书所否定的首先根据意义确定词的同一性、然后根据词的语法性质区分词类的观点。

事实上，我们在第五章中已经说明，虽然许多汉语语法学者都同意根据词的意义确定词的同一性，然而迄今为止没有任何一个人能把这个原则具体化，没有任何一个人能制定出一套可以操作的程序去判定哪些语言片断可以被唯一地、无任何争论地鉴定为同一个词，所以这条作为论证前提和工作依据的原则是可以做各种解释的、可以各行其是的、富有弹性的橡皮规定。

而从词的意义出发，不考虑词的语法性质，这必然要把同根词或同源词——这不仅仅是词干相同的词——算作同一个词，以致本来体现不同词类功能的词例就被看作同一个词。然后再断言它们是同一个词的语法变体，不得区分为两个或几个词，结论自然是"一词多类"。这不过是再一次证明现代逻辑的公理法研究的必要性，因为它使我们注意到从不同的前提中可以导出多么截然不同的结论。而从这个实例中也体现了中世纪哲学家 Nicolaus 的观点是如何正确，所谓结论不过是前提的另一种讲法而已。前提中已经潜伏着"一词多类"的结论,结论自然是"一词多类"。

7.11　所谓"兼类"

一词多类,或说"兼类",这是汉语语法学者感到棘手的问题,不少学者对此进行过专门研究。

根据上文的论证,我们可以把这个问题分为两个类型:

类型Ⅰ:一个词 W 在句子 S 中的一个具体位置上,在句子的意思和它本身的意思都不改变的情况下,它只能具有 A 类词的性质,而不具有 B 类词的性质;但是在 S 的意思发生变化时,或者在其他句子中,它可以具有 B 类词的性质,但不具有 A 类词的性质。

类型Ⅱ:一个词 W 在句子 S 中的一个具体位置上,在整个句子的意思和它本身的意思都不改变的情况下,既具有 A 类词的性质,又具有 B 类词的性质。

具有类型Ⅰ性质的兼类可以用上文所说英语的"look"为例。这种情况实际上是不同的词例属于不同的词类,把它们合在一起就是一个词位收容两个不同类的词例。这是词位兼类,但不是词例兼类。因为一旦作为词例用在句子之中,每个词例都只体现一个词类的性质,而不是兼有两个词类的性质。把它们分为两个词位,那么词位和词例都不兼类。这种兼类现象无须多虑,因为它可以看作词形相同的两个词。

如果一个词,例如"look",在此时此地当名词用,在彼时彼地当动词用,当名词用时具有名词的性质而没有动词的性质,当动词用时具有动词的性质而没有名词的性质,那么既可以把它列为一个词条,加上两个词类标签,也可以把它分为两个词条,各加一个词类标签。遇到这种情况,大可说它是一个当"看"讲的动词跟一个当"看"讲的名词同形,不必因为二者的意义有某种联系就非看成一个词不可。事实上此时说这两种用法中的"look"是一个词还是两个词纯属人为的规定,为此而斤斤计较是毫无实用价值的经院讨论。如其不然,也就不会出现各行其是的情况:一些英语词典在一个"look"词条下注上动词和名词两个词类标签,而另一些英语词典则分列为"look^1"和"look^2"两个词条。而从学习语言的角度看,后一种处理方式更清楚、更好用,因为"look"做动词和做名词两种用法的意义仅仅是有些联系而已,远远谈不上相同。学习者还是需要分别掌握,并不是看作一个词学一次就行,而看作两个词就需要学两次。

真正重要的问题是我们必须给每一个词类——或者用高名凯(1957)的讲法是词类功能——规定一个定义性的语法性质集合。有了那样的性质集合,才能断定一个词例应该归入哪一类。这可能是个难题,在分析兼类现象类型Ⅱ时需要加以必要的讨论。具有类型Ⅱ性质的兼类现象是给事物分类时经常遇到的情况,因为一切分类都会遇到边界线上的例子。首先可以肯定,如果语法规则包括形式和意义两部分,而且任何两条不同的语法规则必有不同之处,那么用不同的语法规则定义的语言单位范畴彼此的性质就不会完全相同。由此可知,用语法关系定义的词类不会有两类词的性质完全相同的情况出现,而一个语言单位也不可能在同一个句子的同一个位置上具有同样的形式和同样的意义却同时以 A、B 两类词的面目出现。事实上,用语法关系定义的各类词的所指是有区别的,是 A 类词就应该具有 A 类词的所指,是 B 类词就应该具有 B 类词的所指。如果一个词在一个句子中不变形、不变义就同时具有 A 和 B 两类词的全部性质,这就表明 A 类词和 B 类词的所指相同,所以这种情况不可能出现。

现在我们可以断言,Ⅱ型的兼类现象只能是一个词 W 在不变形、不变义的情况下,在同一个句子中具有某一类词的全部或部分性质,同时具有另一类词的部分性质。具体地讲,如果 W 在这种条件下具有 A 类词的全部性质,同时又具有 B 类词的部分性质,那么我们可以把 W 归入 A 类,同时说明它有 B 类词的某些性质。但是不宜把 W 归入 B 类,因为它不具有 B 类词的全部性质。

更多的情况是,W 在不变形、不变义的前提下,在同一个句子中只能呈现 A 类词的部分性质和 B 类词的部分性质,这时它的地位和性质实际上在 A 类词和 B 类词之间,把它归入 A 类或归入 B 类词都不够地道。汉语语法学者之间一直存在观点分歧的动词和形容词名物化问题就是一个典型的例子。为了讨论这个问题，我们首先看一看英语中带"-ing"词尾的词情况如何。

英语学者 Quirk 等（1985:1290 页以下）列出 14 个例句说明这一类词从纯名词到分词的渐变过程：

从动词派生的名词经过动词性名词到分词的等级：

除了区分由动词派生的名词如 quarrel, arrival, behaviour, action, contribution 和与其相对应的-ing 动词性名词（quarrelling, arriving 等）之外，我们还需要认识到：如下例所示，从例［1］中的纯可数名词 some paintings of Brown's，到例［14］中限定动词短语中的纯分词形式"Brown is painting his daughter"有一个复杂的渐变等级：

［1］some paintings of Brown's（［a］"some paintings that Brown owns"；或［b］"some paintings painted by Brown"）

［2］Brown's paintings of his daughter（［a］"paintings depicting his daughter and painted by him"；或［b］"paintings depicting his daughter and painted by someone else but owned by him"）

［3］The painting of Brown is as skilful as that of Gainsborough. （［a］"Brown's mode of painting"；或［b］"Brown's action of painting"）

［4］Brown's deft painting of his daughter is a delight to watch.（"It is a deligh to watch while Brown deftly paints his daughter."）

［5］Brown's deftly painting his daughter is a delight to watch.（意思=［3b］或［4］）

［6］I dislike Brown's painting his daughter.（"I dislike ［a］the fact 或［b］the way that Brown does it."）

［7］I dislike Brown painting his daughter（when she ought to be at school）.（=［6a］）

［8］I watched Brown painting his daughter.（［a］"I watched Brown as he painted"；或［b］"I watched the process of Brown（'s）painting his daughter."）

［9］Brown deftly painting his daughter is a delight to watch.（=［3b］或［4］）

［10］Painting his daughter, Brown noticed that his hand was shaking.
（"while he was painting"）

［11］Brown painting his daughter that day, I decided to go for a walk.
（"since Brown was painting"）

［12］The man painting the girl is Brown.（"who is painting"）

［13］The silently painting man is Brown.（"who is silently painting"）

［14］Brown is painting his daughter.

例［1］和例［2］中,有由动词派生、带复数结尾的名词 paintings。这个名词可以用 pictures 或 photos 代替;因此,它是一个完全合乎规则的可数具体名词,只是在构词上跟动词 paint 有关系。

在例［3］和例［4］中的 painting 也是一个名词,因为例［3］中用了定冠词,例［4］中的 painting 不仅用了所有格结构,而且用了形容词 deft 作前置修饰语（与例［5］中副词 deftly 对比）。但是这里的 painting 不能用 picture 或 photo 代替,而只能用 representation, portrayal, portraiture, depiction 之类抽象名词代替。因此,例［3］和例［4］中的 painting 是一个不可数的抽象名词,这类名词可以用动词加上 -ing,并在名词短语之前插入 of 来构成,如果宾语没有明确表达出来,那个名词短语就与主语相对应：

the painting of Brown　　　~ Brown paints.

the writing of Smith　　　~ Smith writes.

这种结构也可以出现在与宾语对应的名词短语之前,如果宾语出现的话：

their polishing of the furniture

　~ They polish the furniture.

the writing of novels（by Smith）

　~ Smith writes novels.

像例［3］和例［4］中的 painting 是由动词派生的名词。

在例［5］和例［6］中,用了所有格 Brown's,但在例［5］中用副词 deftly 代替了例［4］的形容词 deft;代替例［4］中 of his daughter 这个 of-短语,在例［5］和例［6］中用名词短语 his daughter, his daughter 紧接在

painting 之后,跟例[14]中限定动词短语的宾语的形式相同。传统语法把这种兼有名词特性和动词特性的-ing 形式叫做"动名词",而把例[7—14]中 painting 的用法则区分为"(现在)分词"。

这些例句表明,词形"painting"可以是地道的名词,可以是地道的动词,也可以处于二者的中间状态。当它处于动词和名词的中间状态时,它的名词性和动词性都不像地道的名词和地道的动词那么完备。把它简单地归入动词或归入名词,都不能反映它的真实面貌。正是因此,传统英语语法为由动词加上-ing 词尾构成的词建立了分词和动名词两个范畴。虽然二者都可以作为动词的变体放在动词词位之中,但却要用专门的章节讲述这两个范畴的词的性质和用法。用我们的话讲,-ing 分词和动名词是英语动词词位的两个词例。既然已经为它们建立专门的范畴给予具体的描述,再追问它们是动词还是名词就没有实际意义。

英语中的动词标签实际上是对词位而言,而非对词例而言。应该说英语动词的处理方式给我们的词位和词例概念提供了典型的例证。词典中的词条是词位,它下辖的若干词例中有限定式、不定式、分词、动名词等等。它们可以由动词原形通过规则生成,所以作为动词词位的词例处理比较方便。但它们彼此的性质不同,虽然统一在动词词位之中,却不能用动词的性质做统一的描述,仍然需要逐一分别叙述。

我们说英语动词的性质是对动词词位而言,不是对每一个词例而言,这一点是不难理解的。传统英语语法书中讲到动词时都要说明它有限定式和非限定式之分,非限定式中又有不定式、分词、动名词三种形式。这显然是对动词位而言,而不是对它们的某一个形式而言。因为只有动词位才包含有上述各种形式,无论是限定式还是非限定式,无论是不定式、分词还是动名词,它们都不是动词位,也就不能再统辖那样几种形式,这一点是不言而喻的。

传统英语语法,或者说传统印欧语语法,对动词的几个词例形式的处理方式实际上已经为汉语动词的名物化问题提出解决办法。我们大可说汉语动词位中包含一个做谓语的词例,它具有较强的动词性,不能受定语修饰;还包括一个名物化的词例形式,比如说动名词,它的动词性较前者为弱,可以受定语修饰。当然通过进一步的研究,我们还可以对这些词例做更细致的分类和描述。① 如果不同意把动名词放在动词位中,也可以分出来单独描述。但是无论怎样处理,我们都只能就事论事地描述它的种种性质。一旦把它的性质描述清楚,未必需要问它到底是名词还是动词。能够确证为名词的例子,如(25)中的"画儿",当然要归入名词;能够确证为动词的例子,如(25)中做谓语的"画",当然要归入动词:

(25)　这张画儿画得好。

但是像(26)中的"出版":

(26)　这本书的出版引起我们的注意。

我们就无法把它跟做谓语的"出版"混为一谈,因为二者有许多性质是对立的,不予区分,学习者就无法正确地使用这个词例形式。同样,它的性质跟典型的名词也有不同,不便说它就是名词,否则遇到"这本书的公开出版"之类的话,也不好解释。所以,只要我们把"出版"在"这本书的出版"场合的语法性质描述出来,作为一个词例,把它归入动词位,或者归入名词位,都没有关系。

我们之所以采取无可无不可的态度,是因为有限的十个、八个词类标签只能对词做大致的区分而已,不能把词的语法性质概括无遗,人为地把它们绝对化不能解决问题。这里我们不能不指出,即使词形相同、词义相近,也不是非作为一个词看待不可。在过去的汉语语法研究中,鉴定词的同一性时,几乎完全依靠词义。由于词义上的许多细微差异往往只能体现在跟其他成分的组合关系上,抛开语法关系而孤立地谈词义就把许多用在不同语法关系中的词例形式看作同一个词,这样就产生了词的"兼类"现象。

由于汉语的实词往往以同一个词形用作不同的句子成分,根据句子成分来区分词类,很容易说它是一词多类。为了避免从一词多类中顺理成章地得出汉语实词没有词类区别的结论,就只能硬性地削减同一个词的词类标签,让词类区别跟句子成分脱钩,允许同一个词在句子中做几种不同的句

---

① 在做谓语的动词和动名词之间,还可能有其他的词例形式,例如可参看杨成凯(1992a)。

子成分,从此就导出汉语的词类跟句子成分不对应的结论。从逻辑上看,这是把结论用作前提,然后从中导出结论,是无效的论证。

例如,汉语语法学者大都认为汉语的形容词既可以做谓语和定语,又可以做状语。但是从逻辑上讲,要想肯定这一点,我们就必须首先证明做谓语和定语的形容词跟做状语的形容词不仅词形相同,其意义也完全相同,否则就不能放心地断定它们是同一个词。然而,只要认真地想一想就将发现,这一点能否成立决定于名物的性质跟动作的性质相同与否。而恰恰是这一点,我们无法证明。

正是因为把用在句子中不同位置上的词例看成同一个词,而不是像我们所说的那样区分为不同的词例,这就必然要把不同词例的性质统统汇总在一个词上,导致左右掣肘,词类性质驳杂不纯,语法描述难以准确,逻辑基础出现矛盾。

作为一个例子,我们再来分析一下"这本书的出版"中的"出版"的性质。我们知道,说它是动词的学者和说它是动词名物化用法的学者都认为整个短语是名词性短语,而名词性短语在一定上下文中省说定语并不影响原短语的信息量。例如:

(27)a　甲:老张的书哪儿去了?

　　 b　乙:书我拿走了。

(27b)中的"书"并没有带定语"老张的",然而它在这里传达的信息量跟"老张的书"相等,并不是泛泛而言的书。

同样,"这本书的出版"也有类似的情况。试看(28)

(28)a　甲:这本书的出版你管不管?

　　 b　乙:这本书的出版我管,发行我不管。

　　 c　乙:出版我管,发行我不管。

在回答(28a)时可以说(28b),也可以说(28c)。而且(28c)的意思可以跟(28b)完全相同,"出版"前面虽然没有"这本书的"做定语,仍然指"这本书的出版"。把(28b)和(28c)放在一起,语法分析就出现问题。如果我们说(28b)中的"这本书的出版"是名词性成分,而其中的"出版"是动词性,那么(28c)中跟它所指相同的"出版"如何处理呢?若说它是动词性,那么两个单位一个是名词性，一个是动词性，二者的所指就不相同。若说它是名词性，那就等于承认汉语的动词不必带定语就可以是名词性，也就没有必要坚持"这本书的出版"中的"出版"必须是动词性。从逻辑上看，这已经进入二难推理，无论如何也不能自圆其说。然而，只要我们把"这本书的出版"中的"出版"跟做谓语的"出版"区分为两个不同的词例类型，就可以摆脱困境。

7.12　两个词类的关系

通过上文的讨论，我们现在可以来研究怎样处理有一定关系的两类词之间的分合和归类。

假如语言中有 W_1、W_2 两个词，它们分别具有语法性质 $R_1\{W_1\}$ 和 $R_2\{W_2\}$，而 $R_1\{W_1\}$ 和 $R_2\{W_2\}$ 是对立的，也就是说两类性质不能同时出现；假如还有第三个词 W_3，它在句子中有时具有 W_1 的性质，有时具有 W_2 的性质，那么从逻辑上讲，只有三种处理方法：

第一种方法是把 W_1 和 W_2 看成两个不同的类别，把 W_3 分成两个词例，一个跟 W_1 归为一类，另一个跟 W_2 归为一类。

第二种方法是把 W_3 立为一类，把 W_1 和 W_2 中的某一个立为另一类，比如说把 W_3 和 W_1 看成两类，那么 W_2 就要跟 W_3 归为一类，但要注明 W_2 没有 W_1 的性质。

第三种方法是把 W_1、W_2、W_3 分为三个不同的类别。

从语言学传统上看，前两种方法都有人使用。在英语中，有些形容词可以用作状语，英语语法中就说它们是形容词跟副词同形，把它们一分为二，一个归形容词，一个归副词，这显然是用第一种方法。在汉语中，有些形容词可以用作状语，一些汉语语法书说可以用作状语是汉语形容词的本性。于是，汉语的形容词就包含能用作状语和不能用作状语两类，而不把有两种用法的形容词一分为二，这显然是第二种方法。

若用第三种方法，就要增加词类的数目，可能不大受欢迎。赵元任（1968）在讨论形容词带宾语的情况时说：

如"姐姐大我三岁"，"大"除带自身宾语"三岁"外还带一个在位置上类似间接宾语的宾语"我"。同样,"我小爷爷两辈"。"高"的类似用法比较少:"老张高我三寸","矮"就更少这样用了。……这类例子在方法论上的意义在于:如果作为跨类,只要为数不多,可以在词典里解决,比较省事;如果遇到这种例子就建立一个小类,那么有 n 个大类就会有 n(n-1) 个小类,因为我们能找到任何类跨任何类的例子——孤立的例子。甚至 n(n-1) 这个数目还打不住,因为还有兼属三类、四类的例子。(吕叔湘译本 306 页)

然而,如果绝大多数词是 W_3 类型,而 W_1 和 W_2 类型的词数目都不多,那么变相地用一下第三种方法还是可取的。例如英语及物动词绝大多数都有主动式和被动式,但有一部分及物动词不用被动式,另有极个别的动词不用或很少用主动式。于是英语词典就把有主动式和被动式定为及物动词的基本性质,遇到后面两种情况则加注说明,这实质上就是第三种方法。

上述三种方法都可以使用,但是在处理具体问题时,却有方便与否的因素需要考虑。试想:如果 W_3 类型的词跟 W_1 或 W_2 相比,数目很少,比如说 W_1 类有 1000 个词,W_2 类有 200 个词,而 W_3 类只有 100 个词,那么把 W_1 类归入 W_3 类,就有 1000 个词需要加注,把 W_2 类归入 W_3 类,就有 200 个词需要加注。而把 W_3 类的词一分为二,则只有 100 个词需要加注。相反,如果 W_3 类有 10000 个词,那么把 W_3 类词一分为二,就有 10000 个词需要加注;而把 W_1 类词并入 W_3 类,有 1000 个词需要加注;把 W_2 类词并入 W_3 类,只有 200 个词需要加注。而把 W_1 类和 W_2 类都并入 W_3 类,就能省去一个类目,也不过仅有 1200 个词需要加注。可见研究这种理论问题不能离开实用的要求,否则我们就无法断言哪一种方法方便,哪一种方法不方便。

若把这个原则应用于汉语,我们就能对汉语的词类难题做出现实的处理。我们再来看汉语的形容词跟副词的纠纷。汉语的形容词一般都能用作谓语和定语,或许还可以从中分出只能做定语的小类,而汉语的副词都能用作状语。但是汉语中还有一些词兼有这两种功能,怎么处理它们就成为争论的焦点。

早年的学者倾向于把它们看作形容词向副词转化,例如黎锦熙(1924)第十章 §99 就认为用作副词性附加语的形容词是副词化的形容词,可以看作"性态副词"。

目前较为通行的处理方法是说汉语的形容词可以用作状语,从而把它们归入形容词,例如在《现代汉语八百词》中,形容词"高兴"就有修饰动词的用法。然而从逻辑上讲,我们无法证明形容词用作状语时到底是副词还是形容词,所以语法学者对此态度还不是那么坚决。在《现代汉语八百词》中,"突然"一词就分入形容词和副词两类,二者释义基本相同:形容词的释义是"表示情况发生得急促而且出人意料",副词的释义是"表示急促而且出人意料"。

既然如此,我们就有必要比较一下不同的处理方法的方便程度如何。根据胡明扬(1995)所述,汉语形容词仅有一小部分可以用作状语。这就是说,如果把可以用作状语规定为形容词的基本性质,那么大多数形容词需要加注说明它们例外。如果取消这条规定,那么只有一小部分词需要加注。可见采用后一种方法比较方便。

当然在这样讲时,我们的头脑仍然是清醒的。我们只是说这样处理比较方便,而没有讲形容词用作状语时已经是副词。因为从逻辑上讲,我们目前还没有规定用什么标准去断定用作状语的词是副词还是形容词。即使在号称句子成分跟词类严格对应的印欧语中,用作状语的也没有一律归为副词,在公认词形变化较少的汉语中就更有必要慎重。

这里我们不能不指出汉语句子中的状语成分有种种类型,如果通过进一步的研究,包括心理学测试,能做出明确的规定,也许我们对形容词做状语的问题会有更具体的认识。只是无论怎样讲,只要形容词中既有能做状语的词,又有不能做状语的词,把它们分别标注就有利于学习者掌握它的用法。这才是事情的关键所在。遵循这种处理原则,用语法规则和语法关系去统辖词类,根据一个词能以何种方式充当何种句子成分为基本出发点考虑问题,我们就不难解决汉语的词类问题,而不必为"兼类"和"一词多类"所苦。离开实际需要,难免各执一理,言人人殊。这是我们通过逻辑分析得出的结论。

附:汉语语法论著中的词类系统比较

	马氏文通	国文法草创	国文法之研究		新著国语文法		中国文法要略	语法学习
名词	名字	名字	体词	名词	实体词	名词	名词	名词
方位词								
量词								副名词
代词	代字	代名字		代名词		代名词	指称词	代词
动词	动字	动字	相词	动词	述说词	动词	动词	动词
"是"	断辞		联系虚字	系词		同动词		
助动词	助动字	副字		副词		助动词	限制词	
形容词	静字	象字	相词	静词	区别词	形容词	形容词	形容词
数词				副词			指称词	数词
副词	状字	副字				副词	限制词	副词
介词	介字	介字	联系虚字	介词	关系词	介词	关系词	(副)动词
连词	连字	连字		连词		连词		连接词
助词	助字	助字	提命虚字 传吻虚字 绝对虚字		情态词	助词 助动词 语尾	语气词	语气词
叹词	叹字	感字	传感字			叹词		象声词
拟声词								

中国现代语法	现代汉语语法讲话	暂拟汉语教学语法系统	中学教学语法系统提要	汉语口语语法		语法讲义	
名词	名词	名词	名词	体	名词	体	名词
					专名		处所词
			时间词		处所词		时间词
	方位词	方位词	方位词		时间词		方位词
					方位词		
单位名词	量词	量词	量词		量词		量词
代词	代词	代词	代词	词	区别词	词	代词
					代名词		
				其他替代词			
动词	动词	动词	动词	动词		谓词	动词
		趋向动词	趋向动词				
系词	助动词	判断词	判断词			词	
副词		能愿动词	能愿动词				
形容词	形容词	形容词	形容词				形容词
				体词	区别词	体词	区别词
数词	数词	数词	数词				数词
副词	副词	副词	副词	副词		副词	
(助)动词	(次)动词	介词	介词	介词		介词	
联结词	连词	连词	连词	连词		连词	
	语助词			助词		助词	
语气词		助词	助词			语气词	
记号	词尾			语缀		词缀	
	象声词	叹词	叹词	叹词		感叹词	
		(形容词)	拟声词			拟声词	

本表根据《马氏文通》问世以来 12 部语法论著编成,编排方式如下:

(1)排在同一横行的词类大致相当或近似,但是所收的词有时也有较大出入。

(2)大类里有时下辖小类或附类,今缩进一格,以示区别。

(3)各书所用版本如下:

《马氏文通》(马建忠),商务印书馆,1983。

《国文法草创》(陈承泽),商务印书馆,1982。

《国文法之研究》(金兆梓),商务印书馆,1983。

《新著国语文法》(黎锦熙),商务印书馆,1992。

《中国文法要略》(吕叔湘),商务印书馆,1982。

《语法学习》(吕叔湘),中国青年出版社,1953。

《中国现代语法》(王力),商务印书馆,1985。

《现代汉语语法讲话》(丁声树等),商务印书馆,1961。

《暂拟汉语教学语法系统》(据张志公等著《语法和语法教学》,人民教育出版社,1956。)

《中学教学语法系统提要(试用)》,人民教育出版社,1984。

《汉语口语语法》(赵元任著,吕叔湘译),商务印书馆,1979。

《语法讲义》(朱德熙),商务印书馆,1982。

8　句子的结构成分:主语和宾语

8.1　语法关系和句子结构

　　在第二章我们定义了形式语言的概念,从形式语言中导出语法和语法规则的定义。在第六章我们用语法规则系统和句子这个语言单位为前提,把语法中的词定义为用语法规则分解句子得出的最小语言单位。在第七章,我们用语法规则和词这个语言单位为前提,把词类定义为标志着一个词可以进入哪些语法规则的标签。在这些论证中,作为前提的是传统语法定义中说到的句子和语法规则这两个概念。

　　关于语法规则,我们在第二章建立了以下三个假设:第一个假设是语法规则的形式性:

(1)a　A→B

　　b　A+B→AB

第二个假设是语法规则的有穷性:

(2)　语法规则的数目是有穷的。

第三个假设是语法规则的系统性:

(3)　自然语言的语法规则可以排列成概括性由大到小的有层次、有等级的系统。

　　我们在上一章说到,自然语言目前虽然有多种多样的语法模型,但是它们都没有完全抛开传统语法所体现的命题结构概念,没有抛开由命题结构分析中归纳出来的传统语法关系,特别是体现传统语法关系的几种句子成分。我们对词类问题的论证就是建立在句子成分的基础上,因为它们是对种种语法规则进行概括后得出的最为重要的基本语法关系,是任何语法模型都不可或缺的分析句子结构的有用工具。

　　然而对这些基本语法关系和句子成分,我们是作为前提加以运用,没有进行具体的分析,更没有说明如何在句子中辨认它们。事实上,这是汉语语法中的又一个难题,如果不予以解决,不仅我们上文的一些论证会落空,而且汉语句子的结构也将无法分析,而由它们概括的语法规则就将因失去统辖而变得散乱失序。这个道理不难理解,试想:如果我们承认句子是由句子成分而不是由别的东西组成,那么能否辨认句子成分也就成为能不能分析句子结构的先决条件。所以我们必须研究怎样在汉语语法中定义传统的语法关系。

　　上文已经说过,重要的传统语法关系在传统语法体系中是以句子成分的形式定义的,例如主语跟谓语构成主谓关系,动词跟宾语构成动宾关系,定语跟中心语构成定中关系,状语跟中心语构成状中关系,如此等等。在这些语法关系中,最重要的两项是主谓关系和动宾关系,因为按照传统的观点,当我们分解一个典型的句子时,第一步要从主谓关系下手,第二步则着眼于谓语动词带不带宾语,定语和状语之类成分在最简单的句子中可以不出现。

　　如果我们用 S 表示句子的主语,用 V 表示动词,用 O 表示动词的宾语,那么最简单的句子格式是:

(4)a　S V

　　b　S V O

　　鉴定定语成分在中西语言中都没有多大困难。鉴定状语成分就比较麻烦,因为在传统语法中状语是相当庞杂的句子成分,包括许多类型,可以是单词,也可以是句子。在用动词的某种词例形式去充当状语时,就需要鉴定它跟句子的谓语动词的关系,分出主次才能断定它的身分。在动词词形变化丰富的印欧语中这样做已经比较麻烦,在汉语中就更有困难。我们且看两个例子。

第一个例子是汉语中的连动式：

（5）a 大家鼓掌欢迎。

　　b 他骑着马上山。

《语法修辞讲话》认为在（5a）中，可以说"鼓掌"表示"欢迎"的方式，也可以说"欢迎"表示"鼓掌"的用意，很难决定哪一个是主要的动词。（5b）曾经引起争论，按李临定和范方莲（1961）的看法，"骑着马"是次要成分，可以归入状语。而陆志韦（1961）则认为可能有三种讲法，不一定能统一为一个类型。现在通行的讲法是把它们都归入"连动式"，不再分析两个动词哪个主要哪个次要。

第二个例子是汉语中的动补关系。我们知道，汉语中的补语十分庞杂，包括好几种类型。其中比较复杂的是用"得"字引入的补语，性质跟状语相近。吕叔湘（1979：75—7 页）曾建议划归状语。我们且看（6）：

（6） 张三跑得快。

按照现在通行的观点，（6）的主语是"张三"，谓语动词是"跑"，"快"是"跑"的补语。句子的谓语中心在"跑"，而不在"快"。然而海外汉语学者一直有人认为（6）的谓语中心在"快"，它是句子中的主要动词。①

无论是（5）还是（6），判断句子中连用的两个动词哪一个主要哪一个次要，这决定于我们怎样判断汉语句子中的动词是不是句子的谓语动词。而恰恰是这一点，中外的汉语语法学者至今为止都还没有进行足够的研究。在印欧语中，至少还可以用动词是限定形式还是非限定形式这一点来帮忙。而在汉语中，特别是在中国大陆，许多学者认为汉语动词没有限定形式和非限定形式之分。既然这个条件用不上，我们就不得不在两个形式上看不出孰重孰轻的动词之中另想办法分出主次。这时不同学者考虑问题的方式有所不同，难免见仁见智，意见不一。动词的限定与否跟对句子的概念的认识有直接关系，这一点下一章还要专门讨论。

尽管在确定哪些句子成分是状语或补语时会出现困难，但是它们毕竟还是句子结构扩展时的产物，最基本的句子格式只涉及主语和宾语，所以我

① 参看吕叔湘（1979：109 页），Huang（1988）等。

们这一章讨论句子成分时就集中研究汉语句子中的主语和宾语成分。这是汉语语法研究中遇到的第三个难题,在 20 世纪 50 年代,继汉语实词有无词类分别之后,也曾进行过专门的讨论。

8.2　主语和宾语的功能观

上面说过,利用形式语言的定义我们可以推导出词和词类的概念,但是不能推导出句子成分的概念。事实上,把语法定义为词形变化的规则和用词造句的规则,定义中已经出现了词、句子和用词造句的规则这三种概念。这样,如果我们断言有句子和用词造句的规则,那么把用词造句的规则反方向地用于句子,就不难把句子逐步分解为词,这就推导出词的定义。有词和语法规则的概念,那么根据一个词可以进入哪些语法规则和不可以进入哪些语法规则,就可以把性质相同或相近的词归为一类,这就形成用语法规则定义的词类。然而在由词、句和语法规则这三个概念组成的语法定义中,没有句子成分的概念,特别是没有主语和宾语这种东西,这就给怎样定义主语和宾语带来了困难。

从逻辑上讲,语法定义中给出的条件不够,不可能唯一地定义主语和宾语其物。一旦补充其他的条件,那就跟我们刚才遇到的在汉语句子中确定主要动词的问题一样,不同学者的学术思想不同,自然会各有各的主张。由此看来,为了确定汉语句子的主语和宾语我们必须在形式语言的定义之外引入更多的假设,或说是更多的公理,作为我们推导和论证的基础。

在进行语言类型学研究、观察世界各地的语言时,语言学者对泛语言的主语和宾语的性质进行了分析,其中研究得最多的是主语概念。[①]

如果概括一下,我们不妨把学者所列举的主语的性质归结在句法、语义、语用三个范畴之中。形式上的特征归入句法范畴,比如说英语句子的主语跟谓语动词有一致关系;意义上的特征归入语义范畴,比如说主语所指的事物是施事或主动者等等;信息表达和篇章结构上的特征归入语用范畴,比如说主语是话题,有待后面的成分予以表述等等。详细地阐述主语和宾语

---

① 例如参看 Keenan(1976),Andrews(1985),Li(1976)等。

在这三方面的表现不是本书的任务，我们感兴趣的是逻辑问题：除非那三个范畴的要求在任何时候都是重合的，除非其中有两个范畴是第三个范畴的必然推论，否则当三个范畴的要求不一致时，一个概念怎么能跟三个范畴对应呢？

也许我们可以这样想，既然一个主语三家抢，那么随机应变，在此时跟句法走，在彼时跟语义走，在又一时跟语用走，遗憾的是这种办法不成功。句子是表情达意的，如果句子中的一个主要成分没有统一的概念，面对一个具体的句子，我们怎么知道它的主语表示什么意思呢？如果说话人要在三种选择之间走钢丝，走错一步就会有南辕北辙的谬误，说话也就成为一桩难事。

逻辑分析的结论十分简单：对于主语宾语这样的概念必须"吾道一以贯之"，不可能忽彼忽此，否则语言就无法完成交流信息的任务。它们可能有句法、语义、语用三方面的效果，但是三种要求之中，必有一种要求在任何时候都要满足，而其他两种要求只能作为它的推论因素或者补充因素而存在，不能违背它的要求而分庭抗礼。

8.3　主动句和被动句：形式和意义

为了深化对这个问题的认识，我们不能不讨论一下英语中的主动句(7a)和被动句(7b)：

(7) a　I opened the door. (我打开了门。)

　　b　The door was opened. (那门被打开了。)

(7a)中的"I"(我)是主语，"door"(门)是宾语，(7b)中"door"是主语。既然门可以当宾语，也可以当主语，似乎可以说英语的主语是服从句法或语用的要求，跟语义无关。仔细看一下就可以发现问题并不这么简单，"door"在(7a)中做动词"open"(开)的宾语，在(7b)中做动词"open"的主语，地位确实发生了变化。但是动词"open"的形式也随同发生了变化，在(7a)中它是主动式"opened"，在(7b)中它是带有助动词"be"的被动式"was opened"，而不再是主动式。从逻辑上讲，在(7a)中"door"是"opened"的宾语，在(7b)

中它是"was opened"的主语,这一点影响它跟动词"open"的语义关系。

或许有人会举出(8):

(8) The door opened. (那门开了。)

在(8)中,"The door"做"opened"的主语,而不是做"was opened"的主语,这是不是表明它既可以做"open"的宾语,又可以做"open"的主语呢?这确实代表一种值得注意的现象,但是不能这么简单理解。事实上,(7b)可以跟(7a)对应,表示门被人打开,但是(8)不能跟(7a)对应。因为(7b)表示有人打开了门,而(8)只是表示门开了而已,至于是不是有什么外因打开它,并不在考虑之中,跟强调门被打开的(7b)意思不同。我们可以说(7a)的"opened"并不等同于(8)的"opened",门用作前者的宾语跟用作后者的主语并不矛盾。

在这个例子中,我们实际上已经接触到语言学的一个基本问题,这就是形式和意义的关系。从上文把语言定义为符号系统开始,我们就面对着符号的形式和所指两个侧面。一切句法的表现都应该跟一定的语义相对应。至于"语用"这个名词,好像谁都会使用,但是必须承认它跟语义的关系并不是十分明确的。正因为如此,语言学者才会有两种极端的观点,一个极端是认为语法问题都可以用语义来解释,另一个极端是认为语法问题都可以用语用来解释,而多数学者徘徊于二者之间,却也各行其是,没有一致的意见。抛开这些理论问题不谈,铁的事实是,任何语句必须把它所描述的事情正确地表达出来,以便让别人知道那是什么事情,一切值得注意的、有意义的语言形式问题都是为这一点服务的。既然如此,我们要想分析句子成分,就必须分析句子所描述的事情的构成方式,从中观察句子成分对我们理解句子可能发挥什么作用,为此我们需要引入"事件"和"可能世界"的概念。

8.4　"可能世界"和"事件"的概念

8.4.1　可能世界和事件的结构

简单地讲,现实世界中有人、动物、植物、房屋、用品、山川、道路等等各种各样的事物。事物可以有大小、形状、颜色、性格等等性质,也可以有变位、变形、变性等等变化，事物与事物之间可以由种种关系联系在一起。我们把事物的性质、变化及事物和事物之间的关系叫作事件（event），事件就是一个或几个有关系的事物存在的方式或呈现的情景，我们所认识的客观世界就是由事物和事件组成的。

事物可以是具体的实体和类属，也可以是抽象的概念，它们的性质、变化或者关系则组成事件。当我们把事件看作一个独立的存在时，它也是一种事物，也有性质和变化，它跟别的事物或事件之间也有种种关系。所以现实世界中的任何一个存在，不管是具体的还是抽象的，都可以看作事物。事物的存在方式就是事件，包括性质、变化以及跟其他事物的关系。简单地讲，不管什么东西，孤立地看，它就是事物，把它跟别的事情联系起来就形成事件。

我们用 O 表示事物，用 P 表示事件。只涉及一个事物 O 的事件 P 标为 $P(O)$，涉及两个事物 O_1 和 O_2 的事件 P 标为 $P(O_1, O_2)$，涉及 n 个事物 O_1, O_2, …, O_n 的事件就标为 $P(O_1, O_2, …, O_n)$。我们头脑中想象的一些事物和事件也可以组成一个世界，例如神话和科幻作品中描绘的事物和事件也是存在于一个世界之中，但是那个世界有或多或少的想象成分，跟现实世界不同。我们把这样一个世界称为可能世界（possible world），它是由我们所能理解或所能想象的一些事物和事件组成的一个空间。由于我们的理解力和想象力无穷无尽，所以可能世界的数目和样式无穷无尽，我们面对的现实世界就是其中之一。

8.4.2 可能世界和事件的表述

根据这个说明可以知道，在用语言描述一个可能世界时，显然需要说到它包含哪些事物和哪些事件。这表明，语言中必然有些词语表示可能世界中的事物，也必然有些词语表示可能世界中的事件。我们把表示事物的词语叫作词项，把表示事件的词语叫作谓词。这样，可能世界是由事物和事件组成的，而描述它们的语言形式就是由词项和谓词组成的。我们这里讲的词项和谓词含义比较广泛，在自然语言的语法中，名词和具有名词性质的其他词语都是词项，而动词（包括形容词）和其他表示各种逻辑关系的词语都属于谓词。词项对应事物，谓词对应事件，只要不会因辞害义，也可以说词项是它所对应的事物的名称,谓词是它所对应的事件的名称。

对于可能世界中的每一个事件,无论它是关系到事物的颜色、形状、大小等等性质,还是关系到事物的变位、变形、变性等等运动或变化,只要我们已经给予它一个名称,那么它跟它的名称就形成一种对应关系。当我们看到一棵树说它“高”时,那棵树的性质就跟“高”这个性质名称形成对应关系;当我们看到一个人迈开双腿向前移动说他在“走”时,那个人的运动就跟“走”这个运动名称形成对应关系;当我们看到一个人张开嘴巴把食物嚼碎咽下去说他在“吃”东西时,那个人的动作就跟“吃”这个动作名称形成对应关系。正因为可能世界中的事件跟表示它的名称有这种对应关系,所以对于可能世界中的每一个事件,只要它已经被命名,我们就可以从它的存在想到它的名称,也可以从它的名称想到它的存在,事件跟它的名称的对应形成了符号关系。

当说话人看到一个或几个事物处于某种关系时,认为它们形成了一个事件,然后用语言表示出来;听话人听到并理解以后,他的头脑中就会呈现出那个事件发生时的情景,浮现有关的事物和状态。如果我们把构成事件的事物叫作事件参与者,我们所说的事件就是指事件参与者的状态。这样,在表述一个事件时,就需要描述由哪些事件参与者参加,它们构成的是什么事件。

8.5　事件结构和语言表述

8.5.1　语言和事件的表述

用语言符号 S 去表述事件 E 时,S 跟 E 就可以形成对应关系:我们看到 E 想到 S,听到 S 想到 E。然而要达到这种效果,就需要确定 S 和 E 的标准形式,以保证听说双方能够鉴定传递的是同一个符号 S,它所指的是同一个事件。从使用语言的经验中可以知道,同一个语言符号 S 由不同的人使用,或者由同一个人在不同场合使用,它的形式会有或多或少的变异。S 必须有一个公认的标准模式做样板,人们才能据以鉴定一个语言符号是不是符号 S。同样,同一个事件 E 在不同的时间、不同的地方发生时,它的形式也会有或多或少的变异。E 也必须有一个公认的标准模式做样板,人们才能据以鉴定一个事件是不是事件 E。语言符号的标准模式是由使用语言的人约定俗成产生,事件的标准模式同样是由使用语言的人约定俗成产生。根据经验可以知道,没有事件参与者就谈不上它们的经历,而只有事件参与者而没有它们的经历也不可能形成事件,所以我们所说的事件的结构实际上包括——而且仅仅包括——事件参与者和它们在事件中的经历这两个因素。

当我们用一个句子来表述这个事件时,句子中表示事物名称的词语表示事件参与者,句子中的谓语动词(包括形容词)表示它是什么事件,也就是事件参与者在事件中的经历。考虑最简单的基本句,它可能是以下几种类型:

(9)a　张三跑。

　　b　张三吃鱼。

　　c　张三给李四一本书。

(9a)描述的事件是"跑",参与者是"张三",可以表示为:

$$[跑(张三)]$$

(9b)描述的事件是"吃",参与者是"张三"和"鱼",可以表示为:

$$[吃(张三,鱼)]$$

(9c)描述的事件是"给",参与者是"张三"、"李四"和"一本书",可以表示为:

$$[给(张三,李四,一本书)]$$

这三个句子代表三个类型,(9a)中只有一个事件参与者,(9b)中有两个事件参与者,(9c)中有三个事件参与者。事件参与者在事件中要承受一种经历,我们可以称它们为事件角色。

8.5.2　事件参与者和角色

我们所说的事件的概念跟戏剧十分相像,一个事件可以比作一出戏。我们都知道,每一出戏都有它的戏名,一出戏中要出现一个或几个角色,每个角色在戏中都要有所行动和有所经历。例如在《空城计》这出戏中,主要角色是诸葛亮和司马懿。诸葛亮在西城筹划摆下空城计,故作镇静,弹琴应敌;司马懿带兵冲到西城之下,犹豫不决,不敢进城,最终退兵 30 里;此外还有一些配角出没。

事件也是如此。一个事件有一个事件的名称,一个事件中要出现一个或几个事件参与者,每个事件参与者在事件中都有所经历。例如,在(9b)描述的事件"吃"中,主要的事件参与者是吃者和被吃者。吃者有吃者的经历,被吃者有被吃者的经历,此外也有次要的参与者,例如"碗"、"筷子"、"杯盘"之类的东西。照这样看来,一个事件的参与者跟一出戏中的戏剧角色地位相当,所以我们把事件参与者叫作事件角色。

把一个事件比作一出戏是相当贴切的,它可以帮助我们阐明很多问题。还拿戏剧做对比,我们观看《空城计》演出时,看到一批演员进入各自的戏剧角色,按照戏剧的规定完成一系列主动的或被动的行为。听到别人说他看到演出《空城计》时,我们知道有一批演员体验了那些经历。对于那场戏,我们想知道的是哪些人参与演出,特别是,谁演诸葛亮,谁演司马懿。同样,我们观看事件"吃"的进行过程时,看到一些人和物进入各自的事件角色,按照事件"吃"的要求完成一系列主动的或被动的行为。听到别人说他看到发生事件"吃"时,我们知道有一些人和物体验了那些经历。我们想知道的是哪些人和哪些物参与了事件,什么在吃,什么在被吃。

所以,当我们向别人介绍一出《空城计》时,我们需要说明是哪些演员,特别是主要演员,出演那场戏。而我们向别人介绍一个"吃"事件时,我们同样需要说明是哪些人和物,特别是主要的人和物,参与了那个事件。戏剧中的演员需要跟戏剧角色对号,在杨宝森演诸葛亮、侯喜瑞演司马懿时,我们不能说成侯喜瑞演诸葛亮、杨宝森演司马懿,双方一颠倒就成了另一场戏。同样,事件的参与者也需要跟事件角色对号,在张三是吃者、鱼是被吃者时,我们不能说成鱼是吃者、张三是被吃者,主客颠倒也不再是那个事件。

8.5.3 句子表述事件

这样看来,在用句子表述一个事件 E 时,首先需要知道 E 对应于哪一个谓词,每一个事件参与者对应于哪一个词项;其次还要知道怎样表示每一个事件参与者的事件角色。这也就是说,说话人在看到一个人吃东西的场面时,首先需要知道这个事件可以命名为"吃",那个人可以命名为"张三",他吃的东西可以命名为"鱼"；其次需要知道怎样在这三者组成的句子中给"张三"安排吃者的角色，给"鱼"安排被吃者的角色，然后才能组织句子。说话人用代码把这些信息正确地编到句子之中，听话人听到这个句子以后，从句子中解码获得同样的信息，这才可能成为一个正常的语言交际过程。

这说明，当我们用一个句子 S 表示一个事件 E 时，句子的编码手段至少应该包含以下信息：

(10) a　句子中有表示事件名称的词语 P

　　 b　句子中有表示事件参与者是哪些事物的词语 T_1, T_2 等

　　 c　句子中有表示 T_1, T_2 等所指的事物在事件中处于何种事件角色的方式

要满足 (10) 的要求，可以有种种方法。比如在自然语言中经常见到的是，(10a) 的信息用句子中的中心谓词表示，(10b) 的信息用句子中指事物的名词短语表示。但是表示 (10c) 的信息就可能有不同的方式，最简单的方式是给 T_1, T_2 等符号加上标志。例如上文 (9) 就可以表示为：

(11) a　张三(跑者)跑。

　　 b　张三(吃者)吃鱼(被吃者)。

　　 c　张三(给者)给李四(被给者)一本书(被给物)。

应该说 (11) 是我们理解一个事件的基本要求。我们理解一个事件时，必须知道有几个事物参与事件，它们在事件中扮演什么角色，我们正是按照这种方式理解表示各个事件的句子。不过若用 (11) 这种表示方法，为了表示 (10) 的信息，需要为每一个事件建立一个特殊的表示方式。例如"张三"在 (11a) 中要注为"跑者"，在 (11b) 中要注为"吃者"，在 (11c) 中要注为"给者"。这样，表述几百个事件就需要设立上千个不同的标志，很不方便。

8.6　事件表述模式和主宾语概念

8.6.1　事件表述模式

自然语言是使用事件表述模式来解决标志膨胀的危机，这就是为每一个事件建立一个标准的表述模式。说汉语的人从 (9) 中获得的信息跟 (11)

相同,这就是事件表述模式的作用。因为他知道(9)中的词语是按照(11)的方式排列的,排在前面的"张三"在(9a)中肯定是跑者,在(9b)中肯定是吃者,在(9c)中肯定是给者。相反,如果把(9b)说成(12):

(12) 鱼吃张三。

那么"鱼"就成为"吃者","张三"成为被吃者。这是因为对"吃"而言,事件表述模式是(13):

(13) 吃者+"吃"+被吃者

它是用语序表示事件角色。所以在(9b)和(11b)中,调换"张三"和"鱼"的位置,它们所指事物在事件中的角色就发生变化。

如果用事件表述模式表示(10)所要求的信息,特别是表示(10c)的信息,那么我们在学习表述每一个事件时,或者说在学习每一个表示事件的谓词的用法时,就需要记住用在每一个特定位置上的词语所表示的是哪一种信息。从原则上讲,事件的表述模式是有个性的,需要逐一学习,靠简单的推理不能解决所有的问题。用约定俗成的事件表述模式显然不需要再为每一个事件建立一套特殊的标志。通观人类的自然语言,在我们所说的事件表述模式中表示(10a)和(10b)的信息使用的手段相同,都是用动词(或形容词)表示(10a),用名词性的词语表示(10b)。但是在表示(10c)时有两种主要表示方式,一种方式是不用词语自身的形式变化,而用 T_1、T_2 等和 P 之间的相对的次序来显示 T_1、T_2 等的事件角色,我们可以称之为语序法;另一种方式是用 T_1、T_2 本身的或附加的形式标志——或者还要加上 P 的形式变化——来显示它们的事件角色,我们可以称之为词形法。

无论用语序法,用词形法,还是二者结合,它们都只能表示出有限的几种形式区别,而不是给每一个事件一套特殊的表示方法。[①] 由此导出的结论

---

① 当然我们也可以说即使使用事件表述模式,也还是给每一个事件设立了一套特殊的标志。因为事件表述模式中有表述事件名称的词语,这就足以把各个事件区分开来。所以,当我们说用事件表述模式去表述每一个事件不是给每一个事件建立一套特殊的表示方法时,这只是着眼于在事件表述模式中表示事件参与者角色身分的形式手段的说法。颠扑不破的真理是,要做出 100 种区分,至少需要使用 100 种不同的表现形式,使用 99 种表现形式是不可能做出 100 种区分的。

是,在事件的表述模式中,事实上是使用有限的几种形式标志去标示可能世界中所有的事件中的事件角色。如果我们把事件表述模式中标示事件角色的形式标志简称为角色标志,那么显然角色标志的数目大大小于各种事件中的事件角色的总数。这表明在用角色标志标示事件角色时,无形中已经对各种事件中的事件角色进行了归并,把它们纳入了有限的几个角色标志之中。这就是说,在人类的自然语言的表述事件的句子中,必然有几个形式的角色标志,它们统辖着可能世界中各个事件的事件角色,换句话说,它们代表着人们对可能世界中种种事件角色的分类和归并。既然如此,既然出现了角色标志这种范畴形式,也就出现了相应的范畴意义,有待语言学者予以描述。

8.6.2　事件角色分类和形式标志

从理论上讲,描述这些角色标志范畴的形式和意义的作用有可能是,有利于学习语言的人从一个事件的发生情景和过程之中推演事件中的每一个参与者有可能归入哪一个角色标志范畴之中。比如说,在可能世界中有一批事件,例如"推、拉、打、压、挤"等等事件,就可以区分出一个主动的事件角色和一个被动的事件角色。如果能把这两个事件角色类型跟事件表述模式中的角色形式范畴挂钩,那么在总结出二者的对应规律之后,就有可能不再需要逐一记忆那些事件的表述模式。

此外,当我们讲事件的表述模式时,我们并没有讲每一个事件只有一个表述模式。事实上在自然语言中,每一个事件都有可能有几个不同的表述模式。如果展开来讲,那么照一些学者的讲法,同一个事件有可能用不同的谓词表示。例如 Fillmore(1977)把英语动词"buy(买)"、"sell(卖)"、"cost(值)"等,都归为表述"买卖事件"的动词。我们这里不准备把论述范围扩大到那种程度,但是却不能不注意到跟(9b)所表示的事件有关的下列各种表述方式:

(14)a　张三吃鱼。

　　b　鱼张三吃。

　　c　张三鱼吃。

　　d　张三吃。

　　e　吃鱼。

　　　　f　吃。

　　（14）中的句子在不同的场合都有可能表示"张三吃鱼"这个事件,细细地分析起来,它们彼此可能有一些微妙的差异,我们也不否认有把它们细分为不同事件的可能性。但是,既然它们在不同的场合都可以表示"张三吃鱼"这个意思,我们也就有可能按照人们理解可能世界中的事物的方式,求同存异地把它们归为同一个句位,然后说明当它出现在更大的语言交际片断中时,有可能按照什么样的原则在其间做出抉择,选用这个句子,还是那个句子。这就是说,在自然语言中表述同一个事件时,可能有不同的表述形式。我们有可能尝试把其中的一个表述形式看作基本格式来概括描述它们相同的一面,把其他表述形式看成它的变化格式,说明基本格式在什么情况下可以或必须改变为变化格式,以此具体描述它们不同的一面。

　　基本格式和变化格式相同的一面中必然包括事件参与者的角色身分,无论表述形式怎样变化,（14）中的各个句子都必须表示张三是吃者,鱼是被吃者。这种角色身分一变化,就不再是同一个事件。基本格式和变化格式不同的一面中包括所有的形式变化,也可以包括说话人对这个事件的各个事件参与者的关注程度,以及跟上下文和具体语言环境的结合方式等种种因素,只是绝对不能改变事件参与者的角色身分。①

　　这个论断事实上提出了一种对句子中包含的（10c）信息的分析方式,这就是在表述一个事件 E 时,首先确定它的基本表述格式,确定事件参与者的角色身分跟句子的角色形式范畴之间的对应关系,然后描述这个基本表述格式跟变化格式之间的转换方式。具体地讲,以（14）为例,当我们以（14a）为"吃"这个事件的基本表述格式时,需要说明其中的"张三"是吃者角色,"鱼"是被吃者角色。对于（14b）以下的句子当然也可以逐一单独介绍,说

――――――――――

　　①　在语言学研究向纵深发展时,当然也可以研究角色身分发生变化的表述形式之间的转换关系,即使表述同一个事件的不同谓词甚至表述不同事件的谓词都可以联系起来研究,探讨它们之间的关系和转换方式。但这不是建立语法规则的最初阶段的事情,我们这里着眼于论述语法学的理论基础,而不是泛泛讨论语言学的发展方向,所以不能不适可而止,限制我们的论述范围。但是,既然我们注重论证逻辑,也就不能不意识到我们的一切论断都是在一定前提下做出的,没有一定的前提就无法讲什么行,什么不行。这是不能不特别申明的。

明在格式(14b)中"鱼"是被吃者,"张三"是吃者;在(14c)中"张三"是吃者,"鱼"是被吃者;在格式(14d)中"张三"是吃者,如此等等。如果我们不把它们看成独立的格式,不用逐一列举的方式介绍它们,那就可以把(14b)以下的格式归并在(14a)之下,作为它的变式。比如可以说,由(14a)把表示被吃者角色的词语移到句首就形成(14b),把表示被吃者角色的词语移到表示吃者角色的词语后、动词前就形成(14c),把表示被吃者角色的词语省去就形成(14d),等等。

如果仅仅是为了描述"吃"这一个事件的表述方式,这两种描述方式可能没有差别。要是描述一批事件的表述方式,用前一种方式就必须一句一句地逐一列举,而用后一种方式就有可能把这种变形方式总结成规则予以统一的处理。例如在汉语中,有许多事件跟事件"吃"的表述格式相同,不妨再看一个事件:

(15) a　张三喝酒。

　　 b　酒张三喝。

　　 c　张三酒喝。

　　 d　张三喝。

　　 e　喝酒。

　　 f　喝。

在描述(14b)以下各句怎样由(14a)生成时,我们说的是"吃者"和"被吃者"移位或省略。把那些描述照搬过来,把"吃者"换成"喝者",把"被吃者"换成"被喝者",就可以表述(15b)以下各句怎样由(15a)生成。事实上在汉语中有许多动词,像"吃"和"喝"一样,具有(14)和(15)式的造句方式。为了用规则说明这些句子的构成方式,我们就不能使用"吃者"、"被吃者"、"喝者"、"被喝者"、"跑者"、"给者"之类以具体事件命名的角色名称。因为用这种名称去描述动词的造句方式,每换一个动词就需要换一套名称,不成其为规则。

为了用规则描述诸如(14)和(15)之类的句子怎样由基本格式构成变化格式,显然我们需要一套能通用于各种事件的事件角色类型名称,这些名称一方面跟事件的事件角色对应,另一方面跟句子的角色形式对应。例如

我们可以用 A 表示吃者,用 B 表示被吃者,这样(14)就成为(16):

(16)a A 吃 B

    b B A 吃

    c A B 吃

    d A 吃

    e 吃 B

    f 吃

同样,用 A 表示喝者,用 B 表示被喝者,这样(15)就成为(17):

(17)a A 喝 B

    b B A 喝

    c A B 喝

    d A 喝

    e 喝 B

    f 喝

利用 A 和 B 这样的类名,我们就可以用规则描述(14)和(15)中由句子的基本格式生成变化格式的转换方式。

8.6.3 事件角色类型概念:事件和句子的中介

显然 A 和 B 之类角色类型名称不纯粹由事件角色定义,因为我们是利用它们去解释描述同一个事件的几个句子之间在形式上有什么变形法则,而不是单纯地描述事件角色自身的性质。另一方面,显然事件角色类型名称也不纯粹由句子的角色形式定义,因为它们跟具体事件中的事件角色挂钩,而不是仅仅表示句子中的形式因素。我们这样讲并不是企图否认形式跟意义的对应是语言这个符号系统的基础,也不否认从形式着眼可以捕捉意义和从意义着眼可以控制形式这个一般原则。我们在这里阐明我们所说的事件角色类型既不是纯粹的事件角色概念,也不是纯粹的句子形式概念,这是从实际工作出发考虑问题。因为从单一角度看问题,很容易陷入无谓的空谈。

汉语语法学者很久以来就在使用施事和受事这样的概念,然而迄今为止,谁也没有给这些概念下过精确的定义。举几个例子讲一讲施受关系并不困难,把这两个概念用于所有的动词就讲不下去。原因在于它们是纯粹的语义概念,至少在目前,纯粹从意义着眼许多问题说不清。从美国学者 Fillmore 提出格语法以来,国外学者也曾试图用施事、受事、工具之类格概念去分析句子的结构。尽管 Fillmore 意识到"格"应该是句法兼语义概念,但是始终没有给出从形式和意义两方面确定格范畴的操作方案,也就拿不出穷尽的格清单。①

从 20 世纪 50 年代开始,汉语语法学者对形式给予空前的重视,出现了句子开头的名词短语一律归入句子的主语的观点。这样的主语概念在形式上是明确的,但是跟我们讲的事件角色无关。无论它多么重要,毕竟它无助于解决怎样用句子表述一个事件这个最为重要的基本语法问题。而我们所阐述的 A 和 B 之类事件角色类型概念是通过词典跟事件角色对应,通过词典和语法书跟句子的角色标志对应。这就是说,在词典中解释"吃"所表示的事件时,我们可以给出 A 和 B 两个角色,在词典的例句或语法书的造句规则中可以给出它们对应的角色标志。只要我们所确定的 A 和 B 角色有助于描述有关动词的造句方式,特别是只要它们有助于说明怎样由动词的基本格式推演出变化格式,我们就不问它们到底是施事还是受事,也不问它们在句子开头还是结尾。我们所定义的 A 和 B 之类事件角色类型,无疑是在可能世界的事件和表示那些事件的句子之间起桥梁作用的重要概念,是分析句子结构的重要工具,是任何一部语法书都不能不讲到的基本概念。从语法传统看,这样的角色类型不妨命名为主语和宾语。

我们可以跟英语做比较。在 A.S.Hornby 编的《Oxford Advanced Learner's Dictionary of Current English》(1980 版)中,"eat（吃）"的第一个义项下面注有:

(18)　[VP6A, 15B, 2A, C, 4A] eat (up), take (solid food, also soup) into the mouth and swallow it

把这个释义直译出来是:

---

① 　参看 Fillmore(1968)、(1971)和(1977),杨成凯(1986)曾做综述。

（19）　摄取（固体食物，包括汤）入口而且咽下它

方括号中的记号是动词基本表述模式编号，其中"VP6A"的格式是：

（20）　S+vt+noun/pronoun

跟释义结合起来，我们就知道英语动词"eat"有一个表述模式是：

（21）　主语+eat（及物动词）+食物/汤（及物动词的宾语）

词典中提供的这些信息说明这个事件有两个事件角色，它们的角色类型是主语和宾语，它们在句子中具有英语语法中描述的那些属于句子的主语和宾语的角色标记。

　　由此看来，英语中的主语和宾语的概念属于角色类型范畴，而不是纯粹的形式范畴。上文已经分析过，被动句中的主语是被动式动词的主语，而不是主动式动词的主语。尽管主动式动词和被动式动词之间，在形式和意义上有（22）那样的转换关系：

（22）a　形式：　主动式［eat］→被动式［be eaten］

　　　b　意义：　主动式［主动的施事］→被动式［被动的受事］

但是有这样的转换关系并不等同于二者等价。它们在形式上和意义上都不等同，这已经表明它们本质上是形式和意义都不相同的两个动词词例。

　　既然如此，主动式动词"eat（吃）"的主语的事件角色是吃者，并不妨碍被动式动词"be eaten（被吃）"的主语的事件角色是被吃者。因为在"eat"从主动式转换为被动式时，它的主语所对应的事件角色随之由吃者转换为被吃者，这完全符合形式和意义对应的语言学基本原则。

　　同样，英语动词"sell（卖）"的例子：

（23）　The bookseller sells the book.（书商卖书。）

（24）　The book sells well.（这本书卖得快。）

也不说明英语的主语概念是纯粹的形式范畴，因为"sell（卖）"在（23）和（24）中的意思不同。在（23）中它有两个事件角色，一个是卖者，另一个是被卖者，而在（24）中它只有一个事件角色。这是两个不同的表述模式，在词典中要作为两个不同的义项分别列举，不能混为一谈。

8.6.4 事件角色类型和角色身分

现在我们有必要说明角色类型跟角色身分的区别。上面说过,我们所定义的角色类型跟事件角色身分有关系,但不是同一个概念。事件角色身分对应于可能世界中的事件参与者在事件中的经历,在甲卖给乙一本书这个事件中,甲是卖者,乙是买者,书是交易物,卖者、买者和交易物都是事件角色身分。当我们告诉别人发生了这个事件时,我们需要说明卖者是谁,买者是谁,交易物是什么。为了给这些信息编码构成句子,语言中就需要相应的形式标志,因而可能世界中所有事件中的事件角色身分跟语言中表示事件角色身分的形式标志之间就有对应关系。这种对应关系应该是一对一的,即不同的事件角色身分对应不同的形式标志,不同的形式标志对应不同的事件角色身分。

然而对于这一点,可以有种种理解方式。以(25)为例:

(25)a 张三看书。

    b 张三写字。

应该说这是两个不同的事件,共有四个不同的事件角色:在"看"这个事件中,"张三"是看者,"书"是被看者;在"写"这个事件中,"张三"是写者,"字"是被写者。从某种意义上讲,我们确实使用了四个不同的形式标志来标示这四个不同的事件角色:"看"字前面的位置表示看者,"看"字后面的位置表示被看者;"写"字前面的位置表示写者,"写"字后面的位置表示被写者。

然而这四个形式标志可以归纳为表示事件名称的动词之前和之后两个形式标志,我们不妨把它们分别标为[_V]和[V_]。显然在所有由汉语动词做谓语构成的句子中,这两个形式标志都存在。它们在具体事件中表示什么事件角色,这可以由词典予以说明。例如在解释"看"的词义时,可以说明在"看"做谓语的基本表述模式中,[_V]表示看者,[V_]表示被看者;在解释"吃"的词义时,可以说明在"吃"做谓语构成的基本表述模式中,[_V]表示吃者,[V_]表示被吃者。这样做的意义在于,如果我们能建立规则说明这两个形式标志有哪些共性,那就可以免去逐一说明各个具体事件角色怎样造句的麻烦。

　　事实上我们已经看到,事件基本表述模式中的[_ V]和[V _]两个形式标志所对应的事件角色在造句时确实有一些共性。例如在一定条件下,由(26a)可以演变出以下各种句子格式:

(26) a　[_ V] + V + [V _]

　　　b　[V _] + [_ V] + V

　　　c　[_ V] + [V _] + V

　　　d　[_ V] + V

　　　e　V + [V _]

　　　　…………

事实上,(26)的造句方式适用于一大批动词,把它列为规则就不需要对"看"、"写"、"吃"等等动词的造句方式做重复的说明。

　　这个分析同样适用于印欧语。在英语中,主动式动词做谓语时,主语和宾语对应的事件角色由词典说明,主语和宾语的造句方式则由语法规则说明。建立主语和宾语这两个概念的意义显然在于可以用规则概括各个动词造句方式的共性,而不必对各个动词做具体的说明。

　　我们把事件角色身分分别标为 $r_1, r_2, r_3, \cdots, r_n$ 等,把表示它们的形式标志分别标为 $f_1, f_2, f_3, \cdots, f_n$ 等,二者一一对应。这样才能由事件角色 r_i 唯一地求出它的语言表述形式标志 f_i,由语言表述形式标志 f_i 唯一地求出它的事件角色身分 r_i,才能完成正常的语言交际功能。由于各个动词不同,[_ 吃],[_ 买],[_ 卖]等当然是不同的标志。但是着眼于它们相同的一面,而把它们归并为[_ V]之后,这些本来各不相同的标志就成为一个标志。经过这样归并,我们所鉴定的形式标志数目就大大减少,如果把它们标为 F_1, $F_2, \cdots, F_m$,显然 $<N$。

　　从逻辑上讲,既然 $r_1, r_2, \cdots, r_n$ 等跟 $F_1, F_2, \cdots, F_m$ 等已经不可能再一一对应,就有可能出现几个事件角色对应着同一个形式标志 F_i 的情况,也有可能出现同一个事件角色 r_i 对应着几个不同形式标志的情况。如果这些情况发生在不同的动词用法之中,本质上不会给传统语法学者带来麻烦。例如描述同一个买卖事件,可以用(27a),也可以用(27b):

(27) a　张三买了李四一本书。

　　b　李四卖(给)了张三一本书。

[_ V]标志在(27a)中表示买者,在(27b)中表示卖者;[V_]标志在(27a)中
表示卖者,在(27b)中表示买者。这既是一个事件角色用两个形式标志的例
子,又是一个形式标志表示两个事件角色的例子。然而,由于使用了不同的
动词,就可以分开讲。在词典中对"买"和"卖"释义时,可以给出它们各自
使用的基本表述模式,说明[_ V]和[V_]各表示什么事件角色。倾向传统
的语言学者大可认为"买"和"卖"代表两个不同的事件,即使是近年关注语
义分析的学者,在承认(27a)和(27b)是表述同一个买卖事件时,也可以把它
们看成由不同动词提供的对同一个事件的不同表述模式。

　　然而,当形式标志和角色身分之间的不对应发生在或似乎发生在同一
个动词构成的句子之中时,处理起来就有理论问题。第一个例子是英语动
词的主动式宾语在被动式句子中用作主语,尽管从传统观点和现代观点两
方面看,都还不曾把英语动词的主动式跟被动式看作两个动词,但是,由于
主动式和被动式是两个不同的动词形式,所以同一个主语形式标志对主动
式而言是表示事件角色 r_i,对被动式动词而言表示事件角色 r_j,这跟(27)中
的[_ V]标志对动词"买"而言表示买者,对动词"卖"而言表示卖者,本质上
是一回事。主动式动词和被动式动词使用的是不同的表述模式,并不妨碍
角色身分跟形式标志的对应。即使从字面上看,"主动式的主语"跟"被动式
的主语"也是两个不同的东西,自然可以表示两个不同的事件角色。

　　第二个例子就比较麻烦,这就是上文讨论过的以英语动词"sell"为代表
的一批动词。它们不必变形,就可以用同一个形式标志表示不同的事件
角色：

　(28)a　The bookseller sells the book.

　　　b　The book sells well.

在(28a)中,动词"sell"的主语是卖者,宾语是交易物;在(28b)中,它的主语
是交易物。我们可以说(28)中的"sell"形式上是同一个动词,但是它有两个
不同的表述模式,在一个表述模式中主语是卖者,在另一个表述模式中主语
是交易物。用 Fillmore(1977)的讲法是,"sell"为同一个事件提供了两个不
同的透视法(perspective)。

从严格的逻辑角度讲,这里的问题是无论说"sell"有两个表述模式,还是说"sell"有两个透视法,都有必要研究(28a)和(28b)是一个事件,还是两个事件。说(28a)时人们会对"the book"有被动感,说(28b)时人们是不是仍然有同样的被动感。然而对这些问题很难做出明确的回答,因为我们很难对事件下明确的定义,更没有办法去细细地检验内心深处微妙的语感。我们所能肯定的是,对于动词我们需要一个一个地学习,至少要记住它的基本表述模式,这是要由词典处理的事情。在同一个动词的不同表述模式中,有的可以用规则推导,例如被动表述模式可以由主动表述模式用规则转换而成。有的不能或不宜用规则推导,例如英语中有(28)这种用法的动词不多,很难为它们总结出简单的规则,这就需要逐一列举。颠扑不破的真理是,能用规则统一处理的不妨用规则统一处理,不宜用规则处理的就要用枚举法逐一列举,何去何从要从实际需要出发。

8.7　汉语句子的主宾语检讨

8.7.1　对于话题概念的评价

吕叔湘(1946)对怎样在汉语句子中确定主语和宾语的概念做了详尽的分析,十年后,在20世纪50年代,中国汉语语法学者曾就汉语句子的主语和宾语进行了广泛的讨论。在这些讨论中,为确定汉语句子的主语和宾语而提出的鉴定标准主要出于语序和语义两种考虑。从语序方面考虑,可以把谓语动词之前和之后作为两个形式标志,把谓语动词前面的名词性成分定为主语,把谓语动词后面的名词性成分定为宾语。从语义方面考虑,可以用事件参与者在事件中的经历为准则,例如以所谓施受关系为准,把处于主动角色的参与者定为主语,把处于被动角色的参与者定为宾语。从20世纪50年代以来,语言学研究在世界范围内获得了长足的发展,为了解决汉语句子的分析问题,我们有必要结合国内外研究的成果对这两个标准做一些分析。

从理论上讲,一个句子既然是一个线性符号序列,那么各个符号出现时的先后顺序对于听话人在头脑中的理解过程必然要产生影响,说得更明确一点,不妨说它决定着一个事件在听话人头脑中呈现时的样式。试以汉语句子中极为普遍的变形格式为例:

（29）a　张三认识这个人。

　　　b　这个人张三认识。

应该说（29a）和（29b）说的是同一件事，然而我们对它们的理解方式不同。听到（29a），我们是首先想到"张三"，然后想到他知道这个人；听到（29b），我们是首先想到"这个人"，然后想到张三认识这个人。

如果说对于同一个买卖事件，"买"给我们提供了从买方看事件的透视法，"卖"给我们提供了从卖方看事件的透视法，那么未尝不能说（29a）给我们提供的是从"张三"角度看事件的表述方式，而（29b）就给我们提供了从"这个人"角度看事件的表述方式。尽管不妨看作同一件事，但却是两种不同的表述方式，对应着两种不同的观察方式。即使仅仅是为这一点，由于一个理想的语法描写模型总应该尽可能地符合讲话人的心理，语言学分析就不能不对（29a）和（29b）的差异做出相应的描述。何况（29a）和（29b）的差异还不仅仅表现在说话人的视点有别，（29b）把"这个人"提到句首，这一点在汉语中还有更为重要的意义。不妨跟英语句子（30）比较一下：

（30）a　Zhang San knows him.（张三认识他。）

　　　b　Him Zhang San knows.（他张三认识。）

第一，在英语中，（30b）这种句子是不常见的，而且即使把"him（他）"从动词后面移到句首，它仍然是宾格代词，也不可能用主格"he"。仅凭这一点就不妨说"him"照旧接受动词力量的约束。而在汉语中情况就有所不同，汉语名词和代词都没有主格和宾格的区别，我们很难说（29b）中的"这个人"跟它在动词后面时一样地接受动词力量的约束。

第二，英语句子的结构比汉语严谨，及物动词做谓语时，宾语不能随便省略。而在汉语中情况就不同，在一定上下文中"张三认识"这种话也是经常说的。这样，当我们承认"张三认识"可以独立成句时，就不好断言它后面一定是省去宾语"这个人"，这就难以断言句首的"这个人"仍然是它的宾语。

第三，（29b）把"这个人"放在句首，它有可能一直管到下文许多有关的小句（或分句）：

（31）　这个人张三认识，我也认识，我们这儿没有一个人不认识

（他）……

既然"这个人"放在句首有这么大的"辖域"（scope），我们就不能不予以特别的关注和描述，有必要给它起个专门的名称，不能跟（29a）中动词后的"这个人"混为一谈。

正是由于看到（29b）中的"这个人"放在句首跟（29a）中放在句尾时情况有所不同，一些汉语语法学者出于不同的考虑，对语序的差异给予了充分的关注。从 20 世纪 50 年代以来，中国大陆语法学者相当普遍地把（29b）中的"这个人"定为句子的主语，说它是主谓结构"张三认识"做谓语的句子。而大陆以外地区的汉语学者从强调句首的名词成分对其后各个小句的句法统辖力量的角度出发，尽管不认为（29b）中的"这个人"是主语，也还是要为它起"话题"（topic）这个专门名称。

当然，不同学者对（29b）中的"这个人"予以强调的出发点是不同的。有些学者倾向结构主义观点，特别是美国描写语言学派的观点，注重句子的表层形式。即使在做语法分析时不排除用句法变形手段做参照，却不用变形方式去分析句子的格局，所以避免用"宾语倒装"和"主语后出现"之类讲句式变形的观念。有些学者或是看到句首名词受到其后成分的描述，或是看到句首名词对后面各个小句有篇章结构作用，所以给它特殊的名称，以便描述它的句法和篇章功能。

然而，无论我们怎样强调这些理由的正当性和重要性，都不能忽视同样重要甚至更为重要的另一侧面，这就是句子中的词语的所指在句子所描述的事件中的角色身分。当我们讲"这个人我认识"中的"这个人"是主语或话题时，强调的是它接受下面的词语的描述或谈论。但是这样讲毕竟是十分抽象的，听话人要想理解这句话，必须知道描述或谈论的对象是什么事件。他必须弄明白张三到底认识什么，是认识这个人本人，还是认识这个人的兄弟姐妹、亲戚朋友乃至跟这个人毫无关系的别的什么事物。他不弄清楚这一点，仅仅知道"这个人"是主语或者话题，无助于他理解这句话，甚至也不会知道所谓的描述或谈论是从何说起。从这个角度看问题，我们不难发现，要想理解一个句子，首先要弄清楚句子中的词语的所指是什么，在句子所描述的事件中具有什么角色身分，之后才有条件去分析句子是从哪个视点哪个角度去看那件事情。前者是第一性的，后者是第二性的。任何一个语法模型，不把第一性的东西讲清楚，就去讲第二性的东西，肯定是无本之木、无源之水，无论多么中看也不中用。

汉语语法学者如果仅仅强调印欧语语法中的主语和宾语中的形式性的一面，而忽视它们实际上是事件角色类型的形式标志，通过词典和基本表述模式，归根结蒂跟事件角色身分一一对应的另一面，那就难免迷失方向，走进误区。这里显然是汉语语法学中的主语和宾语难题的症结所在，忽视理解句子的起码条件，起步就试图捕捉第二性的东西，那就失去了最基本的立足点。

这样讲并不否认汉语句首名词有话题作用，更不否认它有承前启后的篇章功能，这些问题当然需要研究。但是万丈高楼要从平地建起，第二性的东西要以第一性的东西为基础，在注重理论结构和描写层次的语法学中这一点尤其不能忽视。在印欧语中，传统语法毕竟已经为语言教学和语言研究奠定了坚实的基础，在这个基础上研究者的眼光转向纵深，着眼于传统语法未曾涉及的超句结构和信息分布方面，这是完全正常的。而在汉语中，我们至今仍然缺少印欧语那样的传统语法，单纯追求第二性的东西就容易由于失去实践的支持而沦为空谈。所以，无论我们对汉语句子的主语和宾语持何种观点，无论句首名词性成分的功能多么值得描述，还是不能不首先描写句子中的各个成分跟事件角色身分之间如何对号，不具备这项功能的语法肯定无法在系统的语言教学和信息处理中使用。在解决了这个问题的基础上，进一步研究句子的线性序列跟信息分布的关系，以及跟人们观察事件时的视点的关系，语法描写就会呈现出合理的层次性和精密性。我们不能期望一两个术语或概念就能把所有的语言事实都讲清楚，所以不能给某一个术语或概念加上过重的负担。但是不用句子成分跟事件角色的对应关系做基础，语法模型就无法使用，这是可以断言的。

从20世纪50年代以后，汉语语法研究倾向狭义的句法研究，句子成分和事件角色的对应关系似乎已经难以在语法研究中占有一席之地，这显然跟国外语言学思想的发展有一定的关系。我们知道，本世纪前半期发展起来的美国描写语言学派重视形式，排斥语义，语法研究确实集中在句法范围。汉语语法研究显然受到这种思想和方法的影响。但是从50年代以后，美国学者Chomsky提出了包括词库、句法和语义的大语法观，如今即使是以形式研究驰名的学派也需要涉及词典、句法和语义三者之间的接口方式,不会让自己的语法模型变成孤立的句法研究。既然汉语句子中的狭义形式标志不像印欧语那么多,研究汉语语法就更不能把视点局限在句子的形式方面,而不考虑它跟词典和语义内容的接口,特别是,不能说句子成分跟事件角色的对应是语义问题,不是语法研究的内容。事实上,根据上文的论述,它是语法研究的立足之地,是讲信息结构和事件视点的基础。

8.7.2　关于施受关系

研究汉语句子的主语和宾语概念,不能不讨论汉语语法学者所关注的施受关系。汉语语法学者讲施受关系有两个主要的出发点,一个出发点是把我们所讲的事件角色跟句子成分的对应关系归为施受关系,排斥在狭隘的语法研究的范围之外;另一个出发点是试图用施受关系来解决句子主语和宾语的定义问题。第一种出发点上一节已经讨论过,现在讨论第二种出发点。

若用施受关系定义句子的主语和宾语,我们就不能不注意到以下几个问题:

第一,施受关系分析缺乏可操作性,因为迄今为止还没有哪一位汉语学者试图给施事和受事下准确的定义。事实上,跟它们相应的概念"agent"和"patient",在英语中也没有精确的定义。施事和受事的基本概念是"施事之力及于受事",然而这个条件能概括"甲打乙"和"甲吃乙"之类事件,用于"甲爱乙"就不好下结论,用于"下雨"、"刮风"、"变天"、"张三折了一条胳膊"、"李四丢失一本书"等一大批事件就更觉得治丝益棼,难以推断。我们不知道在这些事件中有没有施受关系,也看不出哪个角色应该是施事,哪个角色应该是受事。

第二,用施事和受事给事件角色分类,虽然有一定的概括力,但是缺乏涵盖性。上面举出的几个事件已经超出施受观念的范围,而一大批由事物运动或变化构成的事件,如"走,跑,来,去,倒,掉,裂,破,碎,烂,熟"等,更用不上施受观念。既然施事和受事并不足以涵盖可能世界中所有事件的全部事件角色,那么为了分析它所不能概括的事件角色就需要建立其他的角色类型范畴。既然施事和受事纯属语义角色类型,学者在建立其他角色类型时也只能从语义着眼。比如在格语法系统中，伴随"agent"和"patient"而来的就有"力量"、"工具"、"起点"、"终点"等许多概念。不仅这些概念本身既不明确，又有交叉，而且它们加在一起能不能把千差万别的事件角色都归并起来，也还是没有解决的问题。

第三，施受观念跟句子中提供的可以反映事件角色身分的标志毕竟不是严格地一一对应，所以即使施受关系可以用来说明一些形式标志的用法，也不一定能很好地揭示它们的全部用法。为了证明这一点，试看下面的例子：

(32)a 我不吃这只鸡。

　　b 这只鸡我不吃。

(33)a 我不喜欢这本书。

　　b 这本书我不喜欢。

(34)a 我丢过钱。

　　b 钱我丢过。

(35)a 我没有这本书。

　　b 这本书我没有。

除了(32)中的"吃"事件以外，其他三个事件都不好讲角色的施受身分，但是它们都有造句格式(36)：

(36)a 　[_ V]+ V +[V _]

　　b 　[V _]+[_ V]+ V

再如，从语义角度分析，可以说(37a)中的"张三"是施事，"这种鱼"是受事，却很难说(38a)中的"张三"也是施事，"这种亏"也是受事：

(37)a 张三吃过这种鱼。

　　b 这种鱼张三吃过。

(38)a 张三吃过这种亏。

　　b 这种亏张三吃过。

但是尽管从施受角度看不能断言(37a)跟(38a)中的事件角色身分相同，它们却都有(37b)和(38b)这种变形方式。

这些例子证明,施受关系跟句子的形式标志不是一回事。为了描述句子中的形式标志在不同句子中有共性的一面,我们有必要在施受关系之外建立能在事件角色身分和句子形式标志之间起中介作用的事件角色类型。它们既然要起中介的转换作用,就既不能不管形式纯从意义出发,也不能不管意义纯从形式出发。而要做到这一点,就不能不研究如何处理形式跟意义之间的关系。

8.8　形式和意义的关系

8.8.1　概括和分化

从上文的分析中我们已经看到,在分析句子的结构成分时,单纯着眼于句子的形式,就可能反映不出句子成分跟事件角色的关系;而单纯着眼于意义,又可能反映不出句子成分跟形式标志的关系。那么从逻辑上讲,出路显然只有一条,这就是能概括的予以概括,不能概括的予以分化。

从我们对印欧语主动句和被动句中主语概念的分析中已经可以看出,动词的意义跟它的基本表述模式是对应的。主动式动词的基本表述模式是从主动式主语到主动式宾语,而被动式动词的基本表述模式就是以主动式宾语为中心。主动式的宾语被标为被动式的主语,而不被标为被动式的宾语,这是句子成分跟事件角色对应的情况,可以用规则予以概括,不必在词典中的动词条目下逐一列举。而动词"sell(卖)"以同一形式做谓语时,其主语既可以是主动式的主语,又可以是主动式的宾语,这是"形式"——是狭义的"形式",不是广义的"形式"——跟事件角色不对应的情况,无法用规则予以概括,就需要分化为不同的格式在词典中分别列举。

这是符合逻辑的处理方式,可以作为方法论的原则确定下来。在汉语中,像(39)这种句子:

(39) a　张三吃这种鱼。

　　　b　这种鱼张三吃。

如果把(39a)中的"张三"的角色类型定为 A,把"这种鱼"的角色类型定为 B,那么,如果不打算把(39a)和(39b)都作为"吃"的基本表述模式予以列

举,就可以用规则说明(39b)可以由(39a)通过成分移位生成。至于移到句
首的"这种鱼"还叫不叫 B 角色,那就要另行斟酌。按照英语中被动主语的
处理方式,它似乎可以叫做"B 角色的 A";而按照英语句子(40)的处理方
式,它似乎还应该叫 B 角色。

(40) Him I like.

具体处理就是技术问题,而不是理论问题。

8.8.2 "一锅饭吃十个人"

汉语中可以看到(41)这种句子:

(41)a 十个人吃一锅饭。

b 一锅饭吃十个人。

处理这种句子就比较复杂。因为(41a)中表现为[_ V]形式的"十个人"的
事件角色是吃者,表现为[V _]形式的"一锅饭"的事件角色是被吃者;然而
在(41b)中,形式标志和角色身分却恰恰对调,形式为[_ V]的是被吃者,形
式为[V _]的是吃者。在归并这类事件角色时,显然有以形式标志为主和以
事件角色为主两种不同的处理方式。

如果以形式标志为主,可以让[_ V]在(41)的两个句子中对应同一个事
件角色类型 T_1,让[V _]对应同一个事件角色类型 T_2,那就必须让学习者知
道在(41)中角色类型 T_1 和 T_2 都对应着吃者和被吃者两个事件角色。这就
是说,必须让学习者知道,虽然(41a)和(41b)的句子模式都是(42):

(42) $T_1 + V + T_2$

但是 T_1 和 T_2 都对应两个不同的事件角色。要想做到这一点,只有两个办法。

第一个办法是说(41)中的一个句子是由另一个句子变形而来。若用这
种办法,我们可以建立一条变形规则,例如以(41a)为基本模式,说(41a)中
的 T_1 变为 T_2,(41a)中的 T_2 变为 T_1,因而形成(41b)。如果这条变形规则在
汉语中普遍使用,像英语句子的被动变形那么有用,这种办法看来就是上
策。如果这条规则适用面不广,那就需要用枚举的方法,在动词条目下逐一
标示,注明哪个动词有这种表述模式。这个办法实质上是让表述同一个事

件的同一个动词统辖两个表述模式,第一个表述模式中的 T_1 是第二个模式的 T_2,第一个模式的 T_2 是第二个模式的 T_1。

第二个办法是把(41)中的"吃"分为"吃$_1$"和"吃$_2$",让"吃$_1$"统辖第一个表述模式,让"吃$_2$"统辖第二个表述模式。这就是某些英语词典对英语动词"sell"的处理方式,例如在 Hornby 等(1980)中,"sell"的第一个义项统辖模式(43):

(43)　The bookseller sells the book.

第三个义项是(44),统辖模式(45):

(44)　(of goods)be sold;find buyers …

(45)　The book sells well.

愿意在理论上打破沙锅问到底的语言学者可能还要为怎样回答下面的问题而苦恼:"到底(43)和(45)中的两个 sell 是一个动词还是两个动词?"而从语言教学的角度出发,或从信息处理的角度出发,无论这两个"sell"是一个动词还是两个动词,只要说清楚它们有两个表述模式,以及在每个模式中句子成分跟事件角色如何对号,也就基本完成了任务。而按照上文的论述,说(41)中的两个"吃"代表着动词"吃"的两个词例形式,恐怕并不过分。如果我们愿意把 T_1 叫作主语,把 T_2 叫作宾语,那么这两个办法都可以使用。

与此不同的另一个处理方式是以事件角色为主去归并(41)中的角色类型,把(41a)中的[_ V]和(41b)中的[V _]都归为角色类型 T_1,把(41a)中的[V _]和(41b)中的[_ V]都归为角色类型 T_2。这样处理,事件角色类型就向事件角色身分看齐,可以默认(41)中的两个"吃"是同一个动词。但是由于角色类型 T_1 和 T_2 都有两个形式标志,如果所有的动词的 T_1 和 T_2 都有这种性质,那么建立一条法则就能做出概括的说明。如果仅有一部分动词的 T_1 和 T_2 有这种性质,那就需要在动词条目下逐一标注。从技术上看,跟上面以形式标志为主的处理方法异曲同工。

这样看来,在把事件角色归并为事件角色类型时,虽然从理论上可以区分出以形式标志为主和以事件角色为主两种不同的处理方式,实质上两种方式有相通之处。如果仅仅就(41)立说,确实看不出两种方式的高下短长。事实上两种方式可能确实没有优劣之分,贯彻到底,都能编出有用的语法系统。不过由于它们着眼点不同,从整个语法规则系统的样式和适用对象方面考虑,可能有或宜此或宜彼的情况。

例如(41a)可以有[V_]移到句首的变形:

(46)a　十个人吃一锅饭。

　　b　一锅饭十个人吃。

但是(41b)做这种变形就觉得勉强:

(47)a　一锅饭吃十个人。

　　b　?十个人一锅饭吃。

这样,当我们把(41)中的[V_]都归入角色类型 T_2 时,就不好说角色类型 T_2 有移到句首的变形。这可能表明(41b)中的[V_]跟(41a)中的[V_]确有不同之处,也就是可能表明(41b)中的"吃"跟(41a)中的"吃"确有不同之处,总之它表明(41)中的两个表述模式的性质还是有些差异的。

根据这种情况,也许学者愿意在理论上做出某种解释。但是无论做何解释,当我们试图为汉语建立语法规则系统时,怎样描述诸如此类的语言事实,都是摆在我们面前的一个技术问题。我们不能孤立地评价某些处理方式对不对或好不好,但是不能不承认,不同的处理方法遵循的指导原则不同,构拟的语法系统也不会相同。我们所能做到的是,从整体效果方面着眼,从逻辑上分析一个局部问题有几种可能的处理方法,然后分析从每一种方法中有可能导出什么样的语法系统,最后根据实际需要做出抉择,而不轻易地下结论。

8.8.3　"台上坐着主席团"

根据上面的分析,我们不妨讨论另一组句子的分析方法:

(48)a　主席团坐在台上。

　　b　台上坐着主席团。

(48b)是汉语语法界的经典难题。(48a)中的"主席团"大家都认为是主语,但是对(48b)中的"主席团"却有不同的看法。一些学者认为它是出现在动词后面的主语,另一些学者认为它是宾语。(48b)的"台上"也有状语和主语两种看法,认为(48b)中的"主席团"是主语的学者当然认为"台上"是谓语动词的修饰语,认为(48b)中的"主席团"是宾语的学者可能把"台上"归入状语,也可能把它归入主语。总之,以(48b)为代表的所谓"存现句"虽然历经讨论,意见并不一致。

这一组句子跟上面讨论的(41)有相似之处,(48a)中谓语动词前面的[_ V]在(48b)中位于动词后面,成为[V _]。既然如此,分析起来也不外乎我们刚才提出的几种方法。

如果我们认为"坐"的基本表述模式是(49):

(49)　[_ V] + V

那么(48a)符合模式,而(48b)不符合这个模式。可能的解决办法是,或者为(48b)中的"坐"确立另一个表述模式,或者建立变形法则(50),由(50)生成(48b)式的句子:

(50)　[_ V] + V　　　→　　　V + [_ V]

如果把(48a)和(48b)中的"主席团"都归入角色类型 T_1,就必须在词典中注明"坐"的角色类型 T_1 在造句时有[_ V]和[V _]两个位置可用。

如果以形式标志为主,把(48a)中的"主席团"归入角色类型 T_1,把(48b)中的"主席团"归入角色类型 T_2,那么如果承认(48)中的两个"坐"是描述同一个事件,就必须说(48b)中的 T_2 的事件角色跟 T_1 相同。

在 20 世纪 50 年代以前,汉语语法学者一般把(48)中的两个"主席团"都看作主语。从 50 年代以来,一般把(48a)的"主席团"看作主语,把(48b)的"主席团"看作宾语。只能说前一种观点更关注深层事件角色,后一种观点更关注表层形式标志。要说是后胜于前,却不尽然。因为,除非把(48)中的两个"坐"分开解释,否则即使告诉学习者(48b)中的"主席团"是宾语,仍然要说明(48b)的宾语的所指跟(48a)的主语所指相同。而要把(48b)中的"坐"跟(48a)中的"坐"分开解释,又觉得理由并不充足,因为它的意思并没有明显的变化。

与此相比,在《现代汉语词典》中,"坐"的第四个义项是:

(51)　把锅、壶等放在炉火上:~一壶水|火旺了,快把锅~上。

(51)中的"坐"就有明显的使动意义,把"一壶水"和"锅"归入宾语理由就要充分得多。

事实上,如果仅仅凭"主席团"在(48b)中位于动词后就说它的角色类型跟(48a)中不同,此外没有别的解释效果,那还不如为"坐"建立(50)那样的变形法则更为便当,因为归根结蒂还是要说明(48b)中坐着的角色是"主席团"。把(48b)中的"主席团"归入宾语确实给人整齐而规则的印象,实际上这多少是一种假象。因为对会说汉语的人而言,在(48b)中坐着的是"主席团",这一点是无须说明的,把它说成宾语也不会误会成别的东西。而对学汉语的人而言,情况就不同,他首先要知道坐着的是谁,说"主席团"是宾语无助于解决这个问题,而且还不能不考虑(52):

(52)a　主席团坐着椅子。

　　 b　台上坐着椅子。

(52)中有坐者和被坐者两个事件角色,"主席团"是坐者,"椅子"是被坐者。按常例,我们是把(52)中的"主席团"归入主语,把"椅子"归入宾语。这样,(52b)就跟(48b)结构相同,更不能不说明(48b)中的"主席团"是坐者,(52b)中的"椅子"是被坐者。这样一讲不难发现,形式上很整齐的分析方法实际上遗留下一些后遗症。这些问题是客观存在,只是在语法中不予理会,语法境内才会显得干净整齐。

这样讲也许有人会认为多余,因为坐者当然是人,被坐者当然是物,这是天经地义的事情,无须说明。如果这样想,那还是从局部看问题,缺乏整体的系统观念。因为,第一,什么是人什么是物,这也是要说明的;第二,并不是只有人才能"坐",只有物才能"被坐"。坐者可以是哪些对象,被坐者可以是哪些对象,这更是说不清的事情。如果我们从全局看问题,事情就不是那么简单。我们必须认识到,许多看起来简洁的处理方法都可能留有或多或少的后遗症。如果我们不予处理,语法体系就不完整,影响它的实用价值。

8.8.4　"水流"和"流水"

以上述讨论为基础,我们可以观察汉语动词在语义和用法方面的一个

普遍现象,它关系到汉语主语和宾语的鉴定。先看以下两组例子:

(53)a　黄河里的水流了。

　　b　黄河里流水了。

(54)a　黄河的水流了。

　　b　黄河流水了。

毫无疑问,"流"所对应的基本事件是(53a)所描述的事件。它表述一个客体 O("黄河里的水")在做一种叫作"流"的运动。"流"的基本表述模式是(53a),即(55)式:

(55)　　O + V

(53b)跟(53a)描述同一个事件,但是(53a)的客体"黄河里的水"被分成两部分,中心语"水"位于"流"之后,"水"的所属"黄河里"还在原位,它的所指是处所,而不是一般实体。

如果我们认为(53b)中的"水"是客体 O,那么由(53a)到(53b)的变化就可以描述为客体由[_ V]变形为[V _]:

(56)　　V + O

我们不能不注意到(53b)中的客体"水"是泛指,它的所指不像(53a)中的客体"黄河里的水"那么明确。但是(53b)中的"水"也可以加上各种修饰语,使它的所指逐渐明确起来。例如:

(57)a　黄河里流浑水。

　　b　黄河里在流我们刚刚从上游放下来的水。

只要客体 O 在"黄河里"流,就可以用表述模式(56),但是我们也不能不注意到(56)和(55)有区别。(55)具有独立性,无论看到哪里的水在流,都可以说:

(58)　　水流了。

听到(58),我们的反应是某种水流了,至多会问一问是什么水或者哪里的水。但是(56)就不然,当听到(59)时:

(59)　　流水了。

我们的反应必然是某地方或某种东西流水了,(59)前面没有那样的词语就站不住。这表明(59)是描述一个地方(L)或一个事物(E)发生一个客体(O)流的事件,跟(58)仅仅表述客体 O 流是不同的。

如果我们把(55)看作"流"的一个表述模式,(56)就是另一个表述模式。不难看出,若命题(59)真,则命题(58)必真,这表明(56)蕴涵(55)。事实上,尽管多少有些勉强,我们还是可以证明(55)蕴涵(56),因为客体 O 流这个事件必然要发生于某个地方或某个事物。不过这只是说(55)和(56)的真值条件相同,反省一下我们听到(53a)和(53b)时的心理状态就能看到,(53a)和(53b)这两个表述并不等价。(53a)是着眼于客体 O 发生了"流"这个事件,至于这个事件关系到何地或何物并不是表述的重心所在。而(53b)是着眼于何地或何物发生了客体"流"这个事件,客体 O 本身不一定是表述的重心所在。正因为如此,在(53a)客体 O 必须有明确的所指,不知道它说的是哪里的水,听话人就不会把它看作合式的表述。而在(53b)中,句首的处所或实体是不可或缺的,不知道何处或何物流水,听话人不会把它看作合式的表述。这表明(55)和(56)是两个不同的表述模式,它们所表述的对象不同。

怎样处理(55)和(56)的关系是值得考虑的。如上所说,它们的真值条件相同,但是表述的对象不同。若着眼于二者相同的一面,可以把(55)和(56)归并在一起,由(55)建立客体变位法则导出(56)。若着眼于二者不同的一面,可以把(55)和(56)看作两个不同的事件,对应两个不同的表述模式。总之,无论怎样讲,都需要让学习者知道,哪些动词有这两种表述模式。而怎样做到这一点,就要根据语言材料的实际情况进行技术处理。就汉语而言,凡是用(55)做基本表述模式的动词普遍可以用表述模式(56)。

在语法分析中可能感到为难的是,(53a)中的客体 O 可以看作主语,但是(53b)中的客体 O 在动词后面,是看作宾语还是看作主语,意见可能不一致。定为主语,便于说明它的事件角色身分跟(53a)中的 O 相同;定为宾语,便于说明它位于动词后面时可能具有的一些独特的性质。从局部看,两种处理方法各有所长。

现在我们来看(54)。(54a)跟(53a)相同,但是(54b)跟(53b)就有差别。(53b)句首的"黄河里"指处所,(54b)句首的"黄河"指实体,二者的所指的实体性不同。如果把(54b)的"水"定为主语,那么句首的黄河就只能说是二级主语或话题,似乎不大好说它是状语。但要说它是主语也有困难,因为,除非把(54b)的"流"解释为由两个角色构成的二元事件,若按照(53a)讲成只有一个角色的一元事件,那么(54b)中的"黄河"就不是事件的基本角色,也就不会出现在"流"的释义中。这样,它跟"流"这个事件的关系在词典中就得不到解释,怎样让学习者知道它在"流"这个事件中扮演的角色就成为棘手的问题。这个问题不解决,汉语的主语概念就跟事件的基本角色结构脱钩。

8.9 一元谓词和二元谓词

上面讨论的问题关系到一个事件由几个参与者组成。如果我们把由一个事件角色构成的事件叫一角色事件,把由两个事件角色构成的事件叫二角色事件,那么有些动词所描述的事件是典型的一角色事件。例如:

(60) a 人在跑。

　　 b 马在叫。

　　 c 毛虫在爬。

　　 d 皮球破了。

若用 A,B 等大写字母表示事件参与者,用 V 表示动词,那么这些表述一角色事件的动词的基本表述模式是:

(61)　A + V

有些动词所描述的事件就是典型的二角色事件,例如:

(62) a 张三在看一本书。

　　 b 李四在吃午饭。

　　 c 张三做衣服。

　　 d 李四在讲故事。

这些描述二角色事件的动词的基本表述模式是:

(63)　A + V + B

描述一角色事件时,具备角色 A 就可以满足构成事件的最低条件。表述二角色事件时,具备角色 A 和 B 才可以满足构成事件的最低条件。给学习者使用的语言学习词典需要说明一个动词描述的是什么事件,事件中有哪些事件角色,同时也要给出表述模式。而描述每一个表述模式的构成方式、变形的可能性以及不同模式之间的关系等有普遍意义的问题,则是语法规则系统的任务。

8.9.1 AV, VA, FVA

典型的一角色事件和二角色事件较易处理,给汉语语法研究造成困难的是介于二者之间的情况。我们可以从上文讨论的"流"说起,它经常使用的是表述模式(61),所以直觉上认为它是一角色事件。但是这个事件可能发生于一个地方 L、一个时间 T 或一个事物 B,它也就成为 L、T 或 B 所具有的一种性质。为了表述 L、T 或 B 具有这种性质,也就是说,为了表述它们存在着这个事件,就需要把它们引入句子之中,而且需要把它们放在句首,作为理解的起点。原事件角色 A 就由[_ V]位退居[V_]位,向表述成分转化。我们用例句(64)予以说明:

(64)a 水流了。

    b 山洞里流水了。

    c 今天流水了。

    d 山洞流水了。

显然(64a)是"流"的基本表述模式,它表述事件角色 A 存在事件"流",(64b)表述处所"山洞里"存在"流水"事件,(64c)表述时间"今天"存在"流水"事件,(64d)表述实体"山洞"存在流水事件。除了"水"可以"流"以外,处所"山洞里"、时间"今天"和客体"山洞"都是不能流的。它们接受"流水"事件的表述,而不是接受"流"的表述。在普通词典中解释词义时,一般只能讲解"流"在(64a)式的句子中的意义,不可能讲解它在以下三句中的意义。从这样的词义出发去理解(64b)以下三句,就需要把动词后[V_]位的"水"认同于(64a)中[_ V]位的"水",而不能把句首[_ V]位的 L、T 和 B 认同于(64a)[_ V]位的"水"。事实上,我们不可避免地要利用已经对(64a)做出的解释去解释(64b)以下的模式,比如把它们概括为"某地、某时或某物有 A 流事件"。这时,当我们把(64b)以下三句中位于动词后面的"水"认同于(64a)中的"水"时,这等于承认(64a)中的"水"有移到动词后面的变形。或许有人认为可以像《现代汉语词典》那样把"流"解释为(65)就无须讲移位:

(65)　　液体移动;流动:~汗｜~泪｜细水长~

事实上,像(65)这种解释是给会说汉语的人参考的,不能满足语言教学和信息处理中对语法系统的要求。学习者通过(65)这种解释去学习汉语,需要相当熟悉汉语,才能补足解释中所欠缺的信息。

通过对"水流了"和"流水了"的分析,我们看到"流"本质上描述一角色事件,表述角色 A 参与"流"事件,它使用表述模式 AV。但是,当着眼于描述"流"这个事件跟其他方面 F 的关涉时,我们使用表述模式 FVA。分析这个过程,我们可以看出,无论是 AV 还是 VA 都已满足一角色事件"V(A)"对事件角色的基本要求,但是 A 在 V 前可以构成独立的命题,A 在 V 后就需要在句首加上 F 才能构成独立的命题。对"流"而言,A 无疑是我们给它规定的词义所要求的基本角色,F 就可以说是核心角色之外的延伸角色。这表明,AV 是独立的命题模式,而 VA 的性质则趋向表述 F 的谓词。这样,我们得到的结论是:

(66) a　汉语的一角色谓词的基本表述模式是 AV,它表述事件的核心角色 A。

　　　b　一角色谓词可以使用 VA 模式填补核心角色空位构成一个事件,然后用这个事件去表述原事件的延伸角色 F。

　　　c　VA 模式是汉语一角色谓词 V 扩大表述范围形成衍生谓词的手段,从 AV 变为 VA,A 退出被表述的地位,让位于原事件的延伸角色 F。

(66)所描述的表述模式的衍化在汉语中习见,在印欧语中却是罕见的。在英语中,为了突出某个状语性的成分,可以把主语跟谓语动词换位。但是把指处所、指时间乃至指实体的词语放在句首,而调换主语和谓语动词的位置却绝非通例。我们不能不看到(66)给汉语语法分析带来许多不确定的因素。第一,我们说"流"是一角色事件,对 AV 模式而言没有什么问题。但说

FVA 是向句子中引入事件的外围角色的手段，就需要明确 FVA 仍是原来的一角色事件，还是已经转化为二角色事件。如果 FVA 仍然是原来的一角色事件，那就要考虑以某种形式把 V 前和 V 后的 A 联系起来。如果 FVA 已经是二角色事件，那就需要重新考虑怎样归并它的两个角色。

8.9.2 "张三折了胳膊"

上面这个问题不仅关系到怎样给句子成分命名，还关系到 FVA 模式是由词典引入，还是由语法规则引入。对于"流"而言，我们也许能毫不犹豫地说，它还是一角色事件，但下列句子的情况就可能不同：

（67）a 张三的胳膊折了。

　　　b 张三折了一条胳膊。

　　　c 张三的身上折了一条胳膊。

（68）a 张三的一本书丢了。

　　　b 张三丢了一本书。

　　　c 张三的书包里丢了一本书。

（69）a 剧团的演员增加了。

　　　b 剧团增加演员了。

　　　c 剧团里增加演员了。

（70）a 衣服的扣子掉了。

　　　b 衣服掉扣子了。

　　　c 衣服上掉扣子了。

a 句显然是一角色事件，但 b 以下各句就有麻烦，因为（67b）和（68b）句首的 F 一般都是指实体的词，很少说（67c）和（68c），F 用时间词时则隐含一个指实体的词。如果 F 是处所词或时间词还可以说它是状语，把大量指实体的词语归入状语就不能不三思。如果把"张三"看成基本事件角色，那么词典中就不能不作为词义的要求而予以说明。而在（69）和（70）中，b 句和 c 句同样常用，若说 b 句是二角色事件，c 句能不能跟着 b 句走就是问题。

这些例子的共同之处是 F 只是原谓词所命名的事件的延伸角色，原事件对它有一定的影响。虽然 VA 表述 F，但 V 并不直接表述 F。省去 A，只说

FV 就是相当依赖语境的非正规的（marked）句子；单说"剧团增加了"，就可能被理解为 AV 格式，以为是剧团数目增加，而不是演员数目增加。而我们知道，在典型的二角色事件使用的 AVB 模式中，B 往往可以略去不说。这表明在 FVA 模式中，V 跟其前成分的亲和力明显地小于跟其后成分的亲和力。而在 AVB 模式中，V 跟其前成分的亲和力就不一定小于跟其后成分的亲和力。

这个性质影响汉语句子的另一个变形方式。我们知道，在典型的 AVB 模式中，V 后面的成分一般可以移到前面形成 BAV 格式，这一点跟 V 后面的成分可以省略有关。正因为如此，在 FVA 模式中，V 后面的成分 A 移到前面很不自然：

(71)a　一条胳膊张三（身上）折了。

　　b　一本书张三（书包里）丢了。

　　c　演员剧团（里）增加了。

　　d　扣子衣服（上）掉了。

从这个角度着眼，也许我们愿意把 AV 看成基本格式，把 FVA 看成衍生格式。

大多数一角色动词常用 AV 格式，但是个别动词常用 FVA 格式。"发生"就是一个例子，普通用(72b)不用(72a)：

(72)a　一件事发生了。

　　b　这里/今天/张三发生了一件事。

还有些动词简直不用 AV 式，试比较"出"和"出来"：

(73)a　？疹子出了。

　　b　（身上）出疹子了。

(74)a　疹子出来了。

　　b　（身上）出来疹子了。

这些情况既跟动词的个性有关，也跟 A 在事件发生之前是否已然存在或已然出现有关。我们这里不去分析这些因素，但是这些例子对我们认识 AV 模式和 FVA 模式的身分以及确定它们在汉语语法中的地位是有帮助的。我们看到,本质上 FVA 模式可以看作由 AV 衍生而来,但它作为一个模式在汉语中占有重要的地位,特别是不能忽视 VA 对 F 的表述作用,性质倾向于谓词。

8.9.3　"张三在断钢丝"

在以上这些例子中,句首的 F 往往是处所词,即使是指实体的词语,VA 也是中性地表述存在于 F 的一个事件,并不是 F 的直接的行动。再发展一步,VA 就是 F 直接的使动行为：

(75)a　钢丝断了。

　　b　张三在断钢丝。

(76)a　竹片弯了。

　　b　张三在弯竹片。

在直觉上"断"和"弯"都是一角色事件,基本模式是(75a)和(76a)。(75b)的意思是张三在制造(75a)的事件,(76b)的意思是张三在制造(76a)的事件,两句都表示 F 制造 AV 事件。这种模式一般都看成二角色事件,把"张三"看成主语,把 A 看成宾语。然而这些句子一般不会省说宾语 A 而单说FV,这可能是因为省去 A 后,有 AV 模式的干扰,会使 F 的身分暧昧,所以一般不能不带上 A 予以区别。

8.9.4　"开门"和"门开"

再看另一组例子：

(77)a　门开了。

　　b　张三开门。

　　c　门张三开了。

如果说在(75)和(76)中我们还能感到 b 句有使动意味,甚至还能同意它们是由 AV 衍生而来,那么在(77b)中我们已经没有使动和衍生的感觉。这是因为(77b)是那样习见,以致我们可以把它的"开"看作典型的二角色动词,可以把 AVB 看作它的基本表述模式,不再考虑它跟(77a)之间有什么联系。这样(77a)就可能变成有被动意义的衍生模式,不再是独立的表述模式。考虑到(77c)的存在,把(77a)理解为由二角色模式 AVB 变形而来,这还是成立的。不过(77a)并不都能解释为由(77c)省略角色 A 而来,因为"门开"这个事件并不都是二角色事件。门大可是自动打开,没有使动者。所以,即使承认(77b)代表的 AVB 模式是"开"的基本模式,也不能否认(77a)可以是"开"的一个 AV 式的基本模式。这就是说,如果我们不能把(77b)理解为由AV 而来的使动模式,那也需要承认"开"有 AV 和 AVB 两个基本模式。

我们再看下面的例子:

(78) a　鸡不吃。

　　　b　张三不吃鸡。

(79) a　鸡不吃食。

　　　b　鸡张三不吃。

一般地讲,"吃"这个事件是典型的二角色事件,基本表述模式是 AVB,而不是 AV。①

所以(78b)中的"张三"必须理解为基本事件角色,而且由于没有 AV 模式,也不可能把"不吃鸡"理解为使动。既然如此,(78a)就只能或者理解为(79a)省说角色 B,或者理解为(79b)省说角色 A。"吃"代表典型的单纯二角色动词,它们的基本表述模式只有 AVB,而没有 AV。

8.9.5　AV→FVA→AVB

以上从"流"开始观察的几组例子,代表汉语动词的词义和表述模式的演变过程:

(80)　AV → FVA → AVB

在这个广阔的背景下,我们对刚才讨论过的问题可以有进一步的认识。显然在我们头脑中,有些事件被看作一角色事件,有些事件被看作二角色事件。当事件 E 被看作一角色事件时,它的基本表述模式是 AV,当外围角色在句子中用作被表述对象时,汉语中可以采用衍生的 FVA 表述模式。当 F越来越经常地跟 AV 事件联系在一起时,FVA 模式开始向 AVB 转化,甚至我

---

① 下一章对动词及物和不及物的讨论与此有关,可参看。

们会感到它已经是正式的 AVB 模式。试看用"出"的例子：

(81)a　山洞出水。

　　b　矿山出煤。

我们很难说(81)不是由 AV 模式衍生的 FVA 模式，但对(81a)这样讲也许还会有人同意，对(81b)这样讲恐怕很难被人接受，因为它们从来不用 AV 模式：我们只说"出水"，不说"水出"；只说"出煤"，不说"煤出"。特别是(81b)中的"出"可以解释为"出产"，这就转化为 F 的一种性质，尤其不便理解为 AV 模式的变式。

　　FVA 模式跟典型的二角色模式 AVB 既有相同之处，也有不同之处。相同之处是 F 接受后面 VA 的表述，跟 A 接受后面 VB 的表述一样。二者不同之处在于，FVA 模式中的 F 常用指处所的词语，也可以用指实体的词语，它们一般都指 A 的所在或所属，可以用作 A 的定语。而 AVB 模式中的 A 则一般都是指实体的词语，一旦改用典型的指处所或指时间的词语，我们就会感到句子中缺少一个指实体的基本事件角色。这些现象可以帮助我们更好地讨论上面的例子，试看下例：

(82)a　商店开门了。

　　b　商店的门开了。

　　c　商店主动开门了。

由于有(82b)，所以(82a)有可能理解为 FVA 模式；由于有(82c)，所以(82a)也有可能理解为 AVB 模式。(82a)可以有这两种理解方式，原因是上文分析(77)时已指出"开门"这个事件可以理解为一角色事件，使用 AV 模式；也可以理解为典型的二角色事件，使用 AVB 模式。

　　通过上述分析，我们可以看出，FVA 模式至少符合下列条件之一：

(83)a　F 使用由方位词"上，下，里，外"等构成的指处所的词语时，并
　　　　不缺少一个基本事件角色。

　　b　"F +'的'+ AV"转换式成立。

　　c　V 可以定义为 A 的主动行为，或者可以定义为 A 进行的运动或
　　　　经历的变化。

AVB 模式至少符合下列条件之一：

(84) a　A 使用带方位词"上，下，里，外"等构成的指处所的词语时，缺少一个基本事件角色。

　　b　"A +'的'+ BV"转换式不成立。

　　c　V 可以定义为 A 的主动行为，或者可以定义为 A 进行的运动或变化。

　　FVA 模式是以 AV 为基本模式的动词的衍生模式，它跟典型的 AVB 模式确有一些不同之处，但是随着 V，A 和 F 的变化，FVA 模式的性质也会有一些变化。上面列出的几个标准可以作为观察 FVA 和 AVB 模式的出发点，有助于分析 V 的词义和处理 FVA 模式。事实上，FVA 模式，有可能作为 AV 的变式，也有可能作为独立的格式，甚至有可能归并入 AVB 模式。尽管没有必要都作为独立的义项，但是较有弹性的办法似乎是把它们看作独立的模式。如果考虑到其他的因素，那么它还可以分化为若干小类型。这决定于我们对语法规则和语法描写的涵盖性和精确性的具体要求。上述分析可以作为考虑问题的基本原则，具体施行还有技术问题需要斟酌。

　　在处理问题时，首先要考虑如何鉴定表述模式中各成分的事件角色身分，然后根据句子的构成方式和变形手段予以归纳和概括。所以，如果我们把"流"定义为描述液体流动的一角色事件，那就不能不说明怎样辨认 FVA 模式中各个成分的角色身分，否则学习者就不会理解这个模式。在这个模式中，VA 表述 F，这一点也不能不予以说明，否则学习者就不会使用这个模式。一个完整的语法系统必须照顾这两方面的需要，忽略哪一方面的要求都将损害语法系统的实用性。

　　我们必须说明，比起考虑句子的形式结构和变形方式来，怎样鉴定句子成分的角色身分是更为基本的着眼点，漠视这一点就将使句子失去可以被人理解的基础。正因为如此，如果我们愿意把 F 看作主语，那就需要在语法系统中以某种方式说明它的角色身分，在不理解一句话描述什么事件的情况下，谈表述关系是没有意义的。研究母语语法的学者对此不能不提高警惕，因为他们是先学会说话，后讲语法，很容易忽视学习者起步时的实际需要。

9 语法的最大单位:句子

9.1 句子和交际功能

9.1.1 句子的交际功能

从给语法下定义到现在,我们一直把句子看作奠定语法基础的基本概念,然而我们没有试图给它下定义。现在我们准备总结上文的论述,对语法所研究的句子的性质做概括的描述。

说语法研究是描述用词造句的规则,这等于说句子是由词组成的语言单位。说句子可以分析为各个部分,每一次切分都可以定义一种语法关系,这等于说句子是由词按照语法关系组成的语言单位。

从句子这个概念在语法实践和日常交际两方面看,这既不是句子的必要条件,也不是句子的充分条件。因为按照语法关系用词组成的语言单位可以叫短语,不一定叫句子。例如(1)中的"我的书":

(1) 我的书丢了。

只有一个词,甚至只有一个词素的语言单位,也可以叫作句子。例如(2b)中的"吃":

(2)a 甲:你吃饭吗?

  b 乙:吃。

然而"我的书"在(1)中不是句子,在(3b)中就是句子:

(3)a 甲:这是谁的书?

　　b　乙:我的书。

而"吃"在(2b)中是句子,在(2a)中就不是句子。

　　承认这些讨论,我们就可以得出结论,句子不是由它的表层语言成分定义的单位。我们考虑一个语言单位是不是句子时,显然是根据它的交际功能,即能不能独立地完成一个交际任务。

　　这样讲仍然很抽象,以它做句子的定义缺乏可操作性。更具体一些,就是看它能不能独立回答问题,我们管它叫答句原则。正是根据这个标准,我们把(2b)和(3b)定为句子。根据这个标准,甚至可以把一个音素定为句子:

　　(4)a　甲:这个音标念什么?

　　　b　乙:[t]。

　　显然用答句原则鉴定的只是相对于某一个问答环境而言的句子,换一个环境就不一定成立。例如(2b)在(5)中就不是个合格的答句:

　　(5)a　甲:你吃什么?

　　　b　乙:吃。

无论答句原则能不能令人满意,但它毕竟能用来鉴定所有的陈述句,用它鉴定疑问句、祈使句和感叹句就比较困难。

　　用交际功能来定义句子,这是我们在事件结构之外引入的又一个概念。从逻辑上讲,由于句子是语法系统的基本概念,它是由语法系统研究的对象,而不是由语法系统定义的对象,所以必须使用语法系统之外的概念予以解释。为了解释什么是句子而引入交际功能原则,就是可能的办法之一。

　　美国描写语言学者试图用语调模式判断什么是句子则是从形式方面下手,这里不准备讨论。①

9.1.2　交际功能和表层形式

　　无论是用交际功能还是用语调模式去鉴定句子,都需要考虑形式和意义的矛盾,具体地讲就是,以一个语言单位发出的声音或写下的文字为准,

---

　　①　可参看 Fries(1952)第二章。

还是以它传达的信息为准。为了把这一点说清楚，我们再来看(2)。(2a)是问对方要不要吃饭，他期待的回答是(6a)或(6b)：

(6)a 我吃饭。

　b 我不吃饭。

当甲认为(2b)是个句子时，显然他把(2b)认同于(6a)。(2b)本身的形式仅仅是一个"吃"字，《现代汉语词典》说"吃"的意思是(7)：

(7) 把食物等放到嘴里经过咀嚼咽下去(包括吸、喝)

若用(7)代替(2b)作为回答，显然问话人不会认为它是个句子。这表明(2b)的表层形式是一个"吃"字，它作为一个词由词典给出的信息量是 I[吃$_1$]，作为一个句子由听说双方鉴定的信息量是 I[吃$_2$]，显然有：

(8) I[吃$_2$]>I[吃$_1$]

这表明在语言交际中，当我们把一个语言表达式 S 看作句子时，准确地讲，我们接受的是它的场合信息量，而不是它固有的最小信息量。这样，根据我们论述的原则，显然在语法系统中应该有调节信息的机制，说明怎样从 I[吃$_1$]求出 I[吃$_2$]。这就是说，我们需要有(9)这样的规则 R：

(9) $I[W] \xrightarrow{R} I[S]$

规则(9)是由词语的固有最小信息量求场合信息量的法则之一，它负责解释由一个单词 W 组成的句子 S 的信息量和 W 的固有最小信息量的关系。为了掌握词语在语言交际中实际传达的意思，显然语法系统中要有一组由词语的最小信息量求场合信息量的法则。

从上面的论证中可以得出结论，当我们用交际功能来鉴定句子时，句子就不是只由符号内部形式成分确定的狭义的表层结构概念。[①] 它的表层形式可以由几个词组成，也可以由一个词组成，甚至可以由一个词素或音素组成。我们把一个语言单位作为狭义的表层结构单位所具有的信息量标为

---

① 必须说明，这里和下文所说的表层结构和表层形式是对这两个概念的一般理解，它们指符号自身的内部结构和内部形式，不涉及符号使用环境的外部形式成分。事实上，根据我们在第三章和第四章的论述，广义的符号形式与符号所指应该是一对一的。

I_c，把它作为功能单位所具有的信息量标为 I_f。例句（2）和（3）表明对一个语言单位 E 而言，有（10）：

（10）　$I_c[E] \neq I_f[E]$

尽管（8）和（10）经常成立，但是我们无法证明词语的场合信息量永远大于它的最小信息量或固有信息量。因为，尽管"我"在（11b）中的场合信息量大于它的最小信息量，但是在（12b）中它的场合信息量却可以跟它的最小信息量相等：

（11）a　甲：谁跟我去？

　　　b　乙：我。

（12）a　甲：谁跟我去？

　　　b　乙：我跟你去。

同样我们也无法证明词语作为表层结构单位的信息量永远小于它作为功能单位的信息量，因为（13）作为表层结构单位的信息量和它作为功能单位的信息量可以——但不是永远——相等：

（13）　我买的那本书已经丢了。

在以上的讨论中，为了分析句子其物，我们引入了交际功能的概念。利用交际功能概念，我们得出以下结论：

A　句子是可以完成一个交际任务的功能单位，而不是表层结构单位。

B　词语作为功能单位的信息量跟它作为表层结构单位的信息量可以相等，也可以不相等。

从这个结论可以看出，由于句子是功能单位，而不是表层结构单位，所以我们无法根据一个语言单位的表层形式包含哪些词语和包含多少词语去判断它是不是句子。

事实上这一点是上文引入的答句原则的直接推论，因为任何一个由有穷的符号串组成的语言单位包含的信息量都是有限的，当我们询问在它之外的信息时，它就不是一个合格的答句。（14b）就是一个明显的例子：

（14）a　甲：你明天上午几点走？

　b　乙：我明天上午走。

　　根据答句原则似乎可以得出一个结论：哪一个语言单位都有可以看作句子的时候，哪一个语言单位也有不可以看作句子的时候。我们感兴趣的当然不是这个结论，而是既然如此，句子有没有一些共性可言。

9.2　句子和语法关系

　　在上面讨论词类和句子成分时，我们曾经以语法定义为基础，推导出语法规则对应着有限种组合关系的结论。这个结论等于说一个句子无论包含多少个成分，成分与成分之间的组合关系却一定是有限的几种。既然如此，那些组合关系就组成一个语法关系集合，句子的各个成分是按照那些规则的要求组合起来的。这是句子的第一个共性。

　　上文已经说明，语法关系是语法学者抽象化工作的结果，语法关系数目是多是少在很大程度上决定于我们对它们的概括性和具体性加以平衡的结果。最明显的例子是汉语的定语和状语分开来是定中和状中两种不同的语法关系，合起来是主从关系一种。语法关系跟语法规则是对应的，所以二者都有层次性。

　　不过，无论怎样讲，语法学者在句子中鉴定的语法关系还是决定着句子的概念。试看下例：

（15）　我也做过这种工作，不算太难。

（16）　他从他的一捆木匠家具里边抽出一条小锯梁子来，尺半长，一指厚，木头很结实，打起来管保很得劲。

　　《语法修辞讲话》认为例（15）的"不算太难"是第二分句，主语是"工作"，这显然是认为（15）包含两个分句。张志公（1953）认为（16）中"尺半长"以下都是"小锯梁子"的补足语，补足语是一种句子成分，而不是分句。补足语跟被补足语构成一种句子之内的语法关系，显然《语法修辞讲话》中鉴定的句内语法关系中没有这种补足关系，所以（15）和（16）只能看成复合句，不能看成单句。这表明语法学者确定的语法关系影响着句子的概念。事实上这一点是不言而喻的，因为语法学者首先要确认一个语言表达式是句子,然后才能从中分析出句子之内有哪些语法关系。

从句子包含有限种语法关系出发,也可以给句子下定义。例如主谓关系就曾经用来描述句子:

（17）　句子包含主语和谓语两部分。

《语法修辞讲话》虽然说到（17）是对句子的一种描述,但因为它不全面,而未加深论。事实上,由于句子的表层形式多种多样,而过去鉴定的语法关系都是描述表层形式成分之间的关系,从表层形式下手去描述句子的共性,难免缺乏概括性。

9.3　句子的信息量

语言符号有形式和意义两个侧面。我们已经对句子的表层形式进行了简单的观察,现在可以尝试讨论句子的所指或意义。

我们首先来分析句子的信息量。上文说过,若用答句原则做鉴定,那么任何一个语言表达式都不会永远是合格的句子。这表明一个句子所包含的信息量是没有上限的,它可以是无穷大。事实上,从理论上讲,一个句子可以无限长[①],当句子包含的词语越来越多时,句子包含的信息量也越来越大。这样讲或许仅仅是理论上的一种可能性,但是无论如何,讨论一个句子的信息量的上限没有多少意义。

句子的信息量可以随着它包含的词语数目的增加而无限加大,最终趋向无穷大,但是句子的信息量却不会随着它包含的词语的数目的减少而无限减少。事实上,在论证句子成分时,我们已经把句子跟事件联系在一起了。而根据我们的解释,有事件参与者和事态存在,才能构成事件。既然句子要表述事件,它就不能不包含关于事件的信息,句子的信息量也就注定不会无限减少。既然如此,那么句子包含的信息量就必然要有下限。

我们不妨把句子所包含的信息量标为信息集合 $I(S)$,这样,假若有若干句子 $S_1, S_2, S_3, \cdots, S_n$,它们对应的信息集合就是 $I(S_1), I(S_2), I(S_3), \cdots,$

---

① 一种语言中的句子数目可以无限,据此可知句子可以无限长,不过有些语言学者对此有异议。这一点不影响我们的论证,所以不予深论。

$I(S_n)$。为了简便，只要不会引起误会，下文把它们简记为 $I_1, I_2, I_3, \cdots, I_n$。现在我们需要研究的是，既然信息集合 $I_1, I_2, I_3, \cdots, I_n$ 等都不会是空集，那么它们有没有公共的交集 I。

在定义句子成分时，我们已经让句子跟可能世界的事件对应，于是句子中的谓语中心词对应事件名称或类型，其他成分对应事件参与者和一些环境成分。既然如此，由于可能世界中的事件跟事件之间可以互不相同，那么当我们着眼于事件的全部细节时，信息集合 $I_1, I_2, I_3, \cdots, I_n$ 等的公共交集可以是空集。

然而，如果我们着眼于信息的类别，那么它们的公共交集 I 显然不会是空集，因为它至少要包含事件名称信息和事件参与者信息。既然如此，我们就有理由研究集合 I 中包含哪些信息。集合 I 可以叫作句子的最小信息量，它是每一个句子都必须具备的信息成分，至少包含以下三种信息。

9.4 事件的模式信息

9.4.1 事件模式

为了分析句子成分，我们引入了可能世界中的事件的概念，而且不加论证地把句子定义为描述可能世界中的事件的语言单位。我们还进一步引入了事件模式的概念，把谓词的所指定为事件，把主要句子成分的所指定为事件的参与者。我们用谓词的表述模式做中介把事件跟句子联系起来。这些论述虽然没有直接为句子下定义，实际上已经规定了句子的样式，即句子体现说话人对可能世界中各个事件的基本结构的认识。

说话人在用语言符号表述一个 E 事件时，为了达到听说双方有同一认识，人们需要为事件 E 确定基本结构模式，以保证在用语言符号 S 去表示事件 E 时，听说双方在头脑中能呈现基本相同的事件情景，而不致南辕北辙。

说话人必须了解事件涉及哪些基本的参与者和每个参与者在事件中扮演什么角色。这些知识构成他对事件的认识模式和结构模式，与之相应的语言单位就是句子。与习见的、有定型的事件对应的语言符号是谓词，而与事件参与者对应的语言符号则是跟谓词连用的成分。我们可以按照现代逻辑的方式，把跟谓词连用的成分，特别是主要连用成分，叫作谓词的论元

（argument）。

在用语言符号表示可能世界中存在的一个事件 E 时,说话人用跟 E 对应的谓词和它的论元组成句子,谓词表示 E 是什么事件,谓词的论元表示事件 E 的参与者是哪些客体。用一个谓词做谓语的句子就是这样构成的。

习见的基本事件一般都有单一的谓词跟它对应,词典中的每一个动词和形容词条目都至少对应着我们头脑中的一个事件,词典对它们的词义的解释就代表着我们对那个事件基本结构的认识。用两个或几个谓词结合起来表述的事件是由基本事件组合而成的复合事件。汉语中的动补和连动等组合就是用单一事件组成复合事件的典型例子。不同的语言在这方面的表现可能不同。试比较(18)和(19):

（18）　A shot B.

（19）　A 射死 B。

英语句子(18)的意思是 A 用枪等武器射击,使 B 死亡,英语动词"shot"有射击和致死两重含义。对应的汉语句子是(19),那两重意思需要用两个不同的谓词表述。同样的例子是(20)和(21):

（20）　A fetched a book.

（21）　A(去)拿来一本书。

英语句子(20)的意思是 A 去到一个地方拿来一本书,英语动词"fetch"有去到某处取来某物或带来某人两重意思。对应的汉语句子是(21),要用复合动词表达英语动词"fetch"的意思。

当我们用这种观点看待句子时,句子中就必须包括关于事件名称或类型的信息和事件参与者的信息,也就是谓词和它的论元。这样,当我们把没有谓词或虽有谓词而论元缺略不全的语言单位看作句子时,就需要给出解释。

没有谓词的语言单位也可以根据答句原则定为句子:

（22）a　甲:天这么晚了,张三不来了吧?

　　　　b　乙:也许。

（23）a　甲(应门):谁?

　　　　b　乙:我。

　　然而像"也许"、"我"这样的语言单位只能在某些场合下完成一个交际任务,它们对语境的依赖性很强,只用来接续上文,不能用作没有上文的独立的发语句。(22b)中只有"也许"两个字,《现代汉语词典》对"也许"的解释是:

(24)　副词,表示不能肯定……

在(22a)中甲期待的是(25a)或(25b):

(25)a　张三不来了。

　　 b　张三要来。

乙回答"也许",他要传达的信息和甲接收后的反应是(26),而不是(24):

(26)　张三也许不来了。

　　事实上在(22)中乙完全可以不说(22b)而直接说(26)。无论是(25a)、(25b),还是(26),都是有谓词的语言单位。(22b)传达的是(26)的信息,其中包含有事件信息,它才能成为一个合格的答句。如果它仅仅传达(24)的信息,它就不可能胜任(22)的交际要求。词典中解释"也许"的词义,只能说它负载(24)的信息。因为只有在(22)那种场合,听说双方才能把它理解为隐含事件信息。在(26)中,事件信息已经由其他词语表示出来,也就只能说"也许"是对那个已经说出的事件表示不肯定而已。作为一个单词,我们只能讲它的固有的最小信息量,而不能讲它的场合信息量。但是作为一个句子被接收下来,它就需要补充上必要的信息。我们判断(22b)是句子,这是因为它能传达(26)那样的信息,当且仅当此时,我们才认为它独立地完成了一个交际任务,才把它看作句子。它形式上不是动词,也不是形容词,但是它作为(26)被接收为句子时,显然包含着事件信息,而事件信息必须有谓词及其论元。同样,(23)中甲问"谁",实际意思是问叫门人是谁,而乙说"我",意思是叫门人是我。(23a)和(23b)可以被看作句子,这是因为它们传达的是事件信息,而不仅仅是作为单词的词义信息。既然我们把句子定为完成交际功能的语言单位,而不是表层结构单位,那么我们就不能不以一个语言单位所能传达的实际信息为准去判断它是不是句子,而不能以它的表层形式的固有信息量为准。

9.4.2 名词谓语句

中外语言中都有主语和谓语都是名词短语而没有谓词的句子。在汉语中这样的句子尤其普遍,学者甚至作为一个句式,把它们定名为"名词谓语句"。汉语的名词谓语句有多种类型,略举几个例子:

(27)a 今天星期五。

    b 张三外地人。

    c 李四黄头发。

这类句子的表层形式确实是用名词性词语做谓语表述前面的主语成分,然而"星期五"、"外地人"和"黄头发"等词语的所指仅仅是事物而已,它们必须跟前面的成分产生某种联系才能对前面的成分起表述作用。试看(28):

(28)a 张三外地人/上海人/老实人

    b 张三人

    c 张三是人

说"张三外地人"、"张三上海人"和"张三老实人"都可以是句子,而说"张三人"就不是句子,因为我们不知道"张三"跟"人"之间有什么关系。一旦说成(28c),明确了"张三"跟"人"之间的关系,它就成为标准的句子。可见名词谓语句中做谓语的名词成分必须由一种关系做中介跟主语联系在一起,才能构成句子。没有这样的中介,仅仅把两个名词性成分摆在一起,就不可能形成句子。

事实上,名词谓语句中的谓语部分表示一种事物,把这种事物理解为主语的一种性质或一种存在状态,它才能具有表述主语的作用,具有这种作用才能形成句子。从逻辑上讲,凡是表示两个对象之间有什么关系的词语都属于逻辑谓词。逻辑谓词是有论元的,所以(27)中的句子从逻辑上看都是隐含谓词的命题。就我们使用语言的经验讲,要想理解(27)中的句子,就需要赋予主语和谓语一种关系,这种关系可以体现为汉语动词"是"或"有"。例如(27)中的语言表达式作为句子被我们接收下来时,它们包含着(29)那样的信息:

(29)a 今天是星期五。

    b   张三是外地人。

    c   李四是/有黄头发。

而(29)中的语言表达式就是有谓词有论元的命题。根据我们在上一章的论述,一个事物具有某种性质或处于某种状态,两个或几个事物之间具有某种关系,这都属于事件的范围。所以,(27)这种句子仍然是表述可能世界中的事件,我们的论断也仍然有效。

9.4.3　独词句

中外语言中都有由一个词构成的句子,在汉语语法中它们被称为"独词句"。上面讨论的答句中就有由一个词构成的句子,但是它们对语境的依赖性很强,不是用作发语句。而下面这种例子就没有明显的上文:

(30)a   火车!

    b   人!

作为一个单词,(30)这种语言表达式只能指一个实体。作为一个句子,它所传达的信息就不是仅仅指实体,而是要对方注意它们所指的实体。(30a)常见的意思是要对方注意火车,例如火车开走了或者开来了;同样(30b)的意思是要对方注意人,例如有人来了。所以,把这种指人或指物的词语作为句子说出来,含意是告诉对方发生了或存在着跟那些人或那些物有关的情况,需要注意。跟人或物有关的情况当然属于我们所说的事件范围,所以这样的独词句之所以能被我们理解为句子,原因也在于它们约定俗成地表示一个事件,而不是仅仅表示一个事物。显然,在说话人说(30a)时,若没有跟"火车"有关的情况,听话人就不会知道说话人说(30a)意图完成什么交际任务,他会反问"你说火车干什么"或者"火车怎么了"。这就表明"火车"的固有最小信息量不足以独立完成一个交际任务,听话人能够把它看作句子,这是听话人给它增补了一些必要信息的结果。这也就是说,听话人给它附加上场合信息增量,使它的场合信息量达到了句子所要求的信息标准。听话人给它附加的场合信息增量中包括事件信息,也就是谓词及其论元的所指信息。

以上几类句子的表层形式中没有谓词,但是仔细分析一下就可以看出,它们之所以能在一定的交际场合中被我们当作句子接受下来,显然是因为在那些场合它们传达的信息量实际上相当于有谓词的句子,否则就不可能成为句子。

9.4.4　谓词的论元

通过上文的分析,我们论证了句子中必须包含或隐含谓词信息。我们说过,所有的谓词都对应着一个或几个事件,事件的参与者是它的论元。既然如此,句子中就必须包含或隐含谓词的论元信息。而且我们可以论证,一个表述 n 角色事件的 n 角色谓词所构成的句子中必然要包含或隐含那几个角色。

对于一角色谓词而言,当它用作谓词表述某个事物时,被它表述的那个事物就是它的惟一的论元:

(31)a　张三走了。

　　 b　李四在睡觉。

像(31)这种句子不必讨论,它们的谓词及其惟一的论元一起构成句子。抽掉句首的论元,单说"走了"或"在睡觉",都不是一个完整的句子。

值得注意的是以下几种句子:

(32)a　甲:张三来吗?

　　 b　乙:来。

在(32b)的表层形式中,"来"没有论元。但是问句(32a)所期待的回答是(33):

(33)a　张三来。

　　 b　张三不来。

(32b)作为对(32a)的答句,它传达的信息等价于(33a),而不仅仅是"来"这个词的固有信息量。

在下面这段对话中,就是因为甲和乙二人对"来"所隐含的论元的所指理解不一致,交际出现差错:

(34)a　甲:张三今天来吗?

　　 b　乙:来。

c　甲：那他怎么还不来呢？

d　乙：你说谁呀？

e　甲：张三啊！

f　乙：张三今天不来。

g　甲：那你还说他来？

h　乙：我说李四来，没说张三来。

上面这类句子由于承接上文，谓词可以省说论元，听话人理解时要从上句中找到它所缺少的论元予以补足。以下这种句子的谓词缺少论元，听话人理解时要从交际环境中找出论元，予以补足：

(35)a　屋里坐。

　　b　快走。

(35)中的两个句子都是祈使句，祈使句一般省去指称对方的论元，必要时才说成(36)：

(36)a　你屋里坐。

　　b　你快走。

9.4.5　事件和谓词的表述模式

值得注意的是，当我们约定俗成地认定某个谓词表述的是 n 元事件时，句子中就需要包含那 n 个论元的信息，否则听话人就要到语境中找出它所缺少的信息予以补足。这就是说，每个谓词都有固定的表述模式，说话人使用它来表述事件时要提供表述模式所要求的论元信息。如果句子中包含的论元信息不足，那么除非语境能补足它所缺少的论元信息，否则听话人就不会把它看作合格的句子。

例如"吃"在我们头脑中是二角色事件，由吃者和被吃者组成，缺少一个角色就不完整。试比较(37)和(38)：

(37)　　张三吃了一个苹果。

(38)a　张三吃了。

　　b　吃了一个苹果。

　　c　吃。

（37）中具备吃者和被吃者两个事件角色，听到（37）以后，我们知道发生了那样一件事，给我们的感觉是完整的。（38a）缺少被吃者，（38b）缺少吃者，（38c）缺少吃者和被吃者。我们听到（38）这种话，本能地就要把它们缺少的论元信息找出来。若找不到答案，就会认为对方的话缺少东西，并不完整。我们的语感来自我们所掌握的谓词的基本表述模式，而我们所掌握的谓词表述模式的构成则一方面决定于谓词所表述的事件本身的性质，另一方面决定于我们出于表达的需要对谓词所指事件采取的视角或观点。对此我们不妨做一些解释。

既然谓词是描述事件，那么谓词的论元就必须是事件的参与者，既不可能把不相干的对象拉进事件之中，也不能随便去除事件的必要参与者。"吃"是二角色事件，只有吃者或被吃者都不成其为"吃"。所以用"吃"来描述事件时，它的基本表述模式中要有指吃者和被吃者的两个论元。常见的所谓及物动词，例如"打，骂，推，拉，买，卖，爱，恨，研究，拥护，保卫，爱护"等，其基本表述模式是 AVB，这是由它们所指事件的本性所决定的。

然而谓词跟事件的对应要由使用语言的人做中介。事件发生时的情景可能的确是惟一无二的，但是中介者可以从不同的角度去观察事件，可以把焦点集中在事件的不同的侧面，事件也就随之表现出不同的表象。为了描述同一事件的不同表象，就有可能赋予同一个谓词不同的表述模式，甚至使用不同的谓词。正因为如此，英语中及物动词做谓语描述同一个事件时，若用主动模式，必须有主语和宾语两个论元；若改用被动模式，就可以只用主动模式中的宾语论元，而省去主动模式中的主语论元。例如在"eat"（吃）模式中，主动模式要有吃者和被吃者两个论元；它变成被动模式，只需要有被吃者就能成句：

（39）a　Zhang San ate the apple.（张三吃了那个苹果。）

　　　b　The apple was eaten（by Zhang San）.（那个苹果［被张三］吃了。）

同样，盖房子是二角色事件，所以（40a）中要有盖者"张三"和被盖者"房子"两个论元：

（40）a　张三在盖房子。

　　　b　在盖房子。

　　c　房子盖得好。

　　(40b)中没有盖者，就不完整。但(40c)中虽然只有被盖者"房子"，而没有盖者，却仍然能够成句，我们也不去追究盖者是谁。这显然是因为在(40c)的模式中，焦点集中在房子盖得好不好，而不在于房子是谁盖的，所以缺少盖者我们也不以为意，正如被动句(39b)中可以没有吃者一样。

　　每个谓词指什么事件，事件中有哪些参与者，谓词给使用语言的人提供了哪些可用的表述模式，这都是学习语言的人所必须掌握的内容，而介绍这些内容就是词典和语法系统的任务。

9.4.6　动词的及物和不及物

　　说到这里，我们不能不简单地讨论一下汉语动词及物与否的区别。断定汉语动词及物与否一直是汉语语法中的难题，但从我们对谓词论元的讨论中不难看出，这本质上是怎样确定谓词的表述模式的问题，中外语言在这一点上是相同的。

　　上面我们说"吃"是二角色事件，英语动词"eat"（吃）有一个包括吃者和被吃者的二角色模式。然而"eat"还有仅包含吃者的一角色模式，英语词典《The World Book Dictionary》(1981年版)对它的解释是"to have a meal"，意思近于汉语的"吃饭"或"吃东西"，所举的例句是(41)：

　　(41)　Where shall we eat?（我们哪儿吃去？）

　　同样，汉语动词"吃"在(41)的译文中也未尝不可看作一角色模式。再如：

　　(42)　人活着就得吃，不吃就没法活下去。

　　在这些场合，被吃者已经不言而喻，说不说都没有关系，英语里可以不说，汉语里也可以不说，否则就不能不说出被吃者。

　　这些例子表明说话者的视点和语境可以影响谓词的表述模式，这些关于"eat"和"吃"的用法的知识都是学习语言的人必须掌握的。不了解一个谓词可以使用哪些模式、每一个模式包含哪些论元成分以及每一个表述模式可以用在什么场合，就不可能说出合式的语句。所以我们说，由谓词及其论元构成的表述模式是构成句子的第一种必要信息，尽管在某些语境中，模式容许在一定范围内稍做通融。

9.5 事件的时空信息

9.5.1 事件的空间信息

谓词及其论元构成的表述模式描述的是可能世界中各种事件的基本模式,而不是可能世界中发生的一个个具体事件。因为,对于可能世界中的一个具体事件来说,除了它由哪些参与者进行了什么活动或呈现什么状态以外,它还必须占有一定的空间和时间。不占有空间和时间,事件就不可能存在。

我们仅仅知道一个事件,而不知道它是不是发生在某一个可能世界之中,这个事件就不可想象。当我们谈论现实世界中的事物所参与的事件时,那个事件一般是以现实世界为背景。例如:

(43) a　张三昨天买了一本书。

　　　b　外面下雨了。

在一般情况下,(43)中描述的事件都是作为现实世界中实际存在的事件,传达给听话人。但是,如果说话人产生了错觉或者有意说谎,那些事件就可能并不存在。

此外,有时说话人描述的事件存在于想象之中:

(44) a　张三明天买书。

　　　b　要下雨了。

(44)中描述的事件"张三买书"和"下雨"只是事件的一种倾向性,说话时存在于说话人的想象之中,不一定能出现在现实世界之中。

有时我们描述的是现实世界之外的某个可能世界中的事件:

(45) a　孙悟空会七十二变。

　　　b　福尔摩斯是个英国侦探。

(45)中描述的都是小说中的人物,不在现实世界之中。

句子所描述的事件存在于什么世界之中,这是听说双方都要予以鉴定的。这种信息一般从事件参与者存在于哪个世界之中去推知,例如在上文所举的几个例子中,说到现实世界中的事物时,事件一般发生在现实世界之中或发生在我们对现实世界的想象之中。说到想象世界中的事物时,事件必然发生在想象世界之中。

9.5.2　事件的时间信息

句子所描述的事件发生在什么时间是句子中的另一项重要信息。现在我们集中讨论现实世界中的事物发生的事件,这样的事件的存在形式不外乎说话时已经存在和说话时并不存在这样两种情况。一个句子要表述现实世界中的事件,就必须说明事件的存在形式,否则它所描述的事件就不存在,也就没有谈论的可能性。

具体地讲,当我们在 T 时刻告诉别人一个事件 E 时,事件 E 只能是下列几种情况:

A　E 事件发生在 T 时刻之前,T 时刻 E 事件已不存在。

B　E 事件发生在 T 时刻,T 时刻 E 事件存在。

C　E 事件发生在 T 时刻之后,T 时刻 E 事件还不存在。

D　E 事件是事物的一种性质或倾向,可以出现在任何时间,但在 T 时刻不一定实际出现。

例如:

(46) a　张三刚才看书。

　　b　张三现在看书。

　　c　张三过一会儿看书。

　　d　张三经常看书。

(46a) 中的"张三看书"发生在说话时刻之前;(46b) 中的"张三看书"发生在说话时刻;(46c) 中的"张三看书"发生在说话时刻之后;(46d) 中的"张三看书"是说话时刻之前或之后都可能发生的事件,但在说话时刻张三却不一定在看书。我们把句子描述的事件跟说话时间的先后关系称为事件与表述的相对时间关系。

从逻辑上分析,现实世界中的事件 E 对说话时刻 T 而言,只有存在与不存在两种情况。如果在 T 时刻事件 E 存在,就是情况 B 或 D;不存在,就只有在 T 前、在 T 后和兼 T 前 T 后而言这三种情况,也就是情况 A、C 和 D。这样看来,现实世界中的基本事件只能表现为上述四种类型中的一种,于是当我们用句子表述一个基本事件的存在时,句子中就必然要或者直接给出这样的信息,或者给出蕴涵这种信息的其他信息。

我们这里说的是事件的存在,当然也包含事件的不存在,因为事件的存在与不存在都是一种客观存在。事实上,当我们说事件 E 不存在时,同样需要说明它是对何时何地而言不存在。一个事件的存在要占有一定的空间和时间,一个事件的不存在同样需要占有一定的空间和时间。当我们说(47)时:

(47) 张三昨天没买书。

"张三没买书"这个事件是对我们所说的可能世界中的张三而言,昨天存在"没买书"这个事件。换一个说法是,(47)所否定的是"张三买书"这个事件发生在昨天的现实世界之中。

现在我们可以知道为什么句子中必须包含上述关于事件发生的处所和时间的信息,事实上在我们把句子定义为表述可能世界中的事件的语言表达式时,句子就必然是描述一个客观存在,这个客观存在必然要有它所占有的空间和时间,句子也就不能不包含这方面的信息。即使在我们谈论想象世界中的事件时,它也必须占有一定的空间和时间。

例如,除了写真人真事的作品之外,故事和小说中描述的都是想象世界中的事件。然而那些作品仍然是按照描述现实世界的样子交待其中的事件发生的空间和时间。我们阅读那些作品时,仍然要把视点集中在那些想象世界中发生的事件上,随着事件的发展做空间和时间的转移。尽管我们知道那些事件以及伴随它们的那些可能世界都是想象的产物,而非实有其人其物,但是它们仍然要像现实世界中的事物一样呈现在我们的头脑中。

9.5.3 汉语动词的时体

现在我们不能不来讨论一下汉语动词的时体问题。我们知道,印欧语中的动词是有"时"(tense)这个语法范畴的,"时"所给予我们的恰恰是我们上面所说的事件的四种时间信息。例如英语动词有过去时、现在时和将来时三种时制,它们的主要作用是表述对于说话时刻 T 而言,事件 E 发生在过去、现在、将来或泛时。在英语传统语法中,有时制观念的动词形式是限定式动词,没有时制观念的动词形式是非限定动词,而汉语动词公认没有限定形式和非限定形式之分。根据我们的论证,句子中必须包含时间观念,那么结论就是,或者汉语中在动词时制之外另有别的方式表示时间信息,或者汉语动词也有表达时制观念的形式,二者必居其一。

通过观察可以发现,尽管我们还不能像英语那样给汉语动词定出整齐的时制形式,但是可以断言汉语句子表达时制观念的手段中必然包括动词的不同形式。试看:

(48)a　张三昨天买了一本书。

　　b　?张三明天买了一本书。

(49)a　?张三昨天买那本书。

　　b　张三明天买那本书。

(50)a　张三过去买过那本书。

　　b　?张三今后买过那本书。

汉语动词后面带“了、着、过”成分时,一般认为是汉语动词的时体形式。在(48)中,“买”加上“了”,可以用来表述发生在说话时刻之前的过去事件,不能用来表述发生在说话时刻之后的事件。相反,在(49)中,“买”不加“了”,可以用来表述发生在说话时刻之后的事件,不能表述发生在说话时刻之前的事件。而在(50)中,“买”加上“过”,可以表述发生在说话时刻之前的事件,不能表述发生在说话时刻之后的事件。由此可见,在汉语中,句子表述的事件跟说话时刻的相对时间关系跟汉语动词后面加不加“了、着、过”等成分以及加什么成分有关,而不是仅仅由句子中的时间词语去表述。

既然如此,汉语动词的这些表现形式是不是与时制无关就需要重新考虑,而汉语动词是不是跟限定和非限定的概念绝对无关,也值得重新考虑。事实上我们已经断言事件跟表述的相对时间关系是句子必须给出的信息,在英语句子中这些信息由谓语动词的时制形式表示,那么在汉语句子中表示这些信息的语言形式就至少也是在一定程度上跟英语动词的时制形式对应,而不是毫无关系。只是这种对应关系比较复杂,不能做出简单的结论而已。

9.6　话语的功能信息

从句子需要表述事件出发,我们推导出的结论是,句子中必须包括:

A　对应于事件结构的由谓词及其论元组成的表述模式信息。

B　事件占有的空间和时间信息,特别是事件的时间信息蕴涵着的事件与表述的相对关系信息。

如果一个句子仅仅是对一个事件做客观描写,那么它满足这两个条件基本上就可以胜任。然而语言是交际工具,说话人说每一句话都有自觉的或不自觉的动机,也就是我们所说的表情达意。说话人在用句子描述事件的时候,必然有他的用意。例如,传统语法中把句子分为陈述、疑问、祈使、感叹四类。这就是说说话人之所以要说话,他可能是要把事件信息告诉对方,让对方知道这件事;可能是向对方提出问题;可能是让对方做一件事;可能是要表白个人的感受。说话人需要把这些用意传达给对方。

必须说明,传统语法这种分类方式是从句子的交际功能和结构形式两方面着眼,不是纯按句子的交际功能分类。因为当说话人告诉对方自己的想法时,这可能仅仅是让对方了解自己的心意而已,也可能是让对方了解自己对他的要求。前者也许大都可以归为陈述或感叹,后者就有可能起疑问或祈使的作用。例如(51):

(51)a　我请你坐下来慢慢说。

　　b　我要问你为什么还不回家。

事实上传统印欧语语法把句子分为陈述、疑问、祈使、感叹四类,这是兼顾到句子的表现形式。我们知道,在英语中,陈述句的语序基本上是:

(52)　主语(S)+谓语动词(V)+宾语(O)

例如(53a);疑问句就要把疑问词放在句首,同时主语跟谓语部分的助动词或情态动词互换其位,例如(53b);祈使句使用动词原形,不用主语,例如

(53c);感叹句则通例是把带感叹词的成分放在句首,例如(53d):

(53)a Zhang San will come tomorrow.

　　b Will Zhang San come tomorrow?

　　c Come in!

　　d What a lovely day(it is)!

在汉语中,四类句子的形式区别不这么明显,却也有所表现。例如(53)中英语句子的意思用汉语表达,大致是(54):

(54)a 张三明天来。

　　b 张三明天来吗?

　　c (请)进来!

　　d 多好的天儿啊(今天的天气)!

陈述、疑问、祈使、感叹这四种交际作用是不同的,它们普遍地存在于人类社会中的人际交往之中。既然如此,作为社会中人与人交际的主要工具,无论哪一种语言,都要完成这几种各不相同的交际任务,因此就会有相应的形式表现手段。既然一个句子可以成为一个交际单位,那么它就要完成这样的交际任务,也就要把相应的关于交际目的的信息传达给对方。从此就能得出结论,一个句子——至少是作为一个独立交际单位的句子——必然要包含关于交际目的的信息。说得更简单一些,句子作为一个独立交际单位,我们将使用它完成若干交际任务。它所要完成的交际任务一般必须准确无误地让对方感受到,既不能含糊,也不能混同,所以句子中必然包含有表示这种交际任务的信息,而且这些信息在正常情况下必须准确无误地传达给对方。

在说话人说出一句话后,如果听话人不知道他讲这句话的交际目的何在,不知道说话人是告诉他一件事,是向他提出一个问题,是叫他做一件事,还是说话人情不自禁地表白自己的某种感受,这就不是成功的语言交际。不能完成交际任务的句子,它就算不上正常的句子。由此看来,关于交际任务的信息是句子不能不包括的第三种信息。

在交际任务信息这个总名目之下,可能包含许多具体的信息范畴,例如当我们向对方表述一个事件时,我们对事件本身的真实性可能有种种看法。

为了表示这些看法,句子中就可能使用相应的词语。当我们肯定它是事实时,可以使用表示肯定或断言语气的词语。例如(55):

(55)a　张三明天不来。

　　b　张三明天绝对不会来。

　　c　张三明天大概不会来。

　　d　张三明天也许不会来。

　　e　张三明天说不定不会来。

　　(55)中的各个句子都对"张三明天不来"一事发表看法。(55a)是中性的口气,没有明显的加强语气的色彩;(55b)用"绝对"表示百分之百的可能性,断言此事必无;(55c)用"大概"表示百分之五十以上的可能性;(55d)用"也许"表示百分之五十以下的可能性;(55e)用"说不定",则徘徊于"大概"和"也许"二者之间。

　　真假判断的概念也可以用于疑问句之中,例如:

(56)a　张三明天绝对不来吗?

　　b　张三明天真的不来吗?

　　但是真假判断的概念只用来描述有祈使意思的句子中发命令者的意志,一般不直接修饰祈使句中的动词。例如我们只说(57),不说(58):

(57)a　(我)肯定叫你进来。

　　b　(我)真的叫你进来。

(58)a　?肯定进来!

　　b　?真的进来!

　　特别是"大概"、"也许"这些词语,它们典型地用于陈述句之中,表示说话人对事件可能性的估计。若用在疑问句中,句末可以用语气词"吧",但不能用语气词"吗":

(59)a　张三明天大概不会来吧?

　　b　张三明天也许不会来吧?

(60)a　?张三明天大概不会来吗?

　　b　?张三明天也许不会来吗?

（60）不是绝对不能说，但是一般只见于下列这种反诘疑问句中：

（61）a　甲：张三明天大概不会来。

　　　b　乙：张三明天大概不会来吗？

“大概”和“也许”之类词语绝对不用于祈使句和感叹句：

（62）a　？大概进来！

　　　b　？也许进来！

（63）a　？大概多漂亮的花儿啊！

　　　b　？也许多漂亮的花儿啊！

命题的真假判断关系到句子所描述的事件的真实性，这在某些语言中是个重要的语法范畴，在汉语中的表现不是那么集中而明显，很少作为专题研究。但它跟交际信息密切相关，不能不引起注意。

9.7　句子的结构和功能：完整句和非完整句

如果我们把句子定义为表述可能世界中的种种事件的语言单位，句子就需要包含：

A　关于事件结构的信息，这就是由谓词及其论元组成的事件表述模式。

B　关于事件存在的信息，这就是事件在可能世界中占有的空间和时间信息，特别是事件存在的时间跟说话时刻的相对关系，我们把它称为事件跟表述的相对时间信息。

如果我们把句子定义为具有交际功能的语言单位，句子就需要包含：

C　关于话语交际功能的信息，这就是体现陈述、疑问、祈使、感叹之类功能的信息，这些信息可以归为广义的语气信息。

如果我们把句子定义为表述可能世界中的种种事件的基本交际单位，那么句子就至少需要包含上述三种信息。事实上按照我们的分析，如果一个语言单位能满足这三个条件，那么它就具备成为句子的基本条件，而不必依赖语境给予辅助。当然上面已经说明，一个语言表达式具备成为句子的条件,并不等于说它在任何语境中都能独立完成一个交际任务。我们所总结的句子的三种信息范畴仅仅是一个语言表达式成为句子时必须具备的最小信息量,它是句子中包含的信息量的下限,而不是上限,事实上句子包含的信息量是没有上限的。

我们所阐述的 A、B、C 三种信息是句子作为语言交际的基本单位和表述可能世界中的事件必须具备的最小信息量,我们记作 I(S)。以 I(S) 为标准,语言单位可以分为Ⅰ和Ⅱ两类:

Ⅰ类: 最小信息量大于或等于 I(S)

Ⅱ类: 最小信息量小于 I(S)

Ⅰ类语言单位不必由语境补加场合信息增量就能成为句子,Ⅱ类语言单位必须由语境补加场合信息增量才能成为句子。为了区分这两类单位,我们可以称前者构成的句子为完整句,称后者构成的句子为非完整句。

9.8　句子和有关的概念

9.8.1　短语和句子概念的内涵

通过上面的讨论,我们可以对短语和句子的关系做出较为明确的解释。上面说过,根据语言学实践看,句子是交际活动单位,而不是语言结构单位——至少不是表层语言结构单位。然而短语,作为词与词按照某种语法关系组成的语言单位,注定是语言结构单位。

如果把句子看成语言交际的基本单位,那么凡是能起一定交际作用的语言单位都可以归入句子,而不必看它包含哪些成分和具有什么结构。如果把短语看成由词组成的结构单位,那么凡是由两个或几个词按一定语法关系组成的语言单位都可以叫作短语。若不附加其他条件,那么短语就可以包括正规的句子,因为它们也是根据一定的语法关系由词组成的结构单位。

短语和句子都是在句子范围内的语言单位,在印欧语中,指称这样的语言单位有 phrase、clause 和 sentence 三个术语。在开始深入讨论汉语的短语和句子这两个概念的关系之前,我们不妨看一看印欧语中怎样使用这些术语和概念去分析句子中的各种语言单位,以便明确我们所说的短语和句子的概念的性质以及它们跟当代语言学中有关概念的异同。

按照汉语界的一般认识,"短语"相当于 phrase,"句子"相当于 sentence。既然如此,我们就不能不看一看 phrase 和 sentence 在印欧语中指哪些语言单位。

如果按西方语法古老的传统讲,凡是由限定动词构成的语言单位,用作独立的句子就是 sentence,用作句子成分就是 clause。而非限定动词构成的语言单位只能归入 phrase。如果说 sentence 是句子,那么 clause 也是句子。只是 sentence 是独立的句子,而 clause 是包括在大句子之中的小句子,所以在汉语中有子句、小句、分句等等译名。这些译名中都有"句"字,已经表明了这层意思。

然而问题还不这么简单,即使在西方传统语法之中,绝对根据动词是限定形式还是非限定形式去鉴定一个语言单位是不是 clause 或 sentence,也有问题。因为许多语言单位的表层形式虽然是由非限定动词构成,但是它们传达的信息却相当于用限定动词构成的单位。而且补上一些成分之后,它们就成为由限定动词构成的 clause 或 sentence。这样,由于传统语法经常用语言成分的省略去解释语法现象,于是由非限定动词构成的单位就可以看成 clause 或 sentence 的省略或缩约形式,也就可以归入 clause 或 sentence。

吕叔湘(1979:110—112 页)已经指出西方语法对这些术语的使用情况,而且说 O.Jespersen 甚至有意把 clause 的范围从动词组合扩大到带有主语的抽象名词(包括动作名词和性质名词),只是命名为 nexus,未曾遽然称为 clause。事实上在 G.O.Curme 的论著《syntax》中,clause 的范围已经扩大到包括不定式、分词、动名词和抽象名词在内(参看原书第十章)。而在现代语言学中,已经明确地以有无主谓关系为标准,凡是有明示的或隐含的主谓关系的语言单位一律归入 clause,独立的 clause 就是 sentence。只有谈不上主谓关系的单位才归入 phrase。既然如此,我们在汉语语法中所讲的短语和句子实际上跟西方语法中的 phrase、clause 和 sentence 并不相当。因为,若按西方最传统的讲法,我们首先要把汉语动词区分为限定形式和非限定形式,限定式动词构成的主谓结构只能归入 clause 或 sentence,也就是归入句子(包括子句)的范围,不能叫短语。而迄今为止,汉语语法学者一般还是认为汉语的动词没有限定式和非限定式之分,那么这条标准就无法使用。若按当今语言学界的处理方式,那么凡是有明示的或隐含的主谓关系的单位,不管由限定动词构成还是由非限定动词构成,都要归入 clause 或 sentence。于是现在汉语语法学者所说的动词短语和主谓短语等,都要归入句子(或子句)的范围,根本不是 phrase。

　　事情很清楚,我们在汉语中所讲的短语和句子的概念含义暧昧,不通大路,无法跟国外语言学名词做比较。说句实在话,印欧语中根本没有汉语语法界所讲的这种短语和句子的概念。我们现在讲的这种"短语",从哪一种观点看也不等于 phrase,它不仅包括现代语言学中的 phrase 和 clause,还侵占了 sentence 的范围。这样一个其大无比可以包罗万象的语言单位在语法中理所当然是无比重要,因为它几乎囊括了西方语法的全部句法内容。句子的地盘几乎被短语鲸吞,句子沦为无足重轻的角色,甚至跟短语合而为一,都是可以理解的。

　　在印欧语中,无论如何我们也能说,由限定动词做谓语构成的语言单位是典型的句子,而不是 phrase。可是在汉语中,迄今为止对句子说不出任何明确的话。试看一个例子:

　　(64) a　Zhang San bought a book yesterday.

　　　　b　张三昨天买了一本书。

　　(65) a　What I said was Zhang San bought a book yesterday.

　　　　b　我说的是张三昨天买了一本书。

　　(64a)是一个典型的英语句子,绝对不是 phrase。即使在(65a)中它用作一个句子成分,也还是个 clause,也不是 phrase。但是相应的汉语句子(64b)的身分就十分暧昧,我们能不能断言从结构上讲(64b)只能是句子而不是短语呢?我们能不能断言它在(65b)中用作一个句子成分时是子句或小句,而绝对不是什么主谓短语呢?

　　汉语语法论著中有一种观点,把独立的主谓结构归入句子,用作句子成分的主谓结构归入短语。而在西方语法中,一个包含主谓结构的单位独立时是句子,包含在另一个句子中时是 clause,都不能叫作 phrase。然而我们不必考究不同的主张孰是孰非,因为我们认为语法学者有发表自己的一家之言的自由，也有规定自己的术语的用法的自由。无论这种规定多么与众不同，多么独出心裁，只要整个体系可以正常操作，可以为现实服务，也就达到了研究学问的目的。然而，尽管我们不必对不同的观点做是丹非素的论断，我们却不能不了解现代语言学中各种术语的使用习惯，否则难免得出南辕北辙的结论。

9.8.2　结构单位和功能单位

在充分认识中外语言学使用的术语和概念存有差异的基础上，特别是在了解了当代语言学对 phrase、clause 和 sentence 三个概念的认识以后，我们可以研究一下怎样从语言单位的结构和功能两方面分析汉语句子中的有关单位。

如果采用上文的讲法，把句子看成交际功能单位，把短语看成语言结构单位，那么二者就不是一个平面上的东西。于是，除了由一个语言成分组成的语言单位以外，凡是由两个或更多语言单位按一定语法关系组成的单位就都是短语。按照这种观点，在印欧语中，不仅由非限定动词构成的语言单位是短语，由限定动词构成的语言单位也是短语。这样，我们就扩大了短语的范围，包括了印欧语中的典型的句子。这样讲，在印欧语中或许有不方便之处，但在汉语中却可以减少给二者划界的麻烦，因为我们把句子和短语彻底分开以后，便于排除干扰，分别研究。

既然我们把短语定义为语言结构单位，那么我们在研究短语时就可以把焦点集中在短语的语法关系和词语的最小信息量方面，而不去研究它的场合信息量。因为只有在语言单位 E 用在更大的结构单位之中时，它的最小信息量 $I(E)$ 和场合信息量 $I'(E)$ 才可能有下列关系：

$I'(E) > I(E)$

语言单位用在更大的结构单位之中，而且产生了场合信息量 $I'(E)$，这表明它在那个场合中具备了它的固有最小信息量所不具备的功能，彼时彼地它已经具备了固有信息量为 $I'(E)$ 的语言单位的功能，这是它的使用功能范畴内的事情，而不是它自身结构范围内的事情。

这里我们强调要区分两种不同的概念，一种是词语本身传达的固有信息量,另一种是词语在某些场合下可能传达的场合信息量。前者不必依赖特定的语境,可以通过单纯的算法获得;而后者必须依赖语境条件才能计算出来。例如:

(66) a　甲:我拿来的那本书呢?

　　　b　乙:你的书在这儿。

(66b)中的"你的书"的固有信息量就是指甲的书而已,并没有说它是哪一本书。但在这个场合,它传达的信息量等于"你拿来的那本书"或"你问的那本书"。作为短语,我们可以研究它的构成方式和怎样由它的各个成分的最小信息量求出它的最小信息量。至于它在此时此地的场合信息量,那是必须考虑此时此地的语境条件——也就是它的外部形式成分——才能获知的。或者用技术性的话讲,那是必须考虑它在更大的结构中作为一个成分时的功能才能获知的。

照这样分析,我们就可以把短语的研究限制在它的成分、构成方式和最小信息量也就是静态的结构研究范围之内;把关于它在更大结构中的功能和场合信息量的问题划入动态的功能研究范围之内,在从古到今的语言学实践中,这些内容普遍采用变形和删略法则给予解释。

把短语定为结构单位、句子定为功能单位,短语和句子两个概念就是语法研究中相辅相成的两翼,而不是对立的两极。除非一种语言中没有结构,否则就必须研究体现结构概念的短语的构成方式。既然开宗明义就断言语法主要是指用词造句的规则,那么关于词语结构的研究,特别是关于短语结构的研究,在任何语言的语法中都占有重要的地位。按这种理解方式,短语的研究在这种语言中重要,在那种语言中不那么重要,这种情况是不存在的。

另一方面,既然所有的语言单位,包括句子在内,都需要作为一个成分用在更大的结构之中,而一个单位用作更大结构的一个成分就体现它的功能,那么所有的语言单位,不管它本身有没有结构,除了自身的结构性以外,都必然还有功能性的一面。于是研究作为交际活动最小单位的句子的功能,在任何语言的语法中都占有跟短语研究同样重要的地位。如果我们不对句子的功能做分析,只就表层形式讲话,那么通过上文的答句原则已表明句子可以是一个音素、一个字、一个词或者几个词，说得夸张一点，简直可以无所不是。既然如此，那就有必要研究作为语言交际最小单位的句子最少需要传递哪些信息，换句话说，我们需要研究我们说出的每一句话作为功能单位而言包含的最小信息量。

如果一个句子在结构上可以无所不是，在信息量上也没有条件，那么我们对于句子实质上一无所知！仅仅说它是相对的独立而完整的语言单位，那就等于没说，因为什么叫"相对的"，什么叫"独立"，什么叫"完整"，这都是天知道的无定义概念，从古到今有哪一位学者能把这些概念讲清楚呢？用这样的话去解释什么是句子，恐怕不解释还好，越解释越没有人懂。会说汉语的人都会用"一句话"、"两句话"这样的普通词语，若告诉他他说的句子原来是"相对的独立而完整的语言单位"，恐怕除了少数语言学者以外，大多数人会望而却走。

9.8.3 确定标准的句子模式

仔细分析一下不难看出，西方传统语法在逻辑上是谨严的，凡是由限定动词做谓语构成的语言单位都是句子。即使它用作一个不独立的句子成分，也管它叫分句，而不叫短语。这是因为西方传统语法是以语言单位的基本结构模式为准，凡是结构模式符合句子标准的单位，不管是不是独用，都是句子。而按照我们的功能观点去定义句子，凡是包含句子所必须的信息内容的语言单位都可以叫作句子或小句，不管它是独用，还是用作句子成分。这两种处理方法的基本精神是一致的。

无论是西方传统语法的结构成分观点，还是我们的功能信息观点，二者都是首先为句子建立一个典型的基本模式，以此做出发点可以观察在各种场合中句子的基本模式可以做哪些修正，哪些东西必须说出来，哪些东西不要说出来，哪些东西说不说两可，所有这些修正都决定于上下文的需要、语境的需要和说话人表达上的需要。有这样一个基本模式做尺度，就可以比较各种语言表达式，看它们什么时候能够胜任句子的表达任务，什么时候不能胜任句子的表达任务。否则我们就无法了解句子其物，不知道它到底必须具备哪些成分。由于汉语句子的基本结构不像印欧语句子那么明显，对句子的基本结构条件的研究就更为重要。否则汉语句子表层结构没有条件,底层结构也没有条件,没有结构条件,也没有信息条件,成为四大皆空的空概念。

当然我们必须看到,无论是以动词的形式为据判断一个语言单位是不是句子,还是以负载的信息量为据判断一个语言单位是不是句子,都遗留下许多问题需要研究。这样的处理方法可以为我们进一步研究提供基本的立足点或观察点,但不能一劳永逸地解决所有问题。

值得研究的是,如果以动词的形式为准,那么上文已经说过,表层的非限定动词有时候可以解释为底层的限定动词的省略形式,这时把它看成句子(或小句)还是看成短语就是问题。同样,如果以负载的信息量或交际功能为准,那么形式上不完整的单位在一定上下文中往往可以看成不完整句,这也将影响对单句、复句、句组甚至更大语言单位的区分和定义。

试看我们讨论过的例子:

(67)　我也做过这种工作,不算太难。

像(67)这种句子如何分析仍然需要斟酌。我们可以断言"不算太难"的表层形式不够句子的条件,但诚如《语法修辞讲话》所说,在(67)中它传达的是"这种工作不算太难"的意思。这样解释在此时此地它就符合句子的条件,可以看成第二分句。但在另一种体系中,也有可能把它看作补语或看作后置定语。当然按照我们的观点仍然可以把它看作分句,说它是补语分句或定语分句。

再如吕叔湘(1979:88页)所举的例子:

(68)　他就是爱打乒乓球,下了班到处拉人打球,外带能赢不能输,输了一定得再打下去,非赢一盘不罢休。

像这样的"流水句",孤立地看,每一个语段的表层形式都不够句子的条件。但是互相关联在一起,这些语段都可以传达一个句子的信息,也就都有条件看作句子。在汉语中这样讲可能没有什么问题,但在印欧语学者看来,这显然会破坏句子的概念,因为汉语中的流水句很像他们所说的某些语言中的链接结构(chaining structure)。在链接结构中,一段话可能是一个动词短语接着一个动词短语地往下说,这样一环套一环地形成一个语段链。孤立地看,哪一个动词短语也不完整,不够句子的条件,但是往往在这些动词短语之后用一个结构完整的动词短语煞尾,形成一段话。前面的动词可以叫作中间动词(medial verb),末尾的动词可以叫作结尾动词(final verb),大链中可以包含小链。按照西方传统语法的观点,较小的语链相当于简单句或复合句,较大的语链相当于段落,最大的语链可以写上好几页,那就该是一篇文章了。

结构这样富于伸缩性,处理起来就很麻烦。如果把中间动词结构看作短语或者小句,结构较简单的语链包含的中间动词结构不多,看成一个句子也许还能说得过去。结构复杂的语链包含几十个中间动词结构,大大超出传统的单句和复句的结构范围,无法用传统的句子成分关系予以分析。如果把中间动词结构看作句子,由于它们表层形式只相当于结构不完整的短语或小句,一旦看作句子,那么结构不完整的短语和小句跟结构完整的句子之间的界限就不复存在,也就动摇了传统的句子的概念。所以西方学者认为链接结构向传统的句子概念的地位提出了严重的质疑,所谓小句(clause)、句子(sentence)、段落(paragraph)、篇章(discourse)四平面分析法就不一定适合于分析各种语言的语句结构。

在我们看来,如果把表层形式跟底层形式区分开来,或者换一种讲法,把形式跟功能区分开来,那么这些现象还是可以理解的。一个语言单位本身的结构形式和它们负载的最小信息量是可以由它的成分结构的各成分的最小信息量按照语法规则推演出来的。但是把它用在更大的结构单位中,它受到语境的影响,所传达的信息量就可能发生变化,使它的功能相当于另一种语言单位。链接结构跟汉语的流水句有相同之处,它们都是使用最小信息量比标准句子的信息量为少的语言单位传达标准的句子的信息。它们之所以能达到这种效果,显然是依靠语境的支持补足了它们所缺少的信息。从表层形式看,每一个小句都不是结构完整的句子,然而其时其地它们传达完整的句子的信息。

在印欧语中也有这种现象,例如英语的非限定动词本来不能构成句子,但是当英语的不定式和分词等用作独立的状语时,它们的功能实际上相当于由限定式动词构成的分句:

(69) a　Going down town (= when I was going down town), I met an old friend.

  b Being sick(= as I was sick),I stayed at home.

(70)a He was surprised to see this(= when he saw this).

  b I should be glad to go(= if I could go).

　　只是在印欧语中句子一般都要由限定动词构成,句子中通常只能用上一两个由非限定动词构成的独立的状语结构,不能像链接结构或汉语这样一个接一个地用非限定动词小句当作限定动词构成的小句甚至句子使用而已。所以在印欧语中即使把这种由非限定动词构成的单位看作小句,对句子结构也没有多少影响。也不过是在由完整的限定动词构成的主句之外,带上这么几个小句而已。而在链接结构和汉语的流水句中,若要像印欧语那样处理,第一步就要找到相当于限定动词的单位以便作为断句的界石,第二步还要考虑以它做界石断句是不是行得通。在汉语语法中,迄今为止我们还没有做好第一步工作。当然我们所说的第一步和第二步实质是有联系的,在链接结构中固然可以找到一种结构完整的煞尾动词,但是以它为准去断句,得出的单位有的像句子,有的像段落,有的像篇章,也不成功。

　　不过在汉语中,流水句一般用在口语中,在正规的书面语中还是倾向于保持句子结构的完整,所以强调句子的基本模式和最小信息量还是有意义的。特别是,不完整的语段只能在一定的上下文中代替完整的句子使用,很难用在只有一个语段的发语句中。事实上当我们告诉别人一个事件时,使用的句子必须具备我们所说的三种信息。在连续的语句中,某些语段可以省说一种或两种信息,这跟在连续语流中使用音位变体是一个道理。描述一个音位时,我们需要以基本模式为基础,然后描述它在不同环境中的变体形式。描述句子其物时,也应该如此。没有一个标准形式,我们就不可能知道句子是什么东西,这跟没有茶杯原形就不可能知道茶杯是什么东西一样。而我们抛开语言外壳,从句子的功能方面推导句子需要包含的必要信息,获得的是泛语言通用的结论。以此为基础,可以观察汉语句子在不同场合下的变形方式,也可以比较中外语言在结构上的异同。

9.8.4 汉语的短语、小句和句子

　　实质上,关于短语和句子的区别决定于如何定义短语和句子的概念,然

而就我们所提出的两种定义方法而言,二者实际上不是同一个平面上的概念。短语注重于结构,句子注重于功能,二者是语法的不可或缺的两翼,没有可比性。如果不了解这一点,把二者割裂开来,比较其孰重孰轻,那是没有任何意义的。事实上我们上文的讨论中已经证明,句子是语法赖以定义的基本概念。在逻辑上讲,它是在"语法"之前的概念,没有句子的概念语法就不存在。了解这一点,也就不必再去讨论它在语法中的重要性。对汉语语法来讲,既然汉语句子的表层形式不像印欧语句子的表层形式那么整齐,汉语语法工作者也就更需要强调研究汉语句子的构成方式对汉语语法研究的重要性。

　　从现代语言学中对 phrase、clause 和 sentence 的处理可以看出,sentence 的基本模式是由限定动词做谓语组成的主谓结构单位,它包含我们所说的句子的最小信息量,可以作为一个交际单位独立使用。而 clause 则是 sentence 的变形,从传统上看,它的场合信息量甚至最小信息量可以接近或等于典型句子的信息量,至少可以包含它所描述的事件的基本模式信息和时空信息,只是缺乏独立交际功能,一般不作为独立的交际功能单位使用。在正常情况下,它要跟限定动词一起组成一个结构单位。它充当其中的一个成分,负载一定的信息,跟其他成分一起完成整个单位的交际功能。这时它往往要接受整个单位赋予它的场合信息增量,功能可以等于独立的句子。我们不妨说 clause 是句子的一种变体。它跟句子一样,也是描述可能世界中的种种事件。它跟句子不同之处在于,句子作为一个有独立交际功能的单位,必须能够传达我们所说的最小信息量;而 clause 总是作为一个有独立的交际功能的单位的一个成分,而不是独自完成那样一个交际任务,所以跟句子相比,在结构和功能两方面可能有或大或小的差异。

　　让 clause 向 sentence 挂靠,而不归属于短语,着眼点主要是 clause 所必须具备的事件模式信息。如果范围划得小一些,clause 的功能应当相当于不独立的句子,特别是它的主要成分一般应该是可以用作谓语的谓词;如果范围划得大一些,clause 的主要成分就可以从谓词扩展到有谓词含义的抽象名词等成分。如果说 sentence 表达命题,那么 clause 就是变形的命题。如果考虑到链接结构和汉语的流水句的语法分析,把短语中具备完整句子功能和具备不完整句子功能的单位归入 clause 可能有方便之处。它们是由谓词构成的具备事件模式信息、而不一定具备其他两种信息的语言单位,包括我们现在所说的主谓短语、动词短语和形容词短语。它们脱离上下文固然不一定能成为独立的交际单位,但是充当更大语言单位的一个成分时,功能可以相当于一个小句或句子。把这些单位从短语中提出来做句子或准句子看待,对分析汉语句子和句群或句组有利,因为它们在连贯的话语中起印欧语的 clause 和 sentence 的作用。而我们这里阐述的句子的最小信息量模式,给观察和分析这些单位的结构和功能提供了基本框架。

10   总结

10.1   语法模式

本书试图从语法的定义开始,通过逻辑分析,研究汉语语法的理论基础,为汉语建立基本的语法分析框架。我们集中讨论了传统语法中最重要的几个基本概念,也就是词、词类、句子成分和句子四个概念。我们从理论和实践两方面研究怎样在语法系统中定义这四个概念,怎样在汉语中落实这四个概念。现在我们可以把全书贯串起来,分析一下本书的论证脉络,总结一下本书的论证结果。

西方的传统语法历史悠久,源远流长,不仅在过去的年代里无可取代地在语言教学中发挥重要的作用,即使在今天,尽管已经繁衍出许多看起来是那么毫无依傍的、崭新的语法理论和语法模型,它仍然是一切语法实践和一切语法理论借以扎根立足的无可取代的基石。词、词类、句子成分、句子这四个概念是传统语法学的四根台柱,建立起这四个概念,拟定出用它们分析语言的具体操作方法,以此为基础就能建立起传统的语法大厦。相反,对这四个概念没有明确的认识,或者没有明确的操作方案,仅凭模模糊糊的感觉、想当然的观念去处理这些问题,就不可能建立科学的、系统的语法体系。

10.2   符号原理

作为论证的基础,我们首先说明本书采用符号学的观点,用符号、所指、解释来描述语言的性质和语言的使用,这是本书的准则。简单地说,符号给予我们的感官一定的刺激,这种刺激作为符号形式,通过我们的主体解释对应着符号的所指。说到"猫",我们想到一种动物;说到"钢笔",我们想到一种用具。这个过程就是符号通过解释对应其所指的实例。

　　我们在交际中使用语言符号,目的就是通过我们发出的符号使符号接收者了解其所指,完成交际任务。所谓语言符号,就是我们发出的声音或写下的文字。所谓符号的所指,在符号学和逻辑学中有很多并不尽同的解释。较为通俗的理解,不妨说符号的所指就是符号使它的接收者直接想到的东西。同一个符号形式在不同的解释系统中可以有不同的所指,例如汉语普通话的发音不能用方音去解释。但是就同一解释系统或同一解释子系统而言,如果一个符号在 A 头脑中反映为 a,在 B 头脑中反映为 b,在 C 头脑中反映为 c,在 D 头脑中反映为 d,那么一般地讲,它的所指就是 a,b,c,d 四个映像所共有的东西。不难看出,这种理解方式和处理方法贯串在全书之中,正是在这个基础上,我们提出了语言符号的固有信息量(或最小信息量)和场合信息量的概念。

10.3　形式和意义同构原理

　　既然符号功能的体现必须由符号、所指和解释三个因素构成,那么当我们在一定的对象中讲话可以不考虑解释者的个体差异时,符号及其所指却是无论如何也不能不同时兼顾的。特别是符号的所指,绝对不能从语法中排除。否则,我们只知道有一堆东西叫符号,而不知道它们的所指是什么,那就不是在讨论符号,不是在讨论语言。正是看到这一点,我们并不想当然地给语法划界限。特别是,我们并不先验地区分哪些是句法问题,哪些是语义问题,而是强调语法研究应该以 Frege 原理为指导原则,强调形式规则应该跟意义规则平行,在给出词语形式的同时,必须给出词语的所指,强调形式的区分必须有所指的差异,所指的区分必须有形式的差异。只讲形式不讲所指,只给形式规则不给所指规则,这不是我们的工作方法。把一些需要细致分析的问题推出语法之门,诿之于语义而不予考虑,这也不是我们的工作方法。

　　在符号与所指的对应关系中,可以逻辑地预测二者之间可能有一对一的关系,也可能有一对多的关系。根据惯例,当两个符号 S_1 和 S_2 在形式上明显有别时,我们就把它们看作两个不同的符号,而不管它们的所指有没有差异,以及有多大差异。然而反过来,当一个符号形式对应着两个所指时,我们却往往因为两个所指之间有同源关系,而不肯把它看成两个符号。这种现象不能不引起我们的注意,因为当我们毫不犹豫地说(1a)中的"爸爸"跟(1b)中的"父亲"不是同一个词时,未必考虑它们的所指相同与否;而在同样毫不犹豫地说(2a)中的"慢"跟(2b)中的"慢"是同一个词时,同样未必考虑它们的所指相同与否:

(1)a 他是张三的爸爸。

　　b 他是张三的父亲。

(2)a 张三是慢性子。

　　b 张三干活儿慢。

如果语言符号必须是形式和意义的统一结合体,而且词作为语法的基本单位又必须是具有意义的形式单位,那么这种处理方式是不是能保证语法体系的精确性就值得怀疑。

如果我们对词语的形式如此重视,对词语的所指却如此漠视,允许词语的形式跟所指之间出现一对多的关系,那么语言单位的同一性就将成为严重的问题,这将破坏我们所说的形式规则与所指规则的平行性。仔细看看(1)和(2)就将发现,在(1)中"爸爸"和"父亲"的所指相同,但是在(2)中两个"慢"的所指却不完全相同。说惯汉语的学者对我们的讲法可能提出质疑,因为《现代汉语词典》用(3)这一个义项几乎概括了"慢"的所有用法:

(3)　速度低;走路、做事等费的时间长(跟"快"相对)

诚然,若把(3)看成一个所指,那就可以断言(2)中两个"慢"的所指相同。

然而我们对照一下英语词典对英语形容词"slow(慢)"的解释就将发现,我们所认为的一个义项在英语词典中被分析成几个义项。例如在 A.S. Hornby 等编纂的《Oxford Advanced Learner's Dictionary of Current English》(1980 版)中,"slow"用作形容词时有七个义项。其中有一个义项是:

(4)　(usu pred; of watches and clocks) showing a time behind the correct time

汉语中的"慢"也有这个义项:

（5）　我的表慢(五分)。

（5）占优势的意思也是说表所显示的时间是早还是晚,而不是讲表的速度高低。事实上,一个人在学汉语时会说"慢走"或"走得慢",不见得会说"慢性子"。因为前者的意思是活动的速度慢,而"慢性子"的意思却是反应速度慢,性子本身是不能讲速度的,不把"慢"字的意思引申一下,就不可能知道"慢性子"是什么意思。

在学习外国语时,我们都会有这样的经验。汉语用一个词表示的意思,在外国语中可能需要用几个不同的词来表示。例如在英语中说到动作快慢时用"fast(快)"和"slow(慢)"。但是说到"temperament(性子)"时,一般只用"hot（急）"和"cold(冷静)",不会用"fast"和"slow"。

只从表面上看问题,就有可能把这些现象归之于词语搭配问题而不再深究,那就看不到它们本质上决定于词语的所指是什么。从语言的构成上讲,从掌握语言上讲,几个不同的形式即使对应的所指相同,也需要区别开来。反过来,几个不同的所指即使对应于同一个形式,同样需要区别开来。因为语言是形式和所指的结合体,没有形式固然不是语言,没有所指同样不是语言。明白这个道理我们就不能不认真对待词语的所指,不能不反省我们对语言单位的同一性的认识。最终不能不认识到,在实际使用词语的过程中,我们实际遵循的是"一符一指"原则,也就是说无论一个词语在不同的场合中可能体现多少种意义,我们每一次只能使用那众多意义中的一个意义而已。换句话说,无论在词典中的一个词条下面罗列多少个义项,我们也只能一个一个地使用,而不能一束一束地使用。

在学习一种语言时,在用电子计算机处理自然语言信息时,"一符一指"的原则具有无比重要的意义。在语言学理论上,它使我们更为慎重地处理语言单位的同一性问题,其重要性也是不可低估的。正是通过认真的分析,我们认识到意义和用法是分不开的,在所谓根据意义确定词的同一性的过程中,实际上已经不自觉地融合进用法的概念。汉语语法中的一些难题正是源出于此。

10.4　形式语言和词的概念

符号学基本原理和 Frege 原理这两条准则是我们讨论语法理论的基础。在此基础上,遵照中外语法研究的传统,我们仿照逻辑学方法,引入了形式语言的概念,进而讨论语法的定义。从人类认识客观世界的过程看,颠扑不破的真理是,当我们要把什么东西指示给别人时,只有直接显示和间接推演两种方法。打个简单的比方,要想告诉别人"村"字怎么写,要么直接写出来指给对方看,要么告诉人家"村"字是左边木字边,右边加上"尺寸"的"寸"字。——当然是假定对方已经知道什么是"木"字边,什么是"尺寸"的"寸"。

同样,语法理论也没有什么神秘之处,根据传统的定义,语法不外乎首先把一些词语直接罗列出来指给学习语言的人,然后告诉他们用这些本钱通过一些法则可以衍生出其他一些词语。古往今来林林总总的语法理论,还没有一种能跳出这个窠臼。直接给出的语言单位可以叫作语法的基本单位,间接推演出的语言单位可以叫作语法的衍生单位,从基本单位推演衍生单位的操作方法可以叫作语法规则。传统语法定义说,语法研究词形变化的规则和用词造句的规则,这表明语法中的基本单位一般是词,最大的衍生单位是句子,从词到句子的一切操作遵照语法规则办事。语法其物说穿了,就是这么简单。

根据合成和分解互为逆运算的原理,我们推导出,既然由词用语法规则可以组成句子,那么由句子通过语法规则也可分解出词来。所以词实际上决定于我们所确定的句子和语法规则,确定了句子和语法规则,词就是由它们导出的概念。既然句子是不能由词定义的先行概念,那么词和语法规则就有进退揖让的关系。"羊肉"是词还是短语,决定于用"羊"和"肉"组成"羊肉"需要什么操作方法,以及把那些操作方法列入语法规则之林是不是有利于语法的使用。即使有一千种理由说明应该把"羊肉"归入短语,如果为衍生它而建立语法规则弊大于利,我们也可以毫不迟疑地把它归入词。因为讲语法不是目的,通过语法掌握语言的使用才是目的。我们这里强调的是语法的实用性和模型性,而不是语法的理想性和惟一性。

对语法有不同的主张是应该的和正常的,同时有甲乙两种语法模式更不是坏事,只要有实用效果,大可并行不悖。在汉语语法界一直有学者主张汉语语法应该以字为单位,也一直有学者主张汉语语法应该走跟印欧语传统语法不同的道路,我们没有否定这些主张。如果这么办能够创建有效的汉语语法体系,那就是用实例为我们建立了新的模式。不过至少在现阶段而言,我们用形式语言定义的语法模式,应该是语法学的必由之路。语法的最小单位是词也好,是字也好,最大单位是句子也好,是大于句子的篇章也好,用小单位按规则组成大单位的传统语法思想是不祧之祖,我们不妨称之为语法的构造观念。这是我们讨论语法理论时遵循的第三条准则。

10.5　语法关系和词类

以上述三条准则为基础,我们可以分析、观察和建立各种各样的语法模型。在语法定义所涉及的句子和语法规则两个概念之外,我们在语法规则具有可操作性的前提下导出了语法规则的有穷性和层次性,从而得出语法规则定义词类的结论。具体地讲,我们得出句子成分是定义词类的基本依据这个结论。事实上,只要我们能够确定句子中包含哪些主要语法关系,那么怎样组成那些语法关系也就成为用词造句的必由之路;只要我们说句子是由句子成分组成的,那么可以用作什么句子成分以及怎样用作那些句子成分也就是一个词的全部造句功能所在。

如果仅从表面上看,在汉语语法研究中对汉语词类划分的主张差异之大,可说是天悬地隔。然而一揆其实,大家划分出的词类格局八九不离十,所差也不过是有的细一点,有的粗一点而已。原因显然在于大家对句子中包含的语法关系和句子成分的看法基本一致,这决定了词类的划分结果。

汉语实词无词类,汉语词要"依句辨品",汉语词多有兼类,这也是困扰汉语语法学者的问题。在我们看来,大家面对的是共同的世界,不过是对同样的事实采用了不同的讲法而已。不同学者有不同的主张,甚至有不同的结论,彼此的差别在于论证的前提不同。从逻辑上不等价的前提出发,得出不相同的结论这是相当正常的事情,这只能证明大家的逻辑头脑都没有出差错。

说汉语实词不能分类的学者是以实词能带什么样的词缀为准给实词分类,既然汉语实词没有印欧语那样的词缀,也就失去了分类的依据。但是耐人寻味的是,持有此说的学者认为,汉语的实词一用到句子中就要体现出一定的词类范畴。说得更明确一些,它们本身不能分类,但在句子中发挥词类的功能。说汉语词要依句才能辨品的学者认为,汉语词的类别要到句子中才能显示出来,离开句子难以确定。说汉语词多有兼类现象的学者认为,汉语词在不同的场合可以体现不同词类的功能,显然是一词多类。另外一些学者则坚持汉语词有定类,认为汉语词可以一词多用,而不是一词多类。同样耐人寻味的是,持此观点的陈爱文(1986)一文在考虑了大量实例之后,最终建议不妨说汉语实词可以分为名基词、动基词和形基词,而不直接说它们是名词、动词和形容词。

把这些说法归结在一起,指向同一个事实:汉语词可以用一个词形充当几个句子成分,如果把一个词形所能体现的那些功能都加在那个词形身上,那么大批的汉语词都是多功能词。若把那些功能不分主次地都归为同一个词类的功能,显然那个词类将兼有传统的名词、动词、形容词的功能,其结果显然是汉语的许多实词都有名、动、形三类词的功能,等于没有分类或者兼类。但是在一个具体的句子中,即使是这样的多功能词,它也只能体现一种功能而已,这一种功能或者属于名词的功能,或者属于动词的功能,或者属于形容词的功能,这就是不能分类的汉语词在句子中体现词类范畴说、依句辨品说和一词兼类说所面对的同一事实。陈爱文(1986)一文的建议,显然是考虑到,同一个词形在不同句子中所体现的不同功能,就那个词而言有主有次,主要用来体现名词功能的归入名基词,主要用来体现动词功能的归入动基词,主要用来体现形容词功能的归入形基词。这种主张表明,即使同一个词形可以用作几种句子成分,也不能建立一个可以用作好几种句子成分的词类。除了个别情况以外——例如做谓语和做定语可以是形容词兼具的功能——充当不同的句子成分原则上是不同词类的功能,而不能是一种词类的功能,否则就不便于精细地描述各类词的造句功能。

客观事实既不能漠视,也不能抹煞。如果一个词形在不同的句子中可以体现不同的功能,但在一个具体的句子中只能体现一种功能,这种现象就跟同一个词形在不同的场合可以具有不同的意义、而在一个具体的场合只能具有一种意义相同。根据一符一指原则,我们建立了词例的概念,一个词作为词位可以统辖若干词例,但是它用在一个具体句子之中时,只能是它所辖的若干种词例中的一种而已。这就跟印欧语的动词可以统辖限定式动词和若干非限定式动词一样。至于哪些词例应该归为一位,哪些词例不可归为一位,那就要看怎样处理更为方便,不必执一而论。

10.6　事件表述模式和句子成分

我们用来划分词类的主要依据是传统语法的句子成分,它们对应于传统语法所鉴定的语法关系。对于怎样把一个句子按语法关系切分成若干成分,汉语语法学者似乎没有多少异议。然而在怎样给那些成分分类命名时,不同的学者就有截然不同的主张,于是怎么确定汉语句子的主语和宾语一直是汉语语法研究中的难题。为了深入地讨论这个问题,我们引入句子表述可能世界中的事件的观念。这个观念让句子的各个成分对应于事件的各个参与者,这样,由哪些事件参与者组成句子和句子的各个成分对应于哪些事件角色,就成为分析和理解一个句子结构的基本条件。事件的每一个参与者都在事件中扮演一个角色,各种各样事件中的参与者就扮演着各种各样的角色,怎样给这些角色归类就是语法分析中要考虑的问题。

为了一方面跟事件的角色身分挂钩,另一方面跟句子的结构成分挂钩,我们建立了谓词的表述模式的概念。谓词的表述模式是语法学者根据谓词的各个成分在句子构成和句子变形过程中的表现拟定的基本格式,它的各个成分跟事件角色的对应由词典给出,在造句时的表现由语法规则给出。我们强调用谓词的表述模式做中介,兼顾句子成分的造句功能和它们所对应的事件角色,而不用施受关系和语序关系去定义句子的主语和宾语。因为这样做兼顾形式和意义,可以更为灵活地处理主语和宾语的关系。

角色的语法归类不可能纯粹根据事件角色在事件中的地位,否则不仅很难为各种各样的事件角色拟订归类标准,而且不考虑它们在造句中的表现对理解句子也没有意义。施受关系不能作为划分主语和宾语的标准,原因正是在于一则它没有通用性,有很多事件角色难以从施事受事角度定性;二则它不考虑代表事件角色的成分在造句时的表现,不能有弹性地处理事件角色和句子成分之间的关系。

　　角色的语法归类也不能纯粹根据语序,否则分出的类别就跟事件角色失去联系,无助于理解句子所描述的事件。我们不否认句子在表述事件时有从哪一个视点去看事态的因素,甚至我们认为像(6b)这个成为汉语主宾语讨论焦点的句子:

(6)a　主席团坐在台上。

　　b　台上坐着主席团。

虽然跟(6a)描述同一个情景,但是观察的视角和表述的中心不同;特别是,在这种句式中当句首的处所词语逐渐向实体词演变时,句子后面的成分对句首成分的表述作用几乎可以跟主语和谓语之间的表述关系相比。但是我们也不能不指出,无论这个表述作用如何重要,我们总不能不首先弄明白(6b)这个句子描述的是怎样的情景,在这个情景中到底是谁坐着。只有了解了这一点,才能进一步谈其中各部分之间的表述关系。要想说清楚(6b)中谁坐着,就不能不或直接或间接地涉及(6b)跟(6a)的关系。因为像(6b)这种句子,位居动词后面的成分在动词所描述的事件中可以是施事角色,可以是受事角色,也可以是施受之外的另一种角色,依靠这些纯从语义角度命名的术语不能解决问题。从这个角度讲,说(6b)是主语后出现,虽然不是唯一之计,但未尝不是一个办法。事实上,在这种句子中讲主语和宾语不可能有面面俱到的万全之计,问题的解决最终要靠语法解释的层次性和系统性,不是一两个贫乏的术语所能胜任的。正是因此,我们才提出两栖于词典和语法的谓词表述模式。

10.7　交际功能和句子

　　在讨论语法定义、说到传统语法讲用词造句的规则时,我们轻描淡写地说句子是在词之前的概念,几乎把它看作逻辑中讲的无定义的原始词项。然而在讨论句子成分、特别是讨论句子的主语和宾语时,我们已经不能不正面描述句子其物。当我们说句子描述可能世界的事件并且把谓词的表述模式默认为句子框架时,实质上已经非正式地对句子其物做出了解释。自然我们不能为无米之炊,要做解释就需要使用术语和概念,可能世界及其中的事件就是我们用来解释句子其物的概念。对这些概念本身的理解只能诉之于我们对现实世界和我们头脑中的想象世界的认识,不能再加什么解释。

正是依靠我们对现实世界发生的种种事件的认识,我们阐述了描述可能世界中的事件的句子的两个性质:第一,它必须给出约定俗成的谓词的表述模式所需要的信息,也就是谓词及其论元的信息;第二,它必须给出事件发生的时空信息,包括事件发生在哪个世界之中,事件发生的时间跟说话时刻之间有什么关系。因为当听说双方通过句子来谈论一个事件时,他们必须知道那是怎样的一个事件,它发生在何时何地。没有这两个条件,它就不可能被描述为和被理解为一个存在——即使是在想象之中。除此之外,既然语言是交际工具,那么作为语言交际的最小的独立单位,句子应该完成一定的交际任务,于是句子中应该包含着体现它的交际目的的信息,包括我们通过传统语法而熟知的关于陈述、疑问、祈使以及感叹的信息。这样的信息或者要体现为一定的词语和语调,或者要体现为一定的语序安排,或者二者兼有。

这样,句子除了要表述可能世界中的事件以外,还要完成一定的交际任务,这两个前提就要求句子至少包含上述三种信息。根据这三种必要信息,我们可以知道句子的底层形式应该包含哪些语言成分,也可以分析表述一个事件时在哪些情况下句子的表层形式中可以省去一些成分,理解一个句子时怎样从语境中获取它的表层形式中所不包含的必要信息。由于我们是从句子应该具有交际功能和表述事件的功能出发,通过逻辑分析得出上述结论,所以我们获得的结论具有普遍性,着眼于这三方面的信息可以分析和比较不同语言之间在句子结构这个层次上的异同。而表层形式和底层形式、结构和功能以及固有信息和场合信息,这些概念有助于从不同的视角去观察语言单位的形式和意义的问题。在这个基础上既可以定义诸如短语和句子之类常用的语法术语,也可以比较不同学者的不同观点,从根本上解决悬而未决的问题和持续多年的争论。

事实上,不仅句子的情况如此,从开篇到现在,我们一直坚持从语法理论基础入手,逻辑地推导各种可能的结论。所以,我们所获得的各个结论事实上都具有普遍意义,不仅可以据以观察和构拟汉语语法模型,而且为

在不同语言之间进行语法比较,为在同一语言的不同语法模型之间进行
比较,提供了参照系。正因为我们所进行的工作属于语法学理论基础研
究,所以以此为基础,可以透视一些其定义似有似无的汉语语法基本概
念,更自觉、更现实地着眼于语言事实和描写方法的关系,逻辑地、系统地
考虑种种可能性,而不是孤立地、唯一地谈论一种信条或一种思潮。这是
在一切语言的语法研究中所应持的态度,只是在汉语语法研究中显得格
外重要而已。

10.8　再论"语法"

本书用形式语言概念论述了语法学的基本模式,这个模式的基本原理
是以最小单位为基本词项,通过生成法则推演导出单位,最终推导出最大单
位,以此模拟语言其物。既然如此,它的最小单位就不限于传统意义的词,
最大单位也不限于传统意义的句子。我们以词为语法的最小单位,以句子
为语法的最大单位,这样的语法模型仅仅是上述语法模式家族中的一个成
员而已。从 N.Chomsky 以来,语法范围已经扩大到可以把词汇乃至语音包
括在内。在这么广阔的空间中,往小单位说,意义上可以讲到义素,语音上
可以讲到区别特征;往大单位说,可以讲到比句子大的语篇,甚至是很大的
段落和篇章。然而,无论如何,我们也要有一个基本的出发点,否则一切论
述都会由于基本概念不能落实而变得虚浮不实。事实上讨论比句子更大的
语言单位的超句语法已经逐渐兴起,再讲句子语法的东西,即使不是陈词老
调,也已经很不时兴。但是在印欧语中讲超句语法,无论讲得是不是能让石
点头,毕竟还有传统的句子结构语法做基础。相反,在汉语中,认真的学者
都能看出,我们没有这样一个坚实的基础。正是因此,本书才着力于阐述语
法的理论基础,才着力于论述怎样以传统语法的四个基本概念构拟句子语
法模型。事实上,本书所论述的是具有泛语言普遍意义的理论基础问题和
方法论原理,既不曾仅仅以句子语法为鹄的,也绝不仅仅适用于句子语法,
甚至也绝不仅仅适用于汉语这一种语言。

附录 I

从汉语语法研究
看中国语言学理论四十年

1 引言

"理论"二字可以作各种理解,小到给一个学科的个别研究对象建立的一种概念或观点,大到给整个学科或学科分支设计的研究方法或知识系统的方案,都曾被人指为理论。本文所讨论的"语言学理论"偏重于后者,特别注重对于语言学理论据以立足的基础的理解和设想。所以本文所讨论的是有关某个语言知识系统的模式、有关语言模式的前提和推理等一系列问题,而不是对个别词语或句式的解释,也不是某种孤立的或空泛的主张。

在本世纪50年代以来的40年中,中国语言学理论有很大发展,而语法学又最明显、最集中地体现着20世纪的时代精神和现代语言学的理论和观念,所以本文试图从中国大陆学者在汉语语法研究中体现的方法论思想这一侧面对中国语言学理论的历程作一番回顾和展望。需要说明的是,本文尝试运用元理论分析方法,以方法论为主线剖析汉语语法理论的本质和逻辑结构,尽可能给以形式化的描述。由于主题和篇幅的限制,近40年来中国学者在汉语语法研究、特别是在描写具体的句式和词语性质方面进行的许多工作本文没有涉及,甚至没有正面讨论中国学者对语法的观念有什么改变,这是不能不预先声明的。

2　汉语语法模式

为了更好地理解近40年汉语语言理论的发展,有必要从方法论上勾画一下此前的传统背景。根据上文规定的这个经过极大限制的语言学理论观,这个理论传统从1898年马建忠的《马氏文通》问世算起到20世纪40年代末,这前50年中出现的语法模式只有两种:

第一种模式以命题结构为基础,源出传统的西方语法观,即语法讲词的变化规则(词法)和用词造句的规则(句法)。所谓词的变化规则,就是说明一个词用在不同的句法位置上应该作怎样的变形,也就是说明一个词作为一个造句的词位,它包含哪些变体。所谓用词造句的规则,就是说词和词怎样组合起来构成句子,也就是把句子看成是由若干词组合而成,说明在造句过程中词和词之间有哪些组合方式。这种模式是首先给出造句的基本单位,然后讲由基本单位组合成复合单位、最终成为句子的操作规则。在语言学中,这个总体模式有许多变式,在本世纪前50年中国语言学界普遍采用传统西方语法模式:词位①→词例→句子成分→句子,即(1)讲词位有哪些变体(词例),(2)讲词例怎样用作句子成分,(3)讲句子成分怎样组成句子。

第二种模式以事件结构为基础,以句法·语义范畴为基本单位分析语句的构成形式。例如吕叔湘1941用动词跟它所及事物的种种关系分析句子的结构,建立的起词、止词和各种补词名目都属于句法·语义范畴。然而由于到底应该建立哪些句法·语义范畴才足以分析自然语言中的各种句子是个难题,即使后来经过美国语言学者C. Fillmore等人多方研究,迄今也没有结果,在当时仅用这种分析方法不可能构成一部完整的汉语语法。所以在前一种模式有巨大发展的情况下,这种模式没能成形,这是非常可惜的。

如果把语法分析看作一种算法,那么第一种语法模式提供的句子构成法则本质是线性算法——某些局部可能需要首先加合,然后进入整体加合过程,然而这也不过等于四则运算中加上个括弧而已,例如a+b+c和a+(b+c)。它以命题结构为基础,所以在"老张打了别人"和"老张被别人打了"中,"老张"都是主语,因为这两句话都是说"老张"怎么样了。第二种语法模式则是非线性算法,它以事件内容为基础,所以在"老张打了别人"中"老张"是施事(起词),在"老张被别人打了"中"老张"是受事(止词)。②

2.1　命题结构模式

按照"词位→词例→句子成分→句子"的传统模式建立语法系统时,基本概念是词和句子,从词到句子的结构过程是:

(1)句子由各种句子成分组成;

(2)句子成分由词或词组组成。

一种自然语言包含的句子近乎无限多,语法书不能像词典罗列全部的词那样列出每一个句子,只能列出若干句子模式,说明:

(1)由哪些句子成分、以何种方式组成句子;

(2)由哪些词、以何种方式组成句子成分。

因为某些词在组成句子成分时可能具有相同的功能,即在一定条件下它们可以相互替代而不引起句子模式的改变,这就可以把它们归为一类,由此产生了词类的概念。③这样,传统语法模式的四个必要概念就是词、词类、句子成分和句子。

怎样确定这四个概念在汉语中遇到了传统西方语法未曾遭遇过的严重困难,困扰着百年来汉语语法学者。具体地讲,就是:

(1)把比词小的语素和比词大的词组跟词区分开来,从而确定词的概念;

(2)把用在各种汉语句子中的大大小小被认为是词的语言单位归并起来,首先归"位",然后归"类",从而确定词类的概念;

(3)把各种不同的句子成分区分开来,从而确定句子成分的概念;

(4)把比句子小的单位和比句子大的单位跟句子区分开来,从而确定句子的概念。

这四个问题是传统语法的核心和基础,任何人都不能回避,一百年来中国的语法研究和语言学理论的发展主要体现在对这四个问题如何处理。

2.1.1　关于词的概念

西方语言中的词从形式上看跟汉语的字相当,除了部分复合词外,都要写成一个单位,因此确定词的问题一般讲来没有什么困难。汉语是以字为单位的,从某种意义上讲,哪些字是词,哪些字要组合起来才是词,决定于语法学者的处理方法。不过前50年中没有系统地研究这个问题,学者确定词的概念是以意义为本。例如黎锦熙1924(3页)认为"不问它是一个字或是几个字,只要是表达一个观念的,就叫做词";高名凯1948认为词表达一个概念。对词的进一步的说明则在确认词是语言中的最小意义单位的同时,提出词是能单用的最小的表现单位(见吕叔湘1941:9—10页)。王力1944(16页)则根据Jespersen1924辨认词时使用的拆开原则,提出两个或更多连用的字若不能在中间插入别的字而不失原义,则是一个词。

详尽的讨论见于陆志韦1938,书中仿照美国结构主义学派用"鉴定槽"(slot)确定语言单位的功能和类别的方法,建议用"同形替代法"从句子结构中离析词,即把待确定的语言单位 E 放到句子模式"αxβ"中的 x 位置进行测试,观察可以跟 E 连用而不改变"αEβ"的句子类型的 α 和 β 是哪些单位,跟 E 同类的又是哪些单位。

本世纪50年代学者对确定汉语中的"词"的概念进行了许多工作,试用和讨论过的重要原则和方法是:(1)扩展法:如果能在语言单位 AB 中插入独立的句法成分 α,而且 AB 和 AαB 的结构类型相同,那么 AB 不是一个词(见陆志韦等1964:6—8页)。(2)剩余法:根据词的任何一个组成部分都不能是词(或大于词的单位)这个原则,如果能证明语言单位 AB 中的 A(或 B)是词,那么 B(或 A)也是词(见陆志韦等1964:1页和141页;吕叔湘1962)。

此外还试用自由和粘着的概念、功能框架、语音测试和语义分析等方法研究词的概念,参看赵元任1968第3章。部分原则和方法在此前也曾提出并使用过,但这样集中、这样全面地讨论词的概念,其规模却是空前的。

词作为语法的一种单位,需要从语法的系统性方面考虑它的概念。陆志韦1956序言中在检查了西方语言学者对词的种种定义以后,已经指出归根结蒂词"就是词典里一行一行排列着的东西",王力1953认为"辨别词和非词的界限对于词典的编纂工作是完全必要的",赵元任1968和吕叔湘1979也都提到语法中的词可以不同于词汇中的词,也可以不跟拼写形式绝对一致。这些观点包含着相当的真理。

事实上,传统语法的任务是以词为基本单位列出用词组成到句子为止的各个语言单位的规则,这就是说,语法规则的输入是词,输出是词的变形、词组或句子。例如在英语语法中,由词典中给出的动词 work(工作)经过词形变化规则可以产生 works,worked,working 等词形,经过造句规则可以产生 I work,he works 等句子,同时演绎出它们的意义。既然如此,某个语言单位是不是词就决定于它的形式和意义是由词典或构词法则给出,还是由语法规则生成。由词典或构词法则给出的是词,由语法规则生成的单位除了词的语法变体以外,就只能是词组和句子。从这个观点出发可以看出汉语语法中曾提出的确定词的一些方法有什么意义,以及最终解决这个问题的途径是什么。

例如,一般讲来,成为规则的现象应有相当的普遍性,所以结合面宽的单位宜于用规则处理。对于"鸡蛋"和"鸭蛋"是不是词的老问题,如果我们建立一条语法规则,说汉语的名词(A)可以直接作定语,(B)也可以加上"的"作定语,那么由这两条规则生成的"鸡蛋"和"鸡的蛋"都是正常的单位。但"鸭"不是词,不能使用这两条规则,所以"鸭蛋"就只能由词典或构词法则给出。以规则 A 和 B 而论,显然后者适用面更广泛,所以尽管规则 A 能够生成"鸡毛,羊肉,牛头"等一大批语言单位,但应用时限制很多,第一、二两个成分除了需要有正常的搭配关系以外,本身还都不自由。例如"鸡+大蛋"是"大鸡蛋"而不是"*鸡大蛋"。相比之下,规则 B 就没有这种限制,所以它肯定是典型的句法规则。而规则 A 则在构词法和句法之间,它生成的单位有很强的一体性。所以规则 A 看起来简单,但要把各种搭配限制条件和意义解释法则——保证生成的结构是合式的(well-formed)单位,而且其意义能够由第一、二两个单位的意义推演出来——配合起来就很不简单。如果把规则 A 作为句法规则与规则 B 为伍,还要考虑汉语中有大量的"鸭蛋"式的单位,它们的结构和意义解释方式跟"鸡蛋"等相同,但包含一个或几个不是词的成分,是不是因此就需要另立一条构词规则予以生成呢?还是让"鸡"和"蛋"组成的"鸡蛋"跟同类组合"鸭蛋"为伍,由同一条规则生成和解释,让"鸡"和"蛋"组成的"鸡的蛋"一类的自由组合由规则 B 等句法规则生成和解释呢?何去何从,还是要考虑怎样处理才能使词典和语法规则组成一个和谐而完备的系统。这种决策牵一发而动全身,增加或减少一条规则都可能需要调整整个语法规则系统。而中国语言学理论需要加强的正是从词典、构词法和语法的整体的系统性出发认真考虑和评价局部问题的处理方式。

2.1.2 词类的概念

传统西方语法的词类概念涉及意义、形态变化和句法功能三个因素:实词的分类以形态变化为据,但对每一部词类的说明则是首先讲它们的意义范畴,然后讲词形变化和句法功能;虚词的分类则以句法功能为主,兼及意义。从《马氏文通》以来,本世纪前半期学者几乎一致认为汉语的词没有形态变化,所以划分实词类时以词的意义为据。由于汉语的词往往以同一个形式参与不同的句法过程,体现不同的句法功能,于是在处理一个词形 W 跟它的多种句法功能 F_1,F_2,F_3 等的对应关系时,有三种主张:

(1) 尽可能把 W 固定于某一词类,当它在句子中体现不同句法功能时,尽可能不说它是另一类词。

(2) 以 W 在句子中体现的句法功能为准,它体现不同的功能就归入不同的词类——以黎锦熙 1924:6—7 页对于词类与句法的关系的论述为代表。

(3) 认为词类必须有一定的形态学的标志,汉语的词没有形态变化,所以不给 W 确定词类——以高名凯 1948 为代表。

在本世纪 50 年代的词类问题辩论中,对这三种观点进行了反复的讨论,学者们阐明在语法中区分词类是为了讲语句的结构法则,所以要根据词在语句中所表现的语法特点划分词类(参看吕叔湘 1954)。丁声树等的《现代汉语语法讲话》和人民教育出版社中学汉语编辑室 1956 年的《暂拟汉语教学语法系统》都根据词的句法结合能力给词归类。虽然高名凯 1957 和 1963 仍然坚持汉语的实词不能区分词类,但是承认汉语的实词有词类功能,这就是说汉语的实词在一个具体句子中体现着名词、形容词或动词等某个词类的功能。情况如此,汉语的每个词类就必须对应着一个句法功能集合,于是汉语的词能不能分类,每个词应该进入哪一个或哪几个词类就取决于(A)它们在造句时可能体现哪些功能;(B)那些功能怎样归并为若干功能集合分配给每个词类。只要这两个问题有明确的答案,汉语的词类问题也就不复存在。

例如对于汉语谓词的名物化问题有两种截然不同的观点,如果我们确定凡带定语的词必须归入体词,那么虽经朱德熙等 1961 反复论述,"这本书的出版"中的"出版"还是只能归入体词范畴;如果我们确定谓词在一定情况下可以带定语,那么上例中的"出版"就仍可是动词。所以从 50 年代以来,也可以说是从中国语法学创建以来,词类难题的关键就是我们未能给汉语的每个词类确定一个句法功能集合。④

这个问题未能解决的部分原因是没有解决汉语的词的同一性问题。尽管陆志韦等 1964(1 页)讲"具体的词"和"抽象的词"、朱德熙等 1961 讲"具体的词"和"概括的词"、高名凯 1963 讲词的"词汇单位"和"言语单位",但是都没有解决汉语的词的同一性问题,也没有阐明它跟词类问题的关系。无论在汉语有无词类以及如何区分词类方面各家的观点有多么大的区别,却都是主张首先根据词的意义确定词的同一性,然后再给词分类。这就是说,对于出现在各种词语里的同一个词形 W,必须首先根据意义把它归为一个词 W 或两个词 W_1 和 W_2,才能讲它的词类归属或"词类功能"。

然而根据意义鉴定语言单位的同一性是最棘手的问题,中外都没有具体的操作方案。试看英语,许多形容词可加-ly 形成同根的副词,转化后的副词往往不需要独立的语义解释,附在相应的形容词后面注上"副词"即可;而动词加-ation 转化为名词时,却既有另给语义解释的,也有不另给语义解释的;而 look 作动词和作名词都可作"观看"解释。这样的例子不少。这表明在英语中同义或大致同义的词不管它们词形相同与否,都可以分属不同的词类。而由动词加-ing 和-ed 构成的分词和动名词只作为动词的变体包括在动词范畴之中,并不列为词条,然而却不能认为它们都绝对同义。

这些现象说明语法中所讲的意义强调的是类型性和规律性,形容词 bold(勇敢的)和副词 boldly(勇敢地)分属两类,既不是因为它们的词义不同,也不是因为它们的词形不同,而是因为它们的句法功能不同;跟"观看"义相应的限定式动词 look,looks 和 looked,动名词和现在分词 looking,过去分词 looked,不管它们的词形相同与否,也不管它们的实际意义有无差异——例如现在分词 looking 有主动和进行义,过去分词 looked 有被动和完成义——但都归并为一个单位进入动词范畴,而不作为不同的词逐一归类,这是因为它们可以由说明动词有何用法的规则予以生成和解释。这表明语法归根结蒂是一套规则系统,它说明词语的构成方式和怎样由成分的意义计算出整个结构的意义,而不是离开这些前提去孤立地考虑词语的意义相同与否。所以,如果我们决定说汉语形容词的一种功能是用作状语,那也不必问它们作谓语时的意义是否与作状语时相同,只要每一个形容词都有作谓语和作状语两种功能,而且由它们作谓语时的意义能有规律地推出它们作状语时的意义就可以了。事实上汉语的形容词只有一部分可以作状语,而且作状语时还有加"地"与否的情况需要说明,所以给汉语的形容词加上能作状语这一条需要大量的附加说明和列举大量的例外,达不到概括的目的。既然如此,就不如说"勇敢"是形容词,然后加上"勇敢(地):副词",说明它作状语的用法,这样既简便,又利于揭示两种用法在意义上的差异;因为严格讲来,许多词在作谓语时和作状语时的意义并不完全相同。

在我们强调用句法功能集合确定词类时,必须认识到,既然语法讲一类类词怎样组合成句子,而句子又是由句子成分组成的,那么对于能作句子成分的实词而言,给它们区分类别,必然要首先考虑它们能够以什么形式构成什么句子成分,在这个大前提下去考虑词与词的组合功能才会有明确的方向。例如"这本书的出版"中的"出版"作"出版事务"或"出版方面"解释时也许可以归为名词,但当它作"出版行为"或"出版过程"解释时也不是非归为名词不可。只要它还不具备我们给名词规定的那些句法性质,即使它的动词性已经减弱,仍可作为一种中间类型归为动词范畴的一个变体,重要的是必须讲清楚用在这个位置上的动词变体可以有哪些表现形式,以免根据动词作谓语时的扩展规则生成"*这本书的大概出版"、"*这本书的出版了"和"*这本书的出版了三年了"等不大可能接受的词语。因为归根结蒂词类概念是用以解释词语的构成方式的工具,只要使用它们有助于解释应该生成的词语和排除不该生成的词语,它们就有存在的价值和意义,那时再争论汉语的词有无定类、到底该根据什么标准划分词类、是否应根据意义划分词类、是否应根据语法特点划分词类、是否依句辨品之类问题,就都是不相干的题外之谈。(参看杨成凯1991a对词类概念的论述。)

2.1.3　句子成分的概念

句子成分中最重要的是主语和宾语,它们决定着句子的构成骨架。确定句子的主语和宾语在传统西方语法中不成问题,一般有性、数、格等词形标记和一致关系、词序关系等明显的句法标记可以利用。但在汉语中，要想判定主宾语就只有一点不完整的词序关系可以利用，所以有不少棘手的问题。然而在本世纪前半叶，汉语的主宾语问题却不像词类问题那样为人关注——例如何容1942论述了重要的汉语语法理论问题，但是在"论语句分析"和"论所谓词位"两章中没有讨论怎样确定汉语句子的主宾语——只是在吕叔湘1946中才第一次得到了全面的分析和研究，文中分析了主宾语概念的各种可能的构成因素，详尽地罗列了各种汉语句式，在此基础上讨论了根据位置先后和施受关系定义汉语的主语和宾语的可能性。

本世纪前半叶汉语学者大都根据施受关系确定主宾语，50年代初赵元任1952和丁声树等《现代汉语语法讲话》开始按位置关系确定主宾语。在其后进行的主宾语讨论中，主张纯凭意义关系确定主宾语的比较少，可称"纯意义论"；主张纯凭位置先后确定主宾语的比较多，可称"纯位置论"；主张以位置先后为主、结合意义或其他结构关系的最多，可称"修正位置论"。不难看出前两种论点不符合西方语法中的主宾语概念，只有"修正位置论"才有可能符合西方语法的主宾语概念。然而尽管有此主张，却始终未能建立全面的修正法则。"暂拟汉语教学语法系统"中把"台上坐着主席团"中的"台上"定为状语，"主席团"定为宾语，可以说是修正措施的一例，然而由于没有说明其根据何在，所以不同意取消"台上"作主语资格的学者也不少。

汉语句子的主宾语问题的关键是首先明确为什么要讲主宾语。过去根据纯意义论划出的主宾语一般有施受关系，情况如此，主语和宾语就分别变为施事和受事的代名词。施事和受事概念在句子的语义分析中有重要作用，但它们是语义关系，要想在句法分析中立足毕竟要找到能在各种类型的句子之中予以辨识的一致的句法表现。如果能找到那样的句法表现，就可以用那些句法表现定义主宾语，而"纯意义论"也就等于句法结构论，跟"修正位置论"合流。如果找不到能广泛应用的句法表现，"纯意义论"也就无法普遍实施。"纯位置论"的问题恰恰相反，它们有明确的形式特征——主语在句首，宾语在谓语动词后——却没有一致的意义内容。汉语语法对主语和谓语的说明从一开始就有主语等于话题、谓语等于说明的意味，从此出发赵元任1952和1968把主语定义为主题，包括放在句子开头的一切词语，不仅处所词语，连介词短语也可以是主语。"纯位置论"使主语等同于句子开头的成分,于是句子开头有几个成分就有几个主语,主语就变成句首成分的代名词。事实上把主语和谓语的关系仅仅说成主题和说明的关系、而不提出任何进一步的解释是没有用处的,这也是一种"纯意义论",没有句法意义,比施受关系更难掌握。

"修正位置论"中有两种主张值得注意。第一种主张是海外学者广泛采用的话题分析法,把谓语前的施事性名词成分称为主语,非施事性名词成分称为话题,若谓语前仅有主语没有话题成分,则是主语兼话题(参看 Li 和 Thompson 1982)。这样处理在理论上不一定成功,所定义的话题在句法平面上的身分是不明确的,它可能是前置的宾语或其他旁格宾语(oblique object),而话题可以兼主语更表明它跟主语不是一个平面上的东西,如果放在同一个平面上,在逻辑上就成问题。

第二种主张是用句法变换鉴定主宾语,例如朱德熙 1985 用后面可以加上"是不是,要是,也许"等词语作为鉴定主语的句法手段。尽管陆俭明 1986 对"是"的鉴定作用提出质疑,这几个格式恐怕确实难以当此重任,但从句法变换方面寻求主宾语的存在价值这个大方向无疑是正确的。因为从西方语法讲,主语和宾语是句法概念,既不是施事、受事等语义概念,也不是话题、述题等语用概念,证明它们的存在有意义的根据只能是句法手段;如果它们无助于说明句子的组织和变形方式,也就不能在句法平面上立足。⑤

2.1.4　句子的概念

句子是语言交际过程中最小的独立表达单位,所以一个句子可以小至一个词,大至几十个词,中外都是如此。然而在分析各种各样的句子时,不难发现一种典型的格式,句子成分就是分析这典型格式得到的概念。在西方语法中,从结构上讲,句子的典型格式跟短语不同,简单句跟包孕句、复杂句(complex sentences)、复合句(compound sentences)也不同。尽管它们可能有各种界限不明的情况,但在确认上述的典型句子时是以其中的主要动词是限定形式为准,非限定式动词只能构成短语,用作句子成分,不能形成典型的句子(参看吕叔湘 1979:111—112 页)。而从汉语语法学建立那一天起,学者就认为汉语的动词没有限定式与非限定式的区别,所以上述几个概念混在一起。尽管学者还在使用那些名目,却不能使用它们在西方语法中的区分标准,这就产生了两个问题:(1)汉语的短语和句子的结构区别何在;

（2）汉语的单句和复句的结构区别何在。

　　对第一个问题没有进行过认真的讨论，在本世纪前半叶学者大抵认为主谓完整的单位单独使用时是句子，用作一个句子成分时则是句子形式或词结（参看王力 1944:67 页以下；吕叔湘 1941:37 页），或者叫作子句（黎锦熙 1924:250 页以下），而句子又是可以省去主语的，所以这些术语所指的单位在结构上实质是相通的，彼此的区别并不清楚。从 50 年代以来，比较普通的处理方法是把词和词按某种句法关系组成的单位叫词组或结构，也有人叫短语，它们用作独立的表达单位时则叫句子，用作句子成分时仍称词组或结构。这样处理在形式上似乎比以前严密，术语也很一致，然而本质问题仍然存在。吕叔湘 1979(27 页)考虑了小句是否包括有些书上叫作子句、有些书上叫作主谓短语的那种组合，认为还是把它们叫作主谓短语从而排除在小句之外为好。然而在吕叔湘等 1980(5 页)列举的短语类型中有动词短语，却没有主谓短语，作句子成分的主谓短语被归入小句之中。朱德熙 1985(7—8 页)则明确提出汉语的语法特点之一是词组和句子的构造原则一致，这就提出了短语和句子的区别问题。

　　这个问题如何处理，需要进行元理论分析。在西方语言中，限定式动词构成的句子描述一个实在的、想象的或模态的事件或事态（下文称为表述功能），而非限定动词则必须依附于句子中的限定式动词才能体现这种功能，所以它们不能独自构成一个典型的句子。如果我们把汉语的短语在结构上跟句子一致看成一种定式，那么由于句子必须有表述功能，短语有没有表述功能呢？如果说短语也有表述功能，那就是说汉语的一些短语实质是句子，这表明本来是句子的东西被我们看成了短语，人为地使二者等同起来。如果说短语没有表述功能，那么由于短语在结构上等同于句子是定式，这就等于说汉语中没有具备表述功能的词语和语法手段，所有的表述功能都需要由语境和上下文提供，因而得出一个显然不能接受的结论：汉语的句子都不能用作没有上下文的始发句。这个理论分析表明汉语中必然有具备表述功能的词语和语法手段，它们能使语言单位具备表述功能，在结构上能跟没有表述功能的单位区分开来。虽然在一定场合中汉语的句子可以不使用具备表述功能的词语和手段，从而跟不具备表述功能的短语同形，但形式相同不等于结构相同。不注意这个差别就将忽视同形的句子和短语所负载的信息量的差异(参看杨成凯 1992b)。怎样找出汉语中具有表述功能的词语和语法手段是汉语语法学中一直未予以重视的重大问题,在理论和实践方面都有重要意义,亟待解决,胡明扬和劲松 1989(49 页)对"完句成分"概念的阐述是值得注意的研究动向。

　　本节提出的第二个问题关于单句和复句的区别,在本世纪前半叶已经引起了学者的注意。虽然当时兴趣中心还在于复句如何分类,但一个主语后面跟着若干个谓语的句子是看作第二分句以下省主语、还是看作若干谓语组成一个复谓语的问题已经出现。不过由于当时注意的都是各类句子范畴中比较典型的例子,暴露的问题还不十分尖锐。

　　到本世纪 50 年代,关于单句和复句的划界问题引起了热烈的讨论,焦点所在是怎样判定句子中包含的一个主谓结构或谓词结构 P 是用作一个句子成分而不是用作一个分句,可以考虑的具体因素是:(A)P 有无主语,(B)P 前后有无语音停顿,(C)P 是否带有连词或其他被确定为有关联作用的词语,(D)P 跟句子中的其他成分有什么意义关系。对此,吕叔湘 1979(87—89 页)作了中肯的分析,文中建议研究句子结构的复杂化和多样化的手段,而不专注于单句和复句的划界,看来对最终解决问题也有益处。

　　从理论上讲,这个问题关系到对单句结构的认识。若就现行汉语语法框架讨论 P 是不是一个句子成分,那末由于补语有明确的形式标志;宾语必须在动词后面,提前有严格的条件;定语只允许在中心词前面,没有后置定语一说,这些都不会影响单句和复句的划界。断定 P 是不是主语就有些麻烦⑥,状语范围更是可大可小,最难决断的是若干带主语或不带主语的动词结构连用。

　　看来要解决这个问题也需要考虑一下方法论。例如若用 S 代表主语,V 代表动词短语,那么在语言单位序列"$SV_1V_2V_3\cdots$"中,第一步需要看那些 V 是否都是独立的谓语,不是独立的谓语就不能成为分句。这个问题跟上文所述区分短语和句子的问题有关系,至少是一部分连动式句不能成为复句的原因在于它们是包含几个动词短语,而不是包含几个谓语——虽然判断句子中的一个动词短语是不是谓语的研究尚未展开。第二步要确定这个序列是作为一个基本单位还是作为某个基本单位的变形。这一步更为重要,同方法论也大有关系。且看一个例子,何容 1942(1985 版 80 页)认为黎锦熙 1924 是首先根据有连词的句子把复句分成各种类型,然后按句意把没有连词的句子列入某一个相当的类,对这种方法进行了批评。其实这就是方法论的一例。例如"他不来,我就不去"在此时可以等于"如果他不来,我就不去",在彼时可以等于"既然他不来,我就不去",前者是假设式,后者是因果式。现在的问题是,如果以"他不来,我就不去"为基本单位,那就必须把它归入另外一类,既不能是假设式,也不能是因果式。如果以它为某一基本单位的变形,那就可以在相应的复句类中建立删略连词变形法则,而不直接给它设立特别的类:当它用作假设意时,说它是假设式的变形;当它用作因果意时,说它是因果式的变形。这个原则在传统语法中以不同的形式得到了广泛的应用,只是没有说明,所以习焉不察罢了。黎锦熙 1924 是经常使用这种方法的,对复句的处理仅是其中的一例。

　　传统语法利用这种方法对一些语法现象做出了整齐而精采的处理,也绕过了一些难关。例如西方语法中对动词不定式、动名词和分词等予以间接处理而不直接归入某一词类就是这种方法的一种体现,因为直接归类多少都有一些困难。例如英语动词的-ing 形式的性质并不尽同,一端是纯名词,另一端是动词进行体的一个成分,因而有地道的动词性,从一端到另一端中间有许多程度不同的语义和用法的变化,所以用在一个具体句子中的动词-ing 若没有足够的前后词语的衬托是很难确定其性质的。然而英语语法中没有让动词的-ing 形式作为一个单独的单位直接划分词类,这就绕开了一个分类难题,没有让它把整齐的词类系统搅乱。所以我们在建立语法模式时,不一定非直接给每一个具体的句子一个明确的类别不可。如果它可以从某些既有的类别通过变形生成,就不妨把它看作那些类别的变形,也许这就是吕叔湘 1979(89—91 页)主张通过研究句子的复杂化和变形来研究单句和复句问题的建议的实际意义。⑦

2.2　语义分析模式

　　汉语语法的语义分析模式出现于吕叔湘 1941,书中用起词、止词、受词和各种补词的概念分析叙事句(即动词谓语句)的结构,开辟了良好的语义分析途径。此后由于从 50 年代开始美国结构主义分析方法在汉语界兴起,语义分析长期未能发展。直到美国语言学者 C.Fillmore1968 提出格语法理论后,海外学者开始用语义格分析汉语句子,这种语义分析模式才开始重新兴起。在 80 年代,大陆先后有许多学者对动词的"向"进行了大量研究,有的学者研究单向或双向动词在造句时的句式变化,有的学者致力于确定汉语的各种语义格。孟琮等 1987 使用 14 类宾语描述了 1000 多个动词的用法,也是此项研究的一部分。计算语言学界对语义格研究尤有兴趣,例如鲁川 1990 确定了 24 种语义格,都是对于语义分析模式的研究。

通观国外配价(valence)理论和格语法理论的发展和实践,不难理解这种分析模式有一定的通用性,在分析不同语言时需要解决的理论问题和实际问题也有相当的共同性。句子成分分析法以命题的形式结构为基础,首先建立较大的句法范畴,用于西方语言比用于汉语要容易得多。而语义格分析模式则以事件和参与者为对象,由于中外面对共同的客观世界,所以其分析过程和结果中外基本相同。这种模式的概括性和解释能力决定于不同的事件和不同的事件参与者之间的共性大小,也就是哪些事件可以归为一类,哪些事件中的哪些参与者可以归为一类,以及把它们归为一类后对于描述那些事件的句子结构有多大解释能力,亦即这种语法模式对于所描述的语言而言有多大精确程度。由于语法模式的精确度应该如何计算是迄今未解决甚至未研究的问题,没有统一的度量制度,不能像数学计算那样要求精确到小数点后哪一位,所以 Fillmore 1977 拿不出一个确定的语义格清单,而不同的学者对语义格的确定有不同的主张,有人只用 3 个,有人则要为每一个介词安排一种语义格(参看 Fillmore 1977)。

颠扑不破的真理是,语义格越多对句子的描述就越精确、越具体,但其概括性则相应减弱。事实上语义格分析模式跟其他分析模式一样,最终也只是相应语言的一个模型而已。但是由于很难确定精确到何种程度为好,所以这种模型有天然的不确定性。如果我们事先确定一个有待描述的基本句法现象集合,那么不难设计一个与之相应的语义格分析模式。如果我们设计的模式还能解释更多的句法现象,那是意外的收获,这就是事情的本质。当然,对于一个确定的句法现象集合,需要设立的语义格数目是有最小值的,这跟建立公理系统是一个道理。

2.3　其他模式

转换作为一种分析语言单位变形的手段,在最近 40 年中中外都曾广泛用以研究不同句式之间的关系,汉语界对这种方法进行的理论探索虽然不多⑧,但它在汉语语法研究中却得到了广泛的应用,而且发挥了巨大的作用。几乎每一篇汉语句法研究论文都在不同程度上使用了句法转换方法,李临定1987则是这方面的一本专著。

大陆汉语界使用"转换"方法进行的是表层的局部研究,海外一些学者则曾试用 N.Chomsky 的总体转换生成模式描述汉语。但是由于转换生成模式过分严格,形式化程度极高,所以在用以描写一种自然语言整体时,其结果是或则流于表浅,不能深入,或则荆棘丛生,顾此失彼,以致中外都没有用转换生成模式写成完整的语法书。至于在 Chomsky 转换生成模式以后出现的一些新一代的生成的和非生成的语法模式,除个别的思想和概念对大陆汉语界——特别是对年轻一代——偶有影响以外,从总体上讲,对大陆汉语界几乎没有影响。

赵元任1968已经用话题和评述分析汉语句子的结构,Charles Li 和 Sandra Thompson1976更进一步认为汉语是"话题—评述"类型的语言,而非"主语—谓语"类型的语言。然而迄今为止,除了一些学者在句子成分分析中加入"话题"成分以外,话题和评述理论还没有形成一个完整的语法分析模式。从目前情况看,这种分析方法发展趋势是话语分析和篇章语法,不能取代传统的句法分析模式和近年的语义分析模式。

3. 语用学理论

跟国外一度层出不穷的新的语法模式相比,本世纪70年代国外兴起的语用学理论对中国语言学界则有明显的影响。迄今为止,我们还不知道多种多样的语用学研究课题和发展方向有什么明确的界限,因为它的范围可以从研究词语用在不同场合下的不同意义和句子的连接方式开始,一直扩展到研究交际策略和谈话心理。外语界和理论语言学界的中国学者对语用学的研究偏重于理论的阐述和引进介绍,而汉语学者的论著则比较集中于汉语的话语分析。有些汉语学者希望通过语用研究开辟汉语语法研究的新局面,所以语用学成为当前汉语界的热门话题。

从一个方面看,也许可以说语用学在中外的兴起是本世纪中期以来结构主义之后思潮兴起的一种表现,是用多样而可变的新模式取代了绝对而自主的经典结构主义模式。然而从另一方面看,这是结构主义思潮发展的必然结果,是学者的眼光从对象的核心转向外围、从典型转向变型这个阶段的必然现象。就语言学而言,传统语法研究的对象是从不同语境中离析出来的一个个孤立的句子的形式和意义,描述的是它们的一般形式。随着语法描写的精确度的增高,各种变式越来越明显地影响着语法中对单个句子的形式和语义的描写规则。在学者冲破句子的范围进入句组和更大的篇章以后,话语分析就应运而生。

正是从这个角度看问题,不难看出一方面话语分析和其他语用学课题的研究自身具有重大意义,但是另一方面,从方法论上讲,随着对象的复杂化,它们的解释系统要想保持甚至提高它原有的解释能力,就必须增加它的解释机制的复杂性,否则就要削弱它所给出的解释的精确性。中外的语用学研究工作也证实了这一点:目前的语用学研究结果或者是一些概括性很强但内容不具体的原则,或者仅适用于某些离散的语言现象而未蔚为系统,或者是在原有的解释系统上增添了新的机制。体现在语法方面,一些语用学研究结果是另辟新天地,既不包括传统语法内容,也无意于解决传统语法的基本问题;另外一些利用语用概念处理句子的语法模式,则是在既有的句法模式和语义模式之外,又增加了第三套机制,用以处理话题、焦点等分析连贯语句的信息结构的概念。[⑨]对于西方语言讲来,无论新模式成功与否,毕竟有可供学者使用的传统语法概念做基础。对于汉语讲来,无论语用学研究取得了多么令人惊奇的成果,学者面前还是横着一道句法难关,没有绕过去的可能性。

4　中国语言学理论的回顾与展望

上文回顾了在近百年中中国学者对若干重要的汉语语法问题的处理方法,并且作了方法论的分析,在此基础上不妨对中国语言学理论在近百年特别是在近四十年中的发展作一番评述。史学家告诫我们,历史的发展是从前到后,回顾历史则是由后向前看,要谨防犯倒持望远镜的毛病。对此我们必须有所警惕。

　　从《马氏文通》以来，一些学者试图仿照西方语法模式为汉语的语句结构建立一个解释框架。开始是把西方语法框架整体投射到汉语之中，不加证明地在汉语中确立词、词类、句子成分和句子等范畴和单位，以此为操作基础进而描述从这些概念出发比较容易发现和解释的汉语语法现象，这是一个让句子成分分析方法在汉语中落实并定向的时期。这个时期的特点是着重处理典型的语法现象，并不过多地考虑枝节问题和疑难病症。尽管在句子成分分析方法落实定向的过程中遇到一些具体问题（主要是怎样划分汉语词类的问题），而且采取了一些特殊的措施（例如《马氏文通》阐述的"次"的概念和黎锦熙 1924 阐述的"位"的概念），但是学者们对自己的工作有充分的信心，相信这种分析方法一定会把汉语语法解释清楚。当我们以今天的眼光去看当时学者的工作时，看到黎锦熙 1924 讨论的例子比较简单、解说也很平易时，不要忘记这是一个理论模式运用于新的对象中必然要经历的一个阶段，只有首先在整体上落实和定向以后，这个模式才能发挥作用，才谈得上对它进行修正和发展。

　　在本世纪 30 年代和 40 年代，随着汉语学者研究范围的深入和国外语言学理论的发展，已经大致定向的句子成分模式在更多的语言现象考验之下暴露出一些不足和缺陷，学者们开始考虑和引用新的概念和新的方法。如果以往的模式无美不备，那么 30 年代就不会出现文法革新讨论；如果词的概念在汉语中不成问题，陆志韦 1938 就无须使用同形替代法去找单音词；如果汉语的词类问题不那么严重，吕叔湘 1941 和王力 1943 也许不会不约而同地使用 O. Jespersen 的三品说，高名凯 1948 也不会提出汉语无词类之说。这个时期是句子成分模式在已然定向的基础上进行调整和定位，老问题越来越明显，新问题不断出现，学者开始注意自己的研究方法，力图设计和引用各种新方法来解决汉语的实际问题，这就给本世纪 50 年代中国语言学理论的发展准备了条件。

　　当我们回顾近四十年中国语言学理论的发展时，不难看到在这四十年之中中国语言学研究工作的发展是不均衡的，有总体的不均衡，也有不同分支之间的不均衡——总体上的不均衡是两头兴旺中间十年空白。作为语法研究工作的指导，汉语的语法理论在 50 年代和 60 年代初期得到了蓬勃的发展，可以叫作汉语语法理论的新的定向时期，从 70 年代末至今则是既有的语法理论的定位和新方法、新概念的酝酿时期。

从 50 年代初期开始,本文所谈到的传统西方语法的四个基本概念都第一次在不同程度上得到了学者的认真讨论,许多隐蔽的矛盾和难题都得到了曝光,这就为建立科学的语法学理论打下了基础。在讨论中比较一致的倾向是,在解决汉语语法问题时强调从汉语的实际出发寻找句法和形式标准,兼顾意义标准。这里确实有结构主义特别是美国描写语言学派的影响,但是在语法研究中强调句法和形式标准的大方向是无可非议的。因为一来根据意义很容易人言各殊,二来在语言交际中归根结蒂一切意义都必须有形式表现,所以找到语法范畴的形式表现是必要的。从 50 年代以来,汉语界在句形变换、词语的结合能力方面进行了许多研究,使它们成为分析汉语这种缺乏很多明显形态标志的语言的利器,这是 50 年代汉语语法界集体讨论的成果。从此我们主要根据词语结合能力而不是依据意义区分词类,依据句式变换进行广泛的句式结构研究,这个发展方向的功绩是不可否认的。

然而语言符号毕竟是由形式和意义两个要素构成的,无论怎样强调形式标准,我们也无法彻底抛开意义,更不能得出不符合本地人直觉的语法论断。从这个角度看,以往的研究中存在着两个问题。第一个问题是美国描写语言学派本身的偏差,他们认为"初不问意义终乃得其意义"。然而事实是谁也不能不考虑意义,所谓的"不问意义",其实是不自觉地变相使用意义。于是这没有得到认真审察的"意义"进入了形式上严谨的语言学分析,破坏了保证结论的正确性的逻辑基础。一个典型的例子是首先根据意义确定汉语的词的同一性,然后给词区分词类。可是谁也没有讲根据意义确定词的同一性到底如何进行,谁也没有讲如果根据意义确定词的同一性,英语中大量由动词变成的抽象名词会不会跟相应的动词同一,大量由形容词转成的副词会不会跟相应的形容词同一,以及一旦在汉语中发生这种现象——本来可以认为分属两类的词由于所谓"意义"上的同一而被确认为一个词——还怎么能使汉语的词尽可能保持一个固定的词类不变。第二个问题是由于放松了意义方面的审察,一些本地人语感上存在的意义区别在语法分析中没有反映。尽管语法描写应该有概括性,不一定要反映词语之间可能存在的一切意义差别,但是类型性的差异总应该有所表现,否则学习者怎么掌握不同语言表达式之间的差异呢？而且根据形式和意义对应这个真理,说话人能够意识到的类型差别总能够找到形式上的表现——即使是隐性(covert)语法范畴,我们也能把它找出来。例如关于"这本书的出版"中的"出版"是地道的动词还是动词的名物化形式,我们进行过不少讨论。然而无论如何,在语感上这个位置上的"出版"跟用作谓语的"出版"在动词性方面是有差别的,那么在语法上我们应该能够解释这个差异,找出二者在语法性质方面的不同。此外,近年有些语法分析否定了传统的直觉结论,也都需要在系统性和逻辑性方面进行认真的审核。⑩相比之下,当结构主义的形式分析方法给出的结论跟传统的直觉结论相同时,其正确性才更能使人放心。也许这就是符号形式跟符号意义相结合的一种表现,值得我们重视。所以当形式和意义脱节时,不能轻易否定我们的语感,因为语法应该是解释而不是否定本地人的语感。

在本世纪50年代确立的语法分析应以寻找词语的组合性质和变换性质为主要目标的理论指导下,从50年代开始,汉语学者对汉语的词的性质和句式变换进行了大量研究。70年代末再次开展大规模的语言学研究以后,这种研究方法的作用得到了充分的发挥,出现了许多有价值的论文和专著。然而我们不能不承认80年代是中国语言学理论分化的时期,这主要表现在三个方面。

第一是语义分析模式的兴起。它远绍吕叔湘1941的补词分析模式,近承C. Fillmore的语义格语法模式,使用的语法范畴显然是句法兼语义的范畴,而非纯形式范畴。

第二是语用学分析被提到前列,出现了句法、语义和语用三个平面并列的语法模式。尽管三者如何结合在中外都是一个未解决的问题,语用学研究也不能取代句法学研究,但是引入这种分析除去丰富了汉语语法研究以外,它多少表现了我们寻求新方法解决老问题的愿望。

第三是一些学者,特别是年轻的同道,或者引入国外的语言学理论和方法,或者提出个人的设想,试图修正旧有的模式。尽管这些努力和设想都还有待于更多的论证和更多的实践来体现它们的价值,但是对现有的模式不满足则是汉语教学和至少一部分科研人员共同的感觉。

这三种倾向都说明80年代跟本世纪30年代和40年代的情况有些相

似,旧有的研究模式在向纵深发展,同时由于存在许多问题,亟须用新方法和新概念予以分析和解决。所以,尽管我们不能不再次强调不能倒持望远镜,不能由于我们已经积累了正反两方面的丰富经验、时代精神感越来越强烈、认识已大大提高就事后诸葛亮,否定以往的成绩,我们还是可以在现有的基础上对90年代中国语言学理论的发展作一番谨慎的展望。

强调理论和知识整体的系统性是20世纪的时代精神的一个明显特征。如果语言学描写应该成为解释语言现象的一个系统,我们就必须运用现代的科学方法论和逻辑知识对以往的汉语语法理论作元理论(metatheory)分析,从每一个概念直到整部语法在语言描写中的作用都需要认真分析。以往的经验表明,每一个局部问题都跟整个语法系统联系在一起。在每一处作出的每一个决定和假设都具有公理的性质,要想让我们的语法基础形成一个谐和的系统,而不是一批互不协调的矛盾命题,就必须防止随意提假设、轻易作抉择的情况。哪一种处理方法好,哪一种处理方法差,这不是局部问题,这是要放到整个系统中去考虑的。不同的假设能导出不同的系统,只要系统本身是和谐的,就不能轻易地予以否定。正是如此,我们不同意Chomsky1965提出的比较不同语法模式优劣的原则,也不同意汉语学者过去对某些语法模式的否定。

例如在分析"他上海人"这种句子时,起初讲它是"他是上海人"的变式,后来更多的是不同意"省略"说,改说它是名词谓语句。仅从这个句子自身看,好像后一种讲法更直接、更自然,但若同一部语法中有名词短语自由扩展法则,那么"上海人"可以扩展为"从小住在北方的上海人",可是经此扩展后原句就不成其为句子:"*他从小住在北方的上海人"。而且还不要忘记,对于先学会讲汉语、后讲汉语语法的学者,"他上海人"这种句子只要有"名词谓语句"这样一个句式标签也就够了。但是对于一个刚学汉语的普通人,他就需要弄懂"名词谓语句"是什么意思,它能说明"他"和"上海人"之间有什么关系,他最终就会把原句理解为"他是上海人中的一员"。在我们研究机器理解自然语言或者考虑语法的系统性时,这一点就非常突出。因为前者需要对"名词谓语句"作出具体的阐释,否则机器就不知道怎样从这两个名物的意义中推演出句子的意义;后者则除了要像上文一样考虑"上海人"的扩展形式,还将面对"他上海人"和"他是上海人"这两个表层形式有别而深层基本意义相同的句子,孤立地分别处理就不如用变形过程把它们联系起来更符合通例。

　　语法的系统性还表现在语法怎样跟词典等有关的部分密切地结合成一个完整的系统,以便描写一种自然语言中所有的语句或大部分语句。传统语言学是要让语法加词典教会人运用一种语言的,N. Chomsky 的转换生成模式则更明显地把词典、句法和语义甚至语音都融汇在一个系统之中。上文提到怎样确定汉语中的词直接影响着语法和词典的内容和分工,所以不能不考虑二者如何衔接和此消彼长的关系。此外,如何推演出每个词语的形式和准确的意义也是迄今还未得到充分重视的问题。语法学者当然要给每一个短语或句子安排一个形式上的结构标签,但是这还不够,还应该考虑在语言交流过程中听说双方用它们传达的是哪些信息,怎样把词语传达的信息跟词语的形式联系起来,这就是说,句法研究要很好地跟语义解释相结合。N. Chomsky 的转换生成模式之所以不断地修正,主要是因为它在语义解释方面遭遇挫折,目前汉语语法的一些讲法则有脱离语义分析的倾向。典型的例子是我们迄今讲不清短语和句子的区别,甚至还没有注意到这个问题的理论意义和实际意义,这不能不说是我们的语法研究过分独立的结果。如果从词典开始进行一条龙式的系列研究,就不难发现汉语语言学还有许多重要的领域等待我们去开发。特别是对于说汉语是“一形多义”、“以简单形式表达丰富内涵”等习见的讲法,必须作出具体的描述,总结成可运用的规则或原则,而不是把意义拒之语法门外,使它成为疑难问题的遁逃薮,简单地说说而已。在这方面,我们可以从现代逻辑界和计算语言学界的工作中获得巨大的启发和教益,从他们对语义学的观点和研究成果中——特别是当我们理解了从 G. Frege 以来的现代逻辑学家追求句法与语义同构的主张具有何种意义时——不难发现汉语语法研究目前存在的缺陷。

　　中国语言学界的一个热门话题是描写和解释的关系,它似乎被认为是代沟的一种表现,我们不能不予以重视。事实上,描写和解释这两个概念不过是用以标示命题的概括性程度的相对大小而已,没有绝对的区别。任何一个说明对象性质的论断,只要它适用于几个对象、而不是只适用于一个对象,它就既是描写又是解释:对于它所能描述的所有的对象组成的集合而言,它描写了集合中全体成员的性质;对于集合中的某一个个体对象而言,它解释了它的个体的性质。这样讲并不意味着解释高于描写,因为一般讲来一个论断的概括性越强就越不具体,管的面越宽检验起来就越困难,也就增加了适用于不同范围的若干论断之间的碰撞和产生交互作用的机会,影响它的正确性。

追求理论和知识的概括性是 20 世纪的时代精神的一个特点,本世纪兴起的公理系统化思潮向各个学科渗透就是典型的例子。但是用以处理自然语言还需要有正确的认识。且不说一种自然语言整体到底能否形成那么精确的一个系统以及那样的系统会不会过分庞大而不可控制,仅就概括性很强的论断不便于使用而言,它就不一定适合人们在学习语言时使用。因为人们会记住很多具体的规则和具体的话语,而不会只记住原则,等到说话时临时再去推演出具体的话语。这就是说,对于任何一种理论或方法,我们必须认识到它应该行其所当行,也不能不止于其所不得不止,世间没有绝对的东西。我们讲这一点非常重要,因为在中外语言学界中都有一种追求事物的本质的良好愿望,不自觉地产生了一些绝对的观念,结果两种观点两个方法只要有冲突就不能并存,至少也要比一比孰优孰劣。而笔者却宁愿信奉长于此者短于彼,不同的观点大可各行其是,不必互相否定。

在正确地理解描写和解释的本质和各有所宜以后,我们还是不能不看到汉语语法在具体描述的基础上应该加强概括性的研究,因为这是过去注意较少的方面,而且大有实际意义。例如汉语的动词 V 后接宾语 O 和动量补语 C 时,O 和 C 的语序问题,汉语学者曾区分为几种情况作了许多具体描述,但是由于没有归纳出是哪些因素决定着 C 在前还是 O 在前,汉语教师经常苦于无法解答学生的疑问。从表面上看,也许会认为那是解释的事情,可有可无。事实却不然。因为汉语中有不少句子两种语序都能用,那么仅仅告诉学习者二者都可用就不够,还需要讲清楚有无区别,而有无区别就只能由决定 C 应在前还是应在后的那些因素来说明,找不出那些因素就无法回答,也就不成其为准确的描写。直到方梅 1991 比较了两种语序的语义焦点、确定了是哪些原则决定着我们选 VOC 语序还是选 VCO 语序以后,才纠正了以往某些论断胶柱鼓瑟的毛病,才有可能对"敲了三下桌子"和"敲了桌子三下"的差异作出正确的说明,从而帮助学习者正确地使用这两种不同的语序。事实上,汉语语法中有不少问题我们只罗列了表面现象，没有深入到内层，没有揭示它们的控制因素，结果我们只知道有哪些格式，却不知道那些格式在表情达意方面的精确功能是什么，也就不能反映出汉语的丰富的内涵。所以今后当我们作出有无某种格式的结论时，可以有意识地探索一下那些语言现象的背后可能有什么支配因素。无论管它叫描写还是叫解释，这样做总能使我们看得更多、更深，使汉语语法描写深入底层、而不停止在表层现象上，从而跟人们的语言运用更密切地联系起来。这样做不仅能活跃和深化汉语的学术研究，而且还能为它走向教学、走向语言工程、走向社会生活开辟广阔的道路。

80年代汉语界出现了一些新概念和新动向，语用学的兴起和三个平面成为热门话题是众所周知的例子。此外，计算语言学方法、认知语言学方法和以谓词演算、元理论分析等为代表的逻辑学方法也开始崭露头角。这预示着在90年代中国语言学界将出现多种模式共存的局面，这是一件大好事，是中国语言学未来的希望，对此我们要有充分的思想准备。本世纪前半叶汉语语法曾有为汉语教学服务的明确目标，50年代汉语语法理论研究空前兴旺，目标也还是在汉语教学方面。然而在80年代二者的关系似乎不像过去那么密切，教学中出现了汉语无语法和淡化语法的呼声。而80年代兴起的语言工程研究则只能用现有的汉语语法研究成果作材料去另行构拟新的模式，普遍的感觉是语义和语用方面的内容不够用，而句法内容则系统性不够。这就不能不引起我们的警惕，因为任何一种学术研究，只要没有应用方面的标准作检验，我们就很难估计它的学术价值，因此，尽管我们可以充分肯定以往的研究成果的价值，却不能不认为目前的汉语研究还有很大的不足，亟须发展新方法和新观念。仅仅一种模式、一种方法、一种观念，是不能适应社会发展的多方面需要的。只要能提出一个新视角，使我们看到了过去未曾看到的方面，或者提出了过去未曾提出的问题，不管乍看之下它是多么眼生、多么不易理解，我们都应该欢迎，因为它将丰富我们的知识。

当代的新思想和新方法大都有跨学科的性质，当前国外从事语言学研究的学者不少在哲学、数学、逻辑等学科或工程技术方面学有根柢，他们把外学科的思想和方法带入语言学研究之中，提出了许多新理论。中国的中青年语言学工作者之中也有一些人在上述领域经受过严格的训练,不自觉地把其他学科的现代科学思想引入传统的语言学研究之中。尽管他们的一些想法带有较强的现代性和技术性,暂时可能不易被人理解,但他们之中不乏认真的有素养之士。

　　史学家告诉我们,艺术前辈既以其所为影响着后人,使他们沿着前辈开辟的道路走下去,又以其所不为影响着后人,使他们之中有自信之士要起而冲破前辈的禁区⑪,这是一个学科的生命力的所在。在我们回顾以往、展望未来时,不能不提出这个发人深省的问题。

(原载于《语言研究》1993年第1期)

注

　　①本文的"词位"指在组词成句过程中使用的、被认为是同一个词的若干表现形式的一批语言单位所组成的集合,跟黎锦熙1924所讲的相当于"格"(case)的词位概念不同。它是语法规则的输入成分,不受意义是否同一的束缚,所以跟高名凯1963所讲的以词汇单位的身分而存在的"词位"也不同,参看杨成凯1991a。

　　②当然两种语法模式对命题结构和事件内容多少都有些反映,但就其主要方面而言,不妨说两种语法模式各有各的基础。

　　③参看杨成凯1979。必须注意句子模式不是划一不二的概念,它是经过抽象后用以概括语言中的各个具体句子的概念。对同样的语料而言,分析出来的句子模式越多,则每个句子模式的概括性就越弱,而精确性就越高。

　　④在已发表的文献中,以陈爱文1986的讨论最为详尽。

　　⑤参看杨成凯1991c对语法关系在泛语言的语法分析中的作用的评价。

　　⑥例如"他是好人(，)我知道"就有两种解释:一种相当于"他是好人这一点,我知道",按照通常的分析,也许是所谓"主谓谓语句",即把"他是好人"看成主语;另一种相当于"他是好人,这一点我知道",也许该理解为两个分句。

　　⑦这样讲并不是否定从相反方向研究的重要性,事实上编码和解码两个过程同样重要。一个标准的句子范式可以统摄若干句子形式作为它的变式,一个句子形式也可能对应着几个不同的句子范式。编码过程主要是从句子范式到句子形式的过程,解码过程则主要是从句子形式到句子范式的过程。

⑧参看方经民的硕士论文《变换理论研究》和有关论文。

⑨参看 Dik1980。

⑩参看杨成凯 1992b。

⑪参看 E.H.Gombrich 的《The Story of Art》一书的前言(中译本书名为《艺术发展史》,天津人民美术出版社出版)。

附录 II

现代汉语语法研究的发展方向

1.回顾历史

1.1　传统语法模式在汉语中扎根：以意义为本

如果我们承认学术研究的发展方向是既要巩固成绩，又要开荒拓疆，如果我们承认在学术研究中成功是不足之所伏，不足是成功之所倚，那么在展望本世纪 90 年代现代汉语语法研究的发展方向时，就不能不首先回顾它 90 多年来的发展历程。

从 1898 年《马氏文通》问世以后，西方传统的句子语法模式进入汉语之中。这个模式的四个基本概念是词、词类、句子成分和句子：词要分析为各种类别，句子要分析为各种句子成分。

这四种东西在印欧语中几乎都有形式标记表明自己的身分，而在汉语中则几乎没有任何形式标记可以利用。于是，讲汉语语法时，只能用人类语言共同的基础，即意义，作为参照系去辨认汉语中的对应之物。开始阶段，汉语语法学者关注的是典型的情况——用现代认知—功能语言学派的术语讲，就是所谓原型（prototype）——没有多少麻烦。后来视野扩大，辨析入微，发现了许多疑难情况，不得不进行深入的研究。

1.2　第一次怀疑传统

汉语的传统语法模式的一切问题都产生于上述四个基本概念。例如陆志韦(1938)在辑录单音词汇之前,不得不考虑怎样辨认汉语中的词①;吕叔湘(1946)本来要讨论主语和宾语的位置,却不得不转而研究什么是主语,什么是宾语②。20世纪50年代,汉语语法学者开展的大规模的讨论和研究,几个专题就是汉语的构词法,词类的划分,主宾语的确定,单句和复句的辨别。这表明传统语法模式仅有的四根台柱在汉语中都不那么牢靠。

1.3　转向结构主义:以形式为本

50年代进行的这些研究标志着汉语语法研究开始转向,结构主义思想逐渐产生影响,意义已经不再是语法模式的参照系,代之而起的是形式分析。美国描写语言学派的观点逐渐成为主导,否定语义在语法研究中的地位和作用,IC分析、分布原则和表层转换成为汉语语法分析中的基本手段。虽然传统语法的基本格局没有变,但语素已成为汉语语法的基本单位。当今绝大多数汉语语法工作者都是在这个传统中成长起来的。80年代初期,以直接成分分析否定传统的句子成分分析,以新拟的《中学教学语法系统》取代50年代中期的《暂拟汉语教学语法系统》,都是这个转向的明显表现。

1.4　国外语言学近年的动向:重视语义分析

国外的语法研究发展情况不同。随着现代逻辑和计算机科学等现代科学技术的发展,50年代后期美国学者N.Chomsky的生成语法理论应运而生,标志着语言学开始转入结构主义之后时期。转向的标志是语义恢复了固有的地位,语义分析在语法研究中的重要性与日俱增。当今既有以语义为底层结构的形式语法理论,有句法规则和语义规则同步的逻辑语法理论,也有以语义范畴为基础的格语法理论和认知—功能语言学派,大规模的语言类型学研究出于描述和比较各种自然语言的基本性质的需要,也在研究怎样以语义和语用功能为据在不同的语言中落实传统语法的基本句法范畴和语法关系。

1.5　第二次怀疑传统

虽然从50年代以来逐渐建立的传统无可置疑地已经成为汉语语法研

究的主流,但是随着中外学术交流的开展和信息处理对汉语语法研究的介入,人心思变的苗头已经出现。80 年代汉语语法界出现句法—语义—语用三平面说、配价—格语法研究和语义分析重新进入前台,显然受到国际语言学界新动向的影响。

引起变化的更深刻的原因则是过分严格的形式分析不是第一性的东西,它是胸有成竹之后进行的有导向的操作,复杂的程序给予我们的是机械的严谨性,却缺少人文的灵活性。一些学者提出质疑,认为它是先有结论,后找证据。事实上,控制着形式分析的因素显然是词语的语义和语用功能,吕叔湘(1979:7 页)讲得好,意义有“速记”和“启发”的作用③。事实证明,语法在形式上越“科学”,语文教学中就越对它有敬而远之的陌生感。更为重要的是,现有的结构主义方法并没有解决汉语语法赖以立足的四大基本问题,甚至没有提出积极的行动方案指导学者攻关。

2.务虚和反思

2.1　考虑问题的前提

回顾历史,不能不使我们对前辈和时贤执著追求真理的精神和取得的丰硕成果肃然起敬。为了在汉语中建立传统语法模式,前辈筚路蓝缕、艰苦创业,他们的著述至今已成经典,光彩熠熠,历久不磨。为了使汉语语法成为精密科学,前辈和并时诸贤在形式分析和语义分析方面表现了剥茧抽丝的深刻思想和细针密缕的刺绣功夫。无论在理论上还是在实践上,他们的论著都把汉语语法研究提高到空前的水平,永远值得我们学习。无论学术观点有多大差异,无论遵循哪些基本原理,无论从意义还是从形式入手,也无论具体的探索成功与否,他们的论述都同样地以巨大价值丰富了我们的知识宝藏。这是我们务虚和反思的前提。

人类文明史表明,学术传统并不是永远沿着一条道路走下去的。史学家告诉我们,前辈既以其所为影响着后人,使他们沿着前人的道路走下去;又以其所不为影响着后人,使他们发奋到还没有足迹的原始森林中去探险。如果我们肯定今天人类的文明与昨天不同,这是前进而不是后退,那么明天人类的文明也应该与今天不同,这同样是前进而不是后退。墨守成规和千人一面,将使一个学科逐渐失去生气,走向没落,终至无人问津。这也是我们务虚和反思的前提。

阐述这两个前提的道理很明显,因为一旦肯定这两个前提,务虚和反思的焦点和结论也就自然而然地呈现在我们面前。

2.2　多模式并存

中外语言学实践表明,以意义为本的思想和以形式为本的思想交替占领舞台。语言既然包括形式和意义两个侧面,既然多样化的社会实践对语法有多样化的要求,那么多角度、多模式并存就是势所必然的,也是应该提倡的。无论从语义出发,从形式出发,还是折衷于二者之间,只要发现了新的现象,或者作出了新的处理,都值得肯定。相互辩论和问难是有益的,却不要指望会"只此一家,别无分号"。

2.3　理论开拓思路

中外的经验表明,理论显然影响着语言学的发展方向。没有理论指导就不会有90年前的《马氏文通》,也不会有今天带结构主义色彩的汉语语法。如果我们认为这都是肯定无疑的进步,那么汉语语法研究未来的发展也必然会得益于新思想和新理论的出现给我们带来新的视角,发现新的领域。在这方面多种模式并存也是势所必然的,不能指望一种思潮或理论会永远独领风骚。当历史大幅度前进时,越是习惯于传统的人越会有失落感,也就越需要作出巨大的努力,跟上时代的步伐。然而只要是真正有所见的理论,即使一时消沉下去,说不定在未来什么时候它还会以某种形式重新登上历史舞台。

2.4　跟上时代的步伐

历史证明,国外语言学界的动向对汉语语法界有重大影响。既然我们当年曾跟上结构主义的步伐,那么今天我们也应该跟上结构主义之后时期的步伐。国外的形式语法理论的兴起是现代科学技术发展的需要,不能用汉语界既有的眼光去评价。如果我们希望语言学进入中文信息处理之中,就必须有人研究汉语语法的严格的形式化体系。认知—功能语言学派和语言类型学研究目前多少是在高层次上向结构主义语言学之前的传统回归，较之其他的研究方向，汉语语法界对此可能更感兴趣。在多年偏重形式研究之后，重新接触语言之中表现的人类活泼灵动的心智，更能体会到这种学术思想的价值。然而在充分欣赏它的自然之美的同时，也不能不看到它在系统性和精确性方面的不足之处，更不能指望它会解决传统汉语语法一直未曾解决的难题。"尺有所短，寸有所长"，我们需要跟上时代的步伐，也需要保持头脑的冷静。

2.5　坚持独立思考

无论有多少现成的理论和模式，我们都必须坚持独立思考。汉语跟其他语言有不同之处，现成的理论往往跟现在通行的汉语语法起点不同。即使是"普遍语法"（universal grammar）理论，也不能照搬过来解决汉语语法的一些棘手的问题。独立思考的理论基础是现代逻辑和科学哲学的思想。目前的汉语语法观念需要进行严格的检核和论证，一一予以澄清。特别是词、词类、主宾语和句子这四个基本概念，目前大抵都在朦胧之中，即使多少有些认识，也还是相当肤浅，谈不上多么正确。过去所否定的观念不见得不可行，过去所肯定的观点也不见得必然优胜。近来的研究已证明，有一些汉语语法观念在逻辑上并无必然性。为了建立逻辑和谐的体系，必须更新认识，从最基本的概念和最基本的原理开始，一步一步地去探索和实验种种可能的设想和方案。如果我们有志解决前人没有解决的问题，在很大程度上就要依靠我们的哲学思想和逻辑头脑去独立思考，而不是依靠信仰。——如果仅仅依靠信仰所有问题都能迎刃而解，所谓的难题也就不会巍然屹立到今天。

2.6　平亭具体和概括的关系

怎样依靠科学知识的层次和系统观念正确地处理具体和概括的关系，这是值得认真考虑的问题。片面地追求语法描写的具体性，最终会走向描述一个个单词和一个个句子的用法。若没有全局观念，这种过细的描写将使语法退化为零零散散的字词解释，语法也就化为乌有。片面地追求语法描写的概括性，会使语法描述越来越空洞无物，最终毫无内容，无法使用，语法同样化为乌有。解决这个矛盾的办法是使语法描写成为由精确度不同的若干层次组成的系统,既有概括性高的层次,又有具体性高的层次,这样才能适应各种不同的需要。

2.7　走向系统化

汉语语法研究是整个汉语语言学研究的一个组成部分,也是人类社会实践的一个组成部分。多年来汉语语法研究既跟词汇学、词典学、篇章和文体等方面的研究脱节,也跟其他社会实践脱节。过分地闭关自守既限制了汉语语法的实际应用和发展天地,也容易使语法研究的路子越走越窄,终至盘马不前。要想活跃汉语语法思想,就需要开发它的功能,使它尽可能地与众多有关方面接口和同步。

3.试论可能的发展方向

3.1　开展汉语语法的理论研究

理论的作用是扩大视野,开拓思路。目前的汉语语法理论观点单一,不能适应现代科学技术的要求。在充分研究国外的语言学理论和20世纪的科学思想的基础上,怎样针对汉语的实际树立有效的理论观点来指导研究工作,是汉语语法研究能否兴旺的关键。此外,怎样用汉语语法理论丰富国际语言学理论百花园,也是今后汉语语法学者的重要研究课题。

3.2　开展汉语语法的基础研究

词、词类、主宾语、句子这四个基本概念是传统语法方法论的基础,也是当代一些语法理论的出发点。怎样利用语法元理论分析和语言类型学研究成果,开拓思路,通过具体的研究确立它们在汉语中的解释,这是现代汉语语法能否建立坚实基础的关键所在。

3.3　开展汉语语法的微观研究

虽然历经几代人数十年的努力,已经积累了丰富的文献,但是关于汉语的词语和句式的实际用法的描述仍感欠缺。有些领域研究不足,例如动词的时体和词的结构;有些领域刚刚开发,例如完句成分。这些方面都有待继续研究,才能蔚为一部系统的汉语语法。

3.4 开展汉语语法的宏观研究

汉语语法研究过去偏重于词语和句式的描写,很少考虑在具体语法现象背后的控制因素。国外的普遍语法理论和认知—功能语言学已经着眼于研究语言结构和用法方面的普遍指导原则(例如语言单位结构的摹写原则),国内汉语语法界还没有正式开展这方面的专题研究。

3.5 开展汉语语法的系统研究

不仅汉语语法本身应该形成系统,句法、语义、语用的关系应该得到妥善的处理,更进一步,词典、构词法、句子语法、篇章语法如何接口的研究虽然任重而道远,但它的重要性表明,这也将是未来的重点项目。特别是构词法和篇章语法,由于汉语有一些特点,词和句子都不是现成的概念,所以研究这两个课题具有突出的重要性,富有理论意义和实用价值。

3.6 开展汉语语法的应用研究

为了适应社会实践的需要,今后汉语语法研究应该开展面向社会的多种专题研究。目前亟须考虑的是针对汉语教学和中文信息处理等方面的要求,建立相应的专题。使汉语语法在中小学语文教学中发挥积极的作用,在对外汉语教学中充当配合默契的助手,在中文信息处理中成为强有力的工具,这已是汉语语法学者义不容辞的责任,也是汉语语法获得巨大生命力的源泉。

3.7 从实际出发

汉语语法研究的发展方向是多种多样的,以上就六个方面予以简单的说明,仅仅是举例而已,当然不能包罗万象。没有述及的课题并非不重要,例如汉语语言习得和语言心理学研究就是亟待开展的研究项目,这里不再一一列举。

上述六个方面都是有意义的研究方向,但是照目前的主客观条件看,不能不分出主次,不可能齐头并进。汉语语法的基础研究显然是焦点所在。无论国外有多少种语言学理论,彼此多么千差万别,它们都有一个共同的传统语法基础作为它们搬演时装新戏的舞台和马拉松长跑的起点。即使创新的结果不能令人满意,舞台不会塌,起点仍然在。反观汉语语法研究,情况完全不同,传统语法的四大台柱——词、词类、主宾语、句子——一直难以确立。讲汉语语法时,无论持什么观点,都在使用这四个概念,然而迄今未曾为它们规定可操作的定义。以它们为基础建立的语法规则也就处在雾里看花的迷茫之中,没有明确的使用范围。这关系到汉语语法能否成为现代意义的科学,关系到汉语语法能否具有肯定的实用价值。以此为中心的基础研究不仅对汉语语法研究有重大意义,而且会带动其他有关领域的研究工作。

在确定研究方向时,需要注意理论与事实的问题。尽管我们认为二者的差异只是概括程度相对而言有所不同而已,并无截然的界限,但是不能不指出研究的问题越具体,越容易有结果。做理论研究要想有所建树必须有相当的基础,不能急功近利。理论研究既需要语言学之内的功夫,需要相当熟悉汉语语法的发展过程、以往考虑的问题和研究的结果;又需要语言学之外的功夫,需要具备坚实的逻辑和哲学素养,以保证对各种语言学理论既能入乎其中接受它的思想,又能出乎其外批评它的思想。不具备这样的条件,就很难指望在理论上有很大发展前途,也不可能解决多少实际问题。这是我们通观中外语言学理论的发展历程,特别是看到一些试图阐述汉语语法理论的论著后,产生的感想。

4.展望未来

由于汉语的使用者众多,使用区域广泛,而且跟印欧语在形式上有不少差异,所以研究汉语语法既有理论意义,又有实用意义。90 多年来几代学者坚决地接受汉语语法众多难题向他们的意志和才学提出的挑战,知难而进,做出了巨大的努力,取得了不可估量的成果。在这个基础上,怎样满足时代和社会的要求,把汉语语法研究提高到空前的水平,为 20 世纪的汉语语法研究做出光辉的总结,为 21 世纪的汉语语法研究提供继往开来的可靠基础,这是当代汉语语法工作者的光荣的历史使命。本文戋戋不足道,不过是为共襄盛业略尽我们的绵薄之力而已。

　　　　　　　　　　　　（1993年北京"汉语语法专题研讨会"论文）

注

　　①见陆志韦《国语单音词词汇（说明书）》,北京燕京大学,1938。

　　②见吕叔湘《从主语、宾语的分别谈国语句子的分析》,收入《开明书店二十周年纪念文集》,开明书店,1946

　　③见吕叔湘《汉语语法分析问题》,商务印书馆,1979。

　　④钱学森教授说:"在今天,如果从实践和实验总结出来的规律,不能纳入科学技术体系中安放好、就位,那这部分规律就未入科学技术的殿堂,只能算是知识,尽管也很有用,很珍贵,但不是现代意义的科学。当然,科学技术的体系也是发展的,科学技术的殿堂也要翻修改建,但整个科学技术（包括自然科学、社会科学、数学科学、系统科学、人体科学、思维科学、军事科学和文艺理论）是完整的,一体化的,这不能忘记!"（见林定夷《科学研究方法概论》所附通信,浙江人民出版社,1986）这段话揭示了20世纪时代精神的一个重要特征,特别值得目前的汉语语法工作者深思,因为能不能接受这个观点是我们能不能跟上时代步伐的标志。

参考文献

1. 论著

陈爱文　1986:《汉语词类研究和分类实验》,北京大学出版社。

陈承泽　1982:《国文法草创》,商务印书馆新 1 版。

陈　平　1987:《描写与解释——论西方现代语言学研究的目的与方法》,
《外语教学与研究》1987 年 1 期;收入陈平(1991)。

———　1991:《现代语言学研究——理论、方法与事实》,重庆出版社。

丁声树等　1961:《现代汉语语法讲话》,商务印书馆。

方　梅　1991:《对动词后动量成分与名词性成分共现问题的考察》,北京大
学硕士论文。

高名凯　1948:《汉语语法论》,开明书店。

———　1953:《关于汉语的词类分别》,《中国语文》1953 年 10 期;收入高
名凯(1990)。

———　1957:《汉语语法论》(修订本),科学出版社;本书用 1986 年商务印
书馆新 1 版本。

———　1963:《汉语语法研究中的词类问题》,《安徽大学学报》1963 年 1
期;收入高名凯(1990)。

———　1990:《高名凯语言学论文集》,商务印书馆。

高名凯和计永佑　1963:《从"动词形容词的名物化"问题说到汉语的词类问
题》,《北京大学学报(人文科学)》1963 年 2 期。

何　容　1942:《中国文法论》,本书用 1985 年商务印书馆印本。

胡明扬　1995:《现代汉语词类问题考察》,《中国语文》1995 年 5 期。

胡明扬和劲松　1989:《流水句初探》,《语言教学与研究》1989 年 4 期。

黄景欣　1962:《读〈说"的"〉并论现代汉语语法研究的几个方法论问题》,《中国语文》1962 年 8—9 期合刊。

金兆梓　1983:《国文法之研究》,商务印书馆新 1 版。

景幼南　1957:《汉语语法学上的一个新体系》,收入《中国语文丛书·语法论集(第一集)》,中华书局。

黎锦熙　1924:《新著国语文法》,商务印书馆;本书用 1992 年商务印书馆新 1 版本。

李临定　1987:《汉语比较变换语法》,中国社会科学出版社。

李临定和范方莲　1961:《语法研究应该依据意义和形式结合的原则》,《中国语文》1961 年 5 期。

鲁　川　1990:《现代汉语的语义组合关系》,提交第六届现代汉语语法学术讨论会论文。

陆俭明　1986:《周遍性主语句及其他》,《中国语文》1986 年 3 期。

陆志韦　1938:《国语单音词词汇(说明书)》,北京燕京大学。

——　1956:《北京话单音词词汇》,科学出版社。

——　1957:《汉语的构词法》,科学出版社;修订本,1964。

——　1961:《谈谈汉语语法学上的"形式与意义相结合"》,《中国语文》1961 年 6 期。

吕叔湘　1941:《中国文法要略》,商务印书馆;合订本第 1 版 2 次印刷,1957;新 1 版,1982。

——　1946:《从主语、宾语的分别谈国语句子的分析》,见《开明书店二十周年纪念文集》,开明书店;收入吕叔湘(1984)。

——　1953:《语法学习》,中国青年出版社。

——　1954:《关于汉语词类的一些原则性问题》,《中国语文》1954 年 9 期;收入吕叔湘(1984)。

——　1962a:《说"自由"和"粘着"》,《中国语文》1962 年第 1 期;收入吕叔湘(1984)。

——　1962b:《关于"语言单位的同一性"等等》,《中国语文》1962 年第

11 期;收入吕叔湘(1984)。

——— 1979:《汉语语法分析问题》,商务印书馆。

——— 1980:《中国人学英语》,商务印书馆,修订第 2 版。

——— 1984:《汉语语法论文集(增订本)》,商务印书馆。

吕叔湘等　1980:《现代汉语八百词》,商务印书馆。

吕叔湘和朱德熙　1952:《语法修辞讲话》,中国青年出版社,合订本第 1 版;
　　　第 2 版,1979。

马建忠　1898:《马氏文通》,本书用 1983 年商务印书馆新 1 版本。

孟　琮等　1987:《动词用法词典》,上海辞书出版社。

邵敬敏　1989:《语气词"呢"在疑问句中的作用》,《中国语文》1989 年 3 期。

王　力　1944:《中国语法理论》,商务印书馆。

——— 1953:《词和仂语的界限问题》,《中国语文》1953 年 9 期;收入王力
　　　(1980)。

——— 1954:《中国现代语法》,中华书局;新 1 版,商务印书馆,1985。

——— 1980:《龙虫并雕斋文集》,中华书局。

杨成凯　1979:《语言学中的结构分析方法》,《学习与思考》1979 年试刊号。

——— 1981:《说"兼语式"》,中国社会科学院研究生院硕士论文。

——— 1982:《说宾语小句(提纲)》,提交第二届现代汉语语法学术讨论会
　　　论文;此文一部分写成杨成凯(1992a)。

——— 1986:《Fillmore 的格语法理论》,《国外语言学》1986 年 1 期、2 期、
　　　3 期。

——— 1988:《词类理论和汉语的词类问题》,提交第五届现代汉语语法学
　　　术讨论会论文;此文改写为杨成凯(1991a)。

——— 1990:《Emid/Etic 分析和语言单位的同一性——从逻辑的观点
　　　看》,见《现代语言学——全方位的探索》,余志鸿主编,延边大学出
　　　版社,1990。

——— 1991a:《词类的划分原则和谓词"名物化"》,见《语法研究和探索
　　　(五)》,语文出版社。

——— 1991b:《语义分解与合成——语义学的定义》,提交第二届全国语
　　　用学研讨会论文。

——— 1991c：《关系语法》，收入李惠国主编《社会科学新方法大系》，重庆出版社，1995。

1992a：《广义谓词性宾语的类型研究》，《中国语文》1992 年 1 期。

——— 1992b：《关于形式和意义问题的反思》，见《语法研究和探索（六）》，语文出版社，1992。

——— 1993a：《从汉语语法研究看中国语言学理论四十年》，《语言研究》1993 年 1 期。

——— 1993b：《关于短语和句子的构造原则的反思——汉语语法特点散论之二》，《汉语学习》1993 年 2 期。

——— 1994a：《语用学理论基础研究》，见《语用研究论集》，北京语言学院出版社。

——— 1994b：《现代汉语语法元理论研究述要》，《语言研究》1994 年 2 期。

——— 1994c：《关于汉语语法单位的反思——汉语语法特点散论之三》，《汉语学习》1994 年 6 期。

叶蜚声　1982：《雷柯夫、菲尔摩教授谈美国语言学问题》，《国外语言学》1982 年 2 期、3 期。

张　静等　1980：《现代汉语（上册）》，上海教育出版社。

张志公　1953：《汉语语法常识》，中国青年出版社。

张志公等　1957：《语法和语法教学——介绍"暂拟汉语教学语法系统"》，人民教育出版社，第 2 版。

赵元任　1952：《北京口语语法》（李荣编译本），开明书店。

——— 1968：《A Grammar of Spoken Chinese（中国话的文法）》，The University of California Press.（中文编译本《汉语口语语法》，吕叔湘译，商务印书馆，1979。）

朱德熙　1961：《说"的"》，《中国语文》1961 年 12 期；收入朱德熙（1980）。

——— 1978：《"的"字结构和判断句》，《中国语文》1978 年 1 期、2 期；收入朱德熙（1980）。

——— 1980：《现代汉语语法研究》，商务印书馆。

——— 1982：《语法讲义》，商务印书馆。

———　1985:《语法答问》,商务印书馆。

朱德熙等　1961:《关于动词形容词"名物化"的问题》,《北京大学学报(人文科学)》1961 年 4 期;收入朱德熙(1980)。

Abraham,W.(ed.)1978:《Valence,Semantic Case and Grammatical Relations》,John Benjamins.

Andrews,A. 1985:《The Major Functions of the Noun Phrase》,见《Shopen》(1985):Vol 1.

Austerlitz,R. 1975:《The Scope of American Linguistics》,The Peter de Ridder Press.

Bach,E.和 Harms,R.T.(eds.)1968:《Universals in Linguistic Theory》,Holt,Rinehart & Winston.

Bolinger,D. 1968:《Aspects of Language》(引文见《语言研究方法的演变》,赵世开译,《语言学动态》1978 年 2 期);第 3 版,与 D.A.Sears 合著,Harcourt Brace Jovanovich,Inc.,1981.

Bresnan,J. 1994:《Locative Inversion and the Architecture of Universal Grammar》,《Language》70:72–131.

Chomsky,N. 1957:《Syntactic Structures》,Mouton.(中文译本《句法结构》,中国社会科学出版社,1979。)

———　1965:《Aspects of the Theory of Syntax》,M.I.T.Press.(中文译本《句法理论的若干问题》,黄长著等译,中国社会科学出版社,1986。)

Cole,P.和 Morgan,J.(eds.)　1975:《Syntax and Semantics 3:Speech Acts》,Academic Press.

Cole,P.和 Sadock,J.(eds.)　1977:《Syntax and Semantics 8:Grammatical Relations》,Academic Press.

Comrie,B. 1976:《Aspect》,Cambridge University Press.

———　1981:《Language Universals and Linguistic Typology》,The University of Chicago Press.(中文译本《语言共性和语言类型》,沈家煊译,华夏出版社,1989。)

Curme,G.O. 1931:《Syntax》,D.C.Heath and Company.

Dik,S.C. 1980:《Seventeen Sentences:Basic Principles and Application of Functional Grammar》,见 Moravcsik 和 Wirth(1980).

Fillmore,C.J. 1968:《The Case for Case》,见 Bach 和 Harms(1968).

——— 1971:《Some Problems for Case Grammar》,见 MSLL 24;又见《Working Papers in Linguistics 10》,Ohio.

——— 1975:《The Future of Semantics》,见 Austerlitz(1975).

——— 1977:《The Case for Case Reopened》,见 Cole 和 Sadock(1977).

Fries,C.C. 1952:《The Structure of English》,Harcourt,brace and Company,New York.(中文译本《英语结构》,何乐士等译,商务印书馆,1964。)

Gleason,H.A. 1961:《An Introduction to Descriptive Linguistics》,Hoht,Rinehart and Winston,Inc.

Grice,H.P. 1975:《Logic and Conversation》,见 Cole 和 Morgan(1975).

Huang,C-T,J. 1988:《Wo Pao de Kuai and Chinese Phrase Structure》,《Language》64:274-311.

Jespersen,O. 1924:《The Philosophy of Grammar》,Allen and Unwin.(中文译本《语法哲学》,何勇等译,语文出版社,1988。)

Keenan,E.L. 1976:《Towards a Universal Definition of Subject》,见 Li(1976).

Kempson,R.M. 1977:《Semantic Theory》,Cambridge University Press.

Kline,M. 1972:《Mathematical Thought from Ancient to Modern Times》(中文译本《古今数学思想》,北京大学数学系数学史翻译组译,上海科学技术出版社,1979—1981。)

Labov,W. 1975:《Empirical Foudations of Linguistic Theory》,见 Austerlitz(1975).

Li,C.N.(ed.) 1976:《Subject and Topic》,Academic Press.

Li,C.N.和 Thompson,S.A. 1976:《Subject and Topic—A New Typology of Language》,见 Li(1976).

———1982:《Mandarin Chinese:A Functional Reference Grammar》,University of California Press.

Longacre,R.E. 1985:《Sentences as Combinations of Clauses》,见《Shopen》(1985):Vol 2.

Losee,J. 1980:《A Historical Introduction to the Philosophy of Science》,Oxford

University Press.（中文译本《科学哲学历史导论》，邱仁宗等译，华中工学院出版社，1982。）

Moravcsik，E.A.和 Wirth，J.R.（eds.）1980：《Syntax and Semantics 13：Current Approaches to Syntax》，Academic Press.

Palmer，F. 1980：《Grammar》，Penguin Books Ltd.

Perlmutter，D.M. 1980：《Relational Grammar》，见 Moravcsik 和 Wirth（1980）.

Quirk，R.等 1985：《A Comprehensive Grammar of the English Language》，Longman.（中文译本《英语语法大全》，苏州大学《英语语法大全》翻译组译，华东师范大学出版社，1989。）

Sanders，G. A. 1980：《Equational Rules and Rule Functions in Syntax》，见 Moravcsik 和 Wirth（1980）.

Saussure，F.de，1949：《Linguistique Generale》（中文译本《普通语言学教程》，高名凯译，商务印书馆，1985。）

Shopen，T.（ed.）1985：《Language Typology and Syntactic Description》，Cambridge University Press.

Sledd，J. 1955：Review：《An Outline of English》&《The Structure of English》，《Language》31：312-345.

Tarski，A. 1946：《Introduction to Logic and to the Methodology of Deductive Sciences》，Oxford University Press.（中文译本《逻辑与演绎科学方法论导论》，周礼全等译，商务印书馆，1963。）

Wang，W.S-Y，1969：《Competing Change as a Cause of Residue》，《Language》45.

Wittgenstein，L. 1974：《Philosophical Grammar》，Basil Blackwell Publisher Ltd.

Wunderlich，D. 1979：《Foundations of Linguistics》（translated by R.Lass），Cambridge University Press.

2. 辞书

中国社会科学院语言研究所词典编辑室　1978：《现代汉语词典》，商务印书馆，修订 2 版。

Barnhart，C.L.等 1981：《The World Book Dictionary》，Doubleday & Company，

Inc.,1981.

Evans,B.和 Evans,C. 1957:《A Dictionary of Contemporary American Usage》, Random House,Inc.

Hanks,P. 等 1979:《Collins Dictionary of the English Language》,William Collins Sons & C. Ltd.,1979.

Hornby,A.S.等 1980:《Oxford Advanced Learner's Dictionary of Current English》,Oxford University Press.

Lacey,A.R. 1986:《A Dictionary of Philosophy》,Routledge & Kegan Paul.

Sebeok,T.A.(gen.ed.) 1986:《Encyclopedia Dictionary of Semiotics》,Mouton de Gruyter.

Sinclair,J.等 1987:《Collins COBUILD English Language Dictionary》,William Collins Sons & C. Ltd.,1987.

Sykes,J.B. 1982:《The Concise Oxford Dictionary of Current English》,Oxford University Press.

主题索引

(数字指章节,1—3 表示 1 至 3,1/3 表示 1 和 3)

被动式 7.12, 8.3, 8.6.3—4, 8.7.2, 8.8.2, 8.9.4, 9.4.5

编码(encode) 3.2.3, 3.3.4, 4.7, 8.5.3, 8.6.4

表述模式 8.6, 8.7.1, 8.8—9, 9.4.5—6, 9.5.1, 9.6—7, 10.6—7

宾语(→主语) 1.4.2—3, 2.2.4, 2.3.2, 2.4.2, 3.2.3, 3.3.3, 4.5.1, 5.6, 6.5.3, 7.2/5/7/8/11/12, 8.9.4—6, 10.6—7

  双宾语 2.3.2, 2.4.2

补语 6.5.3, 7.5/8, 8.1, 9.8.3

测试槽(slot) 5.2

词 6

词典 1.3, 1.4.2, 2.4.1, 3.2.3, 3.3.2—3, 4.6.1, 5.4, 6.1/3/4, 6.6.3, 6.7—8, 7.8/9/11/12, 8.6.3—4, 8.7.1, 8.8, 8.9.1, 9.1.2, 9.4.1/5, 10.6

词汇扩散 1.4.3

词类 2.2.3, 4.3, 5.2/4/5/7, 7, 8.1—2, 10.5

  词类和句子成分 7.7

  词类和语法关系 7.6

词类和语法规则 7.4

词例 7.8—12, 8.1, 8.6.3, 8.8.2, 10.5

词位 5.4/7, 7.8—11

存现句 2.3.2, 5.7, 8.8.3, 10.6

的字短语 1.4.3, 2.3.2, 3.2.3, 3.3.5, 4.1/7, 5.2/5/6, 6.8, 7.3

定语 1.4.3, 2.3.2, 4.1, 5.6, 6.5.3, 6.6.2, 6.8, 7.1/2/4/5/7/8/11/12, 8.1, 8.9.5, 9.8.3

动补关系 8.1

动词 1.3, 1.4.2—3, 1.6, 2.2—4, 3.2.3, 3.3.3—5, 4.6.2, 5.4/5/7, 6.3, 6.5.2—3, 6.7—8, 7.7/8/9/11, 8.1—3, 8.6—9, 9.1.4, 9.4, 9.5.3, 9.6—8, 10.5—6

动词名物化 3.2.3, 7.8/11

及物动词和不及物动词 7.7/8/12, 8.6.3, 8.7.1, 8.9.4, 9.4.5—6

独词句 4.5.2, 5.6, 9.4.3

短语 1.4.2—3, 1.5, 2.2.4, 2.4.2, 4.6.2, 5.3/6, 6.3—4, 6.5.3, 6.6—8, 7.5/11, 8.5.3, 9.1.1, 9.8, 10.4/7

分布 5.2/6

符号 1.2, 1.4.2, 2.2.1—2, 2.3.2, 2.4.2,

2.3，4.1/7，5.4—6，6.1，8.3，8.4.2，
8.5.1，8.6.3，8.7.1，9.1—3，9.4.1，
10.2—4

符号解释 3.1，3.3.4—5

符号所指 3.3，4.1/7，6.1，9.1.2

符号形式 3.2—3，4.1/7，6.1，9.1.2，
10.2—3

语言符号 1.2，3.1—3，4.1/7，5.4—6，
8.5.1，9.3，9.4.1，10.2—3

符号单位的分解与合成 1.6，2.2.1—2，
3.3.2/3/5，4，5.3.6，6.2—4，6.5.3，
6.6.1—3，6.8，7.1/2/4/5/7，8.1—2，
10.4

弗雷格（Frege）原理（→同构）4.7

副词 4.6.1，5.4/6，6.3/7/8，7.11—12，9.4.1

格语法 8.6.3，8.7.2

构词 1.1，3.2.2，6.3，6.5.2，6.6—8，
7.11

功能 3.3.4，4.3，4.5.1，4.7，5.5—7，
7.5/10/11/12，8.2，8.6.4，8.7.1，9.1，
9.4.1，9.6—7，9.8.2—4，10.3/5/7

规则化（regularization）1.4.3

话题（topic）8.2，8.7.1，8.8.4

兼语式 1.4.3，2.4.2

结构 1.1/6，2.3.1，2.4，3.3.2/5，4.5.2—
7，6.3，6.5.3，6.7，7，8，9.1.2，9.4.1，
9.6—8，10.6—8

结构主义 1.2，1.4.2，4.1，5.2—3，8.7.1

表层结构 9.1.2，9.4.1

内部结构 5.5—6，9.1.2

深层结构 6.5.3

外部结构 5.5—6

解码（decode）3.2.3，3.3.4，4.7，8.5.3

解释 1.1/3/5/6，3.3.5，4.1—2，4.6.1

解释与描写 1.6

句法 1.1，3.2.2，6.8，8.2—3，8.7.1，10.3

句法分析 4.6.2，5.4/7，6.8

句法功能（→功能）5.7

句法关系 4.5.2，7.2

句子 1.3，1.4.2—3，2.3.2，2.4.2，3.3.3，
4.3/5，4.6.1/4，5.2/3/6/7，6.1—5，
7.4/5/7/10/11，8.1，9

句子成分 4.6.4，5.7，7.5—8，7.10—12，
8，9.4.1，9.8.1/3，10.1/5/6

句子的最小信息 9.3—6

可接受性（acceptability）1.4.2—3，2.3.2

可能世界（possible world）1.4.2，8.4，8.6.1—
3，8.7.2，9.3/5/7，9.8.4，10.6—7

莱布尼茨（Leibniz）同一律 5.1—4，5.7

类比（analogy）1.4.3

连动式 5.7，8.1

链接结构（chaining structure）9.8.3—4

流水句 9.8.3—4

论元（argument）2.4.2，9.4，10.7

枚举（法）2.1，2.2.1—2，2.3.1，2.4.1，
3.3.2—3，8.6.4，8.8.2

描写（→解释与描写，语法描写）模型 1.1—
3，1.4.2，1.6，2.4.3

语法模型 1.1—3，1.4.2，1.6，2，4.7，
5.1/3/4，6.1/4，6.5.1—3，8.1，
8.7.1，10.8

语言模型 2，3.3.5，5.1—5，5.7，6.1

内省（introspection）1.3，1.4.1—2

篇章语法 6.1，10.8

冗余（redundancy）4.5.1

省略 1.4.3，2.3.2，4.1，4.5.2，4.6.1/4，
5.5，8.6.2，8.7.1，8.9.2/4，9.8.1/3

施事 8.2，8.6.3，8.7.2，10.6

施受关系 8.6.3，8.7.1—2，10.6

时体 9.5.3

事件 4.6.1，8.4—9，9.1.1，9.3，9.4—7，
　9.8.3—4，10.6—7

　事件表述模式（→表述模式）

　事件角色 8.5—9，9.4.4—6，9.8.1，10.6

　事件模式 8.5.1，8.6，9.4.1，9.8.4

　事件视点 8.7.1，9.4.6，9.5.2，10.6

　事件与表述的相对时间关系 9.5.2—3

　二元事件 8.8.4

　二角色事件 8.9，9.4.5—6

　一元事件 8.8.4

　一角色事件 8.9

受事 8.6.3，8.7.2，10.6

同构 4.1/7，10.3

同化 1.4.3

同位关系 5.4

同一性 2.4.2，3.2，3.3.4，4.3/7，5，
　6.6.1，7.8—11，8.5.1，8.6.2/4，
　8.7.1，8.8.2—4，9.4.5，10.2/3/5

　词的同一和词类的关系 5.7

　广义同一 5.4

　狭义同一 5.4/7

　映射同一 5.5

透视法（perspective）8.6.4，8.7.1

推演（法）1.3，1.4.2，1.6，2.1，2.2.2，
　2.4.1，3.3，4.3/6/7，5.4，6.1/2/4/5，
　6.6.2，6.8，7.1，8.6.2—3，9.8.3，
　10.4/8

谓词 1.6，4.5.2，8.4.2，8.5.3，8.6.1—
　2，8.9，9.4，9.5.1，9.6—7，9.8.1/4，
　10.6—7

　谓词表述模式（→表述模式）

　二元谓词 8.9

　一元谓词 8.9

辖域（Scope）8.7.1

心态 1.4.2—3

信息 2.2.4，3.2.3，3.3.1/3/4，4.3—7，
　5.5—7，7.11，8.2，8.5.3，8.6.1—2，
　8.7.1，9.1，9.3—8，10.2/7

　信息处理 1.3，1.4.2，2.2.3，2.4，7.6，
　8.7.1，8.8.2，8.9.1，10.3

　信息修正 4.6.1/3/4

　场合信息量 4.5—6，4.6.4，5.5—6，
　9.1.2，9.4.1/3，9.7，9.8.2/4，
　10.2/7

　场合信息增量 9.4.3，9.7，9.8.4

　固有信息量（→最小信息量）4.5.2，5.6，
　9.1.2，9.4.1/5，9.8.2，10.2/7

　最小信息量 4.5.2，4.6.3—4，5.5—6，
　9.1.2，9.3，9.4.1/3，9.7，9.8.2—
　4，10.2

形容词（→谓词）1.4.3，3.2.2—3，4.1，
　4.6.1—2，4.7，5.4—7，6.1/3，7.9—
　12，8.4.2，8.5.1，8.6.1，9.4.1，
　9.8.4，10.3/5

　形容词名物化 3.2.3，7.11

形式（→符号形式）

　形式标志 4.7，8.6.1/2/4，8.7，8.8.2/3

　形式和意义 3，4，5

　形式化 1.6，5.4

　广义形式 3.2.3，8.8.1，9.1.2

　环境形式 4.7

　内部形式 3.2.2/3，3.3.1，4.7，5.4/5/
　6，9.1.2

　外部形式 3.2.2/3，4.7，5.5/7，9.1.2，
　9.8.2

形式系统 2.4.1/2，3.3.3/5

形式语言(formal language) 2.4，3.1，3.3/
　5，4.7，6.1，8.1—2，10.4/8

言语 1.2，1.4.1，5.3—4

一符一指(→同构) 3.2.3，3.3.4，4.7，
　5.5，10.3/5

异化(dissimilation) 1.4.3，2.3.2

意义 1.3，1.4.2，1.6，2.2.2，3—4，5.2—
　7，6.1—4，6.5.1/3，6.6.2，6.8，7.1/4/
　10/11，8.2—3，8.6.3，8.7.2，8.8，
　8.9.1/4，9.1.2，10.3/6

映射(mapping) 5.5

用法 1.4/6，2.2.3，2.4.1，3.2.3，4.2—
　4，4.5.1，5.7，7.8/11/12，8.6.1，10.3

语法 1，2.1，6.1/3/7，7.8，10.4/8

　语法操作 2.3，2.4.1，6.1，7.3

　语法单位 6.1—5，9，10.4/8

　语法的层次性 1.6，2.3.1，8.7.1，9.2，
　　10.4/6

　语法的定义 2.1，10.4/8

　语法的系统性 1.1，1.4.2，1.6，2.3.2，
　　5.3/4/7，6.5.3，7.4，8.1，10.6

　语法关系 7.1/2/5/6/10/11，8.1，9.2，
　　9.8.1，10.5—6

　语法理论 1，3.2.3，4.7，10.1/4/7/8

　规定语法 1.2/6

　描写语法 1.2/6

语法规律(＝语法规则) 2.1—3

　语法规律的概括性 1.5/6，2.2.4，6.3，
　　6.6.2，7.5，8.1，9.2

　语法规律的具体性 2.2.3—4，9.2

　语法规律的效能 2.2.2—4

　语法规律的形式 2.2.1

　语法描写 1.4.1—2，1.5—6，7.8，8.7.1，
　　8.9.5

语法规则 1.6，2.4，3.3.1/5

语料 1.1—4

语言(→形式语言) 1.2/3/4/6，3.1/3，8.4—
　6，9.1，9.4.1，9.5—6，10.2—4

　语言单位的分解与合成(→符号单位的分
　　解与合成)

　语言能力 1.3，1.4.2，1.6

　语言事实 1.6，6.1

　语言运用 1.3，1.4.2

语义 1.1，3.1，3.3.2，4.6—7，5.6，7.10，
　8.2—3，8.6.3—4，8.7

语用 1.4.2，2.2.4，8.2—3

直接成分 7.5

主动式 7.12，8.3，8.6.3—4，8.8.1，8.9.5，
　9.4.5

主语(→宾语) 1.4.2，2.3.2，2.4.2，5.7，
　7.5，8，9.4.2/5，9.6，10.6

状语 6.5.3，6.8，7.5，7.11—12，8.1，
　8.8.3—4，8.9.1—2，9.8.3

组合 1.3，1.4.2—3，1.6，2.2.1—3，2.4，
　3.2—3，4.1，4.6.2—3，4.7，5.3/5，
　6.3—4，6.5.2—3，6.6/8，7.1/2/5/7，
　9.2